# 目　录

**01　变革中的世界经济格局**　001

世界经济发展的"失衡"与"再平衡"　002

世界经济格局的"变化"与"新常态"　013

世界经济治理的"阴谋"与"爱情"　026

**02　不确定的国际经济前景**　055

发达国家政策调整的"内"与"外"　057

各国去杠杆化的"冷"与"热"　065

新货币联盟的"纵"与"横"　072

贸易安排的"兴"与"衰"　075

新兴经济体发展的"快"与"慢"　081

全球增长动力的"弱"与"强"　084

中国与世界经济变化的"异"与"同"　087

**03 世界经济中的中国坐标** 102

世界工厂的"被动"与"主动" 102

发展模式的"长板"与"短板" 109

产业升级的"梦想"与"现实" 114

**04 中国经济发展的难点与焦点** 133

发展瓶颈的"内因"与"外因" 135

发展缺位的"热点"与"亮点" 158

主要价格的"现象"与"本质" 168

结构调整的"加法"与"减法" 173

经济增长的"魔咒"与"契机" 176

**05 中国全面深化改革的辩证法** 181

经济结构的"宏观"与"微观" 183

政策选择的"精准"与"模糊" 192

转型方向的"回归"与"前行" 201

发展问题的"可持续"与"不可持续" 210

财富创造的"递进"与"协同" 214

**06 结论与展望** 220

全球格局的"竞"与"合" 220

中国发展的"改"与"革" 223

# 魔咒与契机

## 中国经济新坐标

黄卫平 丁 凯 赖明明 等 / 著

中国人民大学出版社

·北京·

# 01

## 变革中的世界经济格局

"同一个问题，100 位经济学家会有 101 种答案。"经济学家们的分歧如此多见，以致这样调侃的笑话随处可见。但若抛出"当今的世界经济是失衡的"这一命题，就会看到，经济学家们的观点空前一致（见图 1—1）。

图 1—1 "穷国"与"富国"的失衡（冯婷 绘）

"世界经济是失衡的"、"世界经济需要再平衡"这样的命题是当今的普遍共识，但对于"谁应当承担世界再平衡的责任"、"世界经济应如何再平衡"，恐怕就仁者见仁、智者见智了。

可以说，世界经济再平衡对当今的世界来说，已经不仅是经济学家分析的领域了，它早已超出了纯粹经济学分析的范畴。利益分割、政治压力、社会变革，种种因素交织其中，这恐怕是当今世界经济最复杂但又最重要、最迫切的问题了。

世界经济再平衡的舞台早已齐备，再平衡的大幕已经揭开，谁将是这个舞台上的主角？中国在其中将出演什么角色？再平衡是调整的过程，是变革的过程，有调整就会有成本，有变革就会有损失，谁又将承担调整的成本和损失？世界经济再平衡之路，漫长曲折，注定不会平坦。

# 世界经济发展的"失衡"与"再平衡"

长期以来，人们普遍承认世界经济是失衡的，同时也承认这个"失衡"是在经济全球化的进程中逐步形成的，进而形成了"失衡之后需要平衡"的共识。然而，近 30 年间，所谓"失衡"和"平衡"的内涵却发生了重大的变化。

## 此"失衡" 并非彼"失衡"？

随着经济全球化的发展，世界经济失衡的概念在全球范围内产生了一种全新的诠释和理解，早已不复当年之意。其内涵的变化对中国来说影响巨大，这一内涵的变化对中国的发展越来越不利。

世界经济失衡这个词，应该说不是一个新的概念，20 世纪人们广泛谈论世界经济失衡，而且也提出世界经济的失衡需要得到平衡以后，才有利于世界经济的可持续发展。

那个时候人们探讨世界经济失衡，其内涵说的是在这个地球村有富国、有穷国，实际讲的是南北关系的内容。"失衡"意味着南北经济关系中的贫富失衡，意味着富裕中的贫困，"平衡"则意味着发达国家对于发展中国家经济发展的援助责任，就是发展中国家应该如何发展的问题。只有发展中国家发展起来，整个地球村、整个世界经济才能够得到全面的发展。所以在 20 世纪 90 年代，联合国千禧年减贫规划将其发展到了极致。

这样的条件，应该说对于中国的经济发展有着非常好的助力作用。因为中国是世界上最大的发展中国家，有着几乎是世界最多的贫困人口的群体，可以说，中国加印度的贫困人口，在世界的贫困人口中占到一半以上，如果这两个国家的贫困问题得到了解决，地球一半的贫困问题就得到了解决。

中国的改革开放，就是从世界减贫的角度，得到了全世界的赞同与拥护。因此，在 20 世纪 80—90 年代，中国搞改革开放，全球交口称赞，而且给予大力支持，需要资金，外资会来，需要市场，其他国家会对你开放，需要技术，相应的转让会发生。这都是出于一个目的：这个地球要减贫、要平衡、要可持续地发展。全球都认定，发达国家有义务帮助发展中国家摆脱贫困，所以中国在那个时候所处的地位是非常有利的。

进入 21 世纪，世界经济失衡依然如故，但人们所提的世界经济失衡的内涵跟过去完全不是一回事了。这个时候人们用的词汇也变了，不是平衡世界经济的贫富失衡，而是将当年日美经贸失衡作为第一次失衡，而提出了"再平衡"全球经济失衡。

这时的失衡意味着发达国家与新兴市场经济国家之间国际收支经常账户的失衡，而这种经常账户的失衡造成了世界经济的不可持续性。"再平衡"意味着平衡国际收支的失衡，即新兴市场经济国家要消除巨额的贸易顺差。大家可以再想一下，会发现今天中国是地球上贸易顺差最大的国家之一，也是外汇储备最多的国家。世界贸易的顺差与逆差最引人注目的国家，可以讲就是中国和美国了。

根据国际货币基金组织（IMF）2014年10月发布的最新贸易数据，德国已取代中国成为世界第一大贸易顺差经济体。这一结果使得德国立即遭到了包括美国在内的许多国家及国际经济组织的指责与批评，被认为是通过远高于进口的出口来实现经济增长，是以牺牲其他经济体利益为代价的，拖累了欧洲经济复苏。尽管如此，这也无助于中国从根本上改善自身发展的外部环境。纵然美国等西方国家及部分国际经济组织出于某些当前利益之需，把指责与批评的矛头暂时对准了德国，但着眼长远，美国等西方国家依旧会把中国作为批评与指责的头号对象，仍然会给中国经济发展、贸易出口等施加各种各样的压力。

在这样的背景下，发达国家要求中国减少贸易顺差，对整个地球的再平衡做出贡献。这对于中国的整体发展来说，实际上处在相对不利的状态。这个概念就是要告诉你，过去的贫富"平衡"问题已经退居次要地位了，现在要"再平衡"世界的经常账户的失衡。新兴市场经济国家，尤其是中国的贸易顺差应该大幅度下降，以便帮助发达国家，尤其是美国克服贸易逆差。

可以说，再平衡世界经济，形成共享与可持续增长是目前世界经济的主题，而过去平衡贫富差距的发展问题目前在国际经济治理与合作中已非核心议题，尚能够提及的发展议题，已经从平衡世界经济的发展让位于绿色发展。在这样的背景下，世界经济的矛盾交织必然成为常态。

## "现象" ≠ "本质"？

世界经济失衡是全球资源配置和收入配置的失衡。前面已经指出，世界经济失衡集中体现为发达国家与新兴市场经济国家之间国际收支经常项目的失衡，其中尤以中美之间的贸易差额最为引人关注。但是，从实质上来看，它又是发达国家与新兴市场经济国家之间各自的国内经济结构的失衡、实体经济与虚拟经济发展的失衡以及全球金融发展的失衡。

尽管有西方学者认为，始于2008年的全球经济危机是由于上述"世界经济失衡"造成的，然而在本质上，2008 年的全球经济危机实际上是多年来美国过度发展金融和虚拟经济、实体经济与虚拟经济的发展严重失衡所导致后果的集中爆发。

世界经济失衡及其重要表现——中美经常账户严重失衡的直接原因正是美国过度消费的经济模式带来的：由于世界经济是由需求驱动的，美国对全球商品的过度需求引致东亚国家主要是中国过度生产及过度供给。需要指出的是，这一失衡的前提条件是：美国主动升级产业结构，以房地产业及金融业为经济的主要支柱，并通过其国内居民的过度信贷消费来拉动经济增长，造成美国国内的虚拟经济膨胀过快，以至于完全脱离了其实体经济而独立运行，进而导致危机的发生。

从本质上讲，全球经济失衡的根本原因是各国内部的经济结构性矛盾的激化，制度性根源是以美元为主导的国际货币体系。中美贸易失衡是全球经济失衡的重要表现，是全球金融中心——美国与全球制造业中心——中国在分工协作与利益分配上的失衡，是经济全球化时代中美比较优势差异的自然结果。从外部环境来看，它是全球化纵深发展、全球生产网络动态变化的产物，反映了实体经济领域两国产业结构与国际分工的格局；就内部条件而言，它与双方自身的内部经济失衡密切相关，反映了中美两国在虚拟经济领域利益分配和风险分散职能的较大差异。

## 自己"感冒"，要让别人吃药

当前，对于世界经济失衡的调整已经成为后危机时代世界经济的核心命题，然而，冰冻三尺非一日之寒。在世界经济再平衡的过程中，任何结构上的调整都将会对本国的既得利益集团产生重大的影响，同时也会影响国内的利益分布。国内既得利益集团自然会想方设法对结构调整采取抵制的态度，从而使得各国政府在国内都会面临调整的巨大压力。

作为当前世界经济失衡中最重要的中美之间的失衡，美国便出于维护自身利益的需要，推卸其在世界经济再平衡中的责任，将平衡中美之间贸易差额甚至世界经济再失衡的责任都推卸给中国。

如英国《每日电讯报》网站报道：美联储主席伯南克指责中国冒险"放慢所有国家的增长速度"。伯南克坚称：让类似人民币的货币升值的举动将为"全球贸易和经常账户平衡预付定金，是经济和金融长期稳定的理想结果"。

而类似这样的言论，实际是美国为自己辩护的借口，是将世界经济再平衡的责任加给中国。其实美国"我感冒，但得你吃药"的做法于事无补。有效实现再平衡必然需要中美双方的共同调整，中国单方面"吃药"不大可能治好美国的"感冒"。

**借口一：中美贸易严重不平衡**

美国夸大了中美贸易不平衡的严重程度。

一是美国夸大了中美间经常账户的实际差额。

在传统的进出口贸易统计中，经常账户仅仅反映一国进出口贸易及投资收益收支，并没有将跨国公司的贸易活动考虑在其中，而中国60％的出口是由外资公司完成的。

众所周知，中美间经贸往来的实际情况是：美国企业逐渐退出了本国制造业，把生产加工业务部分搬到了中国，然后把生产出来的商品运销到中国、美国及世界其他市场，大规模的美国资产在华的经营业务在很大程度上替代了美国对华出口货物的需要，跨国公司在其中起到了重要的作用。所以说，在计算中美间贸易差额的失衡时，少计这块出口额，不考虑中美间跨国公司的活动是不合适的，而美国对华贸易统计中恰恰就没有考虑跨国公司的贸易活动，夸大了中美之间贸易不平衡的实际情况。

此外，中美经贸统计的口径、范围、原产地、转运贸易及计算其增加值的方法，也有很多不同之处，美方的统计方法夸大了中美经常账户间的差额，事实上中美之间贸易差额统计的差异最大部分来源于中美通过一些经济体（如香港）的转口贸易。

二是美国在中美贸易的利益分配中获得了更多的利益。

首先要明确的是，中美之间的贸易结构是互补的，双方之间的贸易是互利的双赢关系。中国是一个发展中国家，经济体量虽然大，但发展的水平仍然较低，在向美国出口商品时，主要是发挥成本比较优势，大部分产品仍是劳动密集型产品。而美国作为世界的超级大国，在资本、技术、品牌等无形资产方面都具有绝对优势，在中美贸易利益的分配中占据着优势地位，获得了绝大部分的贸易利益。可以说双方之间在贸易利益的分配上是不平衡的。

在全球产业链中，中国主要从事的是加工、组装等科技含量低、贸易利益少的环节，而美国则主要控制着产品研发、营销及服务等环节。可以说美国资本在全球产业链条中牢牢地掌握着控制权与分配权。在中美贸易的利益分配中，美国资本在利益分配中占有较大的比例，而中国资本参与利益分配的能力较弱，在利益分配中仅能获得较小的份额。

因而，中美经贸关系虽然互利双赢，但中美在双边贸易中的利益分配实际上是严重不平衡的。可以说，美国在中美贸易间获得了更多的利益，但美国反过来还强调其在贸易中的不平衡遭遇，夸大中美贸易不平衡的严重程度。

**借口二：人民币应当大幅升值以再平衡世界经济**

"人民币汇率低估→中国出口商品价格低廉→中国对美顺差不断扩大→美国产业不振→美国失业率居高不下"的逻辑被美国人接受，成为逼迫人民币升值的借口，甚至使人民币汇率成为服务于美国政治的工具。然而，中美贸易和其他新兴经济体贸易的现实，以及日美、德美贸易的历史都已佐证，调整货币汇率并非调整贸易失衡的灵丹妙药。

中国对美国的巨额贸易顺差主要是由美国的过度消费以及中国的过度生产等结构性问题所致，更进一步地说，是以美元为主导的国际货币体系所致，而非人民币汇率的问题。可以这样说，在美元依然是国际货币体系的核心货币的条件下，美国要实现长期对外贸易平衡是不可能的。

美国自身的产业结构决定了这样一个事实：贸易顺差未必一定就增加美国的就业，而逆差未必一定就减少其就业，美国的贸易逆差会增加其研发、海运、营销、金融等环节的就业。当然，中美双方的消费、公司治理等发展模式都需加以调整，改变中国的过剩生产与美国过度消费所形成的世界经济的脆弱平衡。

在世界经济再平衡的过程中，我们需要清楚地认识到，一方面，汇率因素只是影响国际贸易的因素之一，而并非全部因素，更非起根本性作用的因素。分工协作、比较优势、要素禀赋、差异产品和重叠需求、市场竞争力、资本的国际转移、技术创新乃至产品创新、相关国家和地区间的产品供求关系等一系列的因素，都会对国际贸易的走势产生影响。在分析中美间贸易不平衡的状况时，如果完全忽视其他因素，而将汇率问题放大为一切，可以说是舍本逐末、本末倒置了。

另一方面，在前面本书已经提到，中美间贸易的不平衡是由于全球产业转移，美国产业结构升级，将已经停产的中低层次的产品生产以及全球产业链中产品的加工和组装环节转移到了中国而引致的国际贸易非平衡格局。而这种情况也不是简单地通过人民币的大幅升值就能改变的。

在中国看来，世界经济失衡是全球化进程中的常态，美国是主要受益国，再平衡过程是一项长期任务，中国应当承担一定责任。我们完全有理由相信，通过中国的经济结构调整、经济增长模式变革、产业升级等举措，中国的贸易顺差会逐渐缩小，为世界经济再平衡做出努力。

2013年，中国对外贸易顺差为2 597亿美元，比2012年的顺差增加了284亿美元。对此顺差规模，我们首先要看到，增加的这284亿美元的顺差是在中国贸易总体规模增长的情况下增加的，2013年中国对外贸易进出口的总值较2012年增加了近3 000亿美元，也就是说，这284亿美元的顺差是在整体贸易规模增加了 3 000 亿美元的基础上实现的。这 2 597 亿美元的贸易顺差，如果跟中国对外贸易历史上顺差最高的年份（2008 年）近 3 000 亿美元相比较，实际上还是降低了。其次从另一个角度来看，自 2009 年到 2012 年，中国贸易顺差占当年中国外贸进出口总值的比例分别为 8.9%、6.2%、4.3%、5.9%，2013 年这一比例为 6.2%。因此，可以说近年来中国贸易顺差的规模基本处于平稳状态。中国的贸易顺差占 GDP 的比重在最高点时曾达 6% 左右，但近年一直控制在约 3%，处在国际公认的合理区间。从经常账户角度来说，其余额与 GDP 之比，在 ±2% 的范围内表明经常账户基本是平衡的，在 ±4% 的范围中，一般认为是可以接受的，中国这一比值近年一直在这个范围之中。

但是，这似乎并不是美国需要的结果。美国忽视长期效果，而希望在短期内通过人民币升值来再平衡世界经济。事实是，在美国国内经济增长乏力，真实失业率与债务居高不下，员工平均收入增长乏力时，美国的政治家们需要一个替罪羊，以使他们从政治压力中解脱出来。

人民币升值对美国经济乃至全球经济都是一把双刃剑，美国政府和美国政治家们对此比谁都更清楚，可现在的做法却是将人民币汇率问题政治化，让人不得不说有些"浑水摸鱼"的意思。可以说，如果人民币真的大幅、迅速升值的话，那么将导致美国的进口成本上升、中国出口下降，给本已处于失衡中的世界经济带来更加沉重的打击。人们得到的将不仅不是经济再平衡的收获，反而可能是揠苗助长后的荒凉。

通过历史数据和对日本、德国以往经验的分析，一国货币升值或贬值对调节贸易收支的作用是有限的。20 世纪七八十年代，美国也曾因贸易问题向德国、日本施压，迫使两国的货币大幅升值。但到 2008 年，美国对德国的贸易仍有 429 亿美元的逆差，对日本的逆差则更高达 726 亿美元。2005—2008 年，人民币对美元快速升值，同期美国对华贸易的逆差却年均增长 21.6%，是历史上增长最快的时期。2009 年，人民币对美元的汇率相对保持稳定，而美国对华贸易逆差却下降了 16.1%。由此可见，人民币汇率并非造成美中贸易逆差的主要原因。美国真正的"病根"是自身的失衡所致。

人民币大幅、迅速升值将对中国产生不利的影响，将影响到中国国内宏观经济的运行状况和产业结构的升级。请读者看下面这道简单的算术题：假定 100 万美元今天进入中国，兑换为 613 万元人民币，花费其中的 113 万元购买房屋一套，500 万元放在银行里生息，等待人民币汇率上升为 1 美元兑换 5 元人民币时，这 500 万元人民币再兑换回美元，100 万美元一分不少。问题是：这栋房屋的财富是从哪里来的？

在人民币汇率问题上，不能简单地屈从于美国的压力，人民币汇率形成机制的改革需要基于中国经济自身的实际情况和需要，主动、渐进、可控地推进，为中国经济的发展和经济发展模式的改革服务。事实上，中国近年来对汇率的干预已经越来越少，人民币汇率已经非常接近于由市场决定的水平。

**借口三：中国应当增加对美国产品的进口**

为了改善中美间贸易失衡的状态，再平衡世界经济，美国提出中国除人民币大幅升值外，还应当增加对美国产品的消费和进口。但这样的做法真的能够改变当前中美经常账户失衡的局面吗？答案仍然具有不确定性。

在分析这个问题时，首先要考虑的就是中美间的贸易格局。中国作为一个发展中国家，在 20 世纪 90 年代已经告别了短缺经济时代。如果扩大对美国消费品的进口，由于中国国内的消费品市场本身就处于供过于求的饱和状态，就必然会加重中国消费品市场的竞争压力，必然会导致一部分竞争力不足的企业倒闭、职工下岗，进而国内市场萎缩，人们的收入下降，消费能力也下降，在进一步的传递中减少对美国进口商品的需求，而具有竞争力的企业则会将过剩的产品扩大出口，难以根本改变贸易失衡的状况。

这还是在美国的消费品具有价格、性能等方面竞争力的情况下所得出的结论，而实际上，在消费品市场上，中国的一般性消费品的竞争力都在美国产品之上。而如果扩大进口的是投资品，那么，一方面会加重中国部分产业的产能过剩状况，同样引致企业倒闭，失业增加，那么对进口品的需求最终还是会降低；而另一方面，这些增加的投资品会形成新的生产能力与产品出口能力，反而会加重美国的贸易逆差。因而，强制要求中国对美国增加进口未必能够达到平衡贸易的目的。

中美间贸易差额的一个主要原因就是美国对其具有竞争优势的高新技术和产品的出口限制政策。而其能够出口的中低技术产品，中国往往已经具有明显的竞争优势，国内市场已经达到饱和，已经不需要从美国进口了。

美国在中美贸易的失衡中获得了巨大的实际利益，通过从中国进口物美价廉的商品，美国本国的通货膨胀水平得到了有效的抑制，美国的普通消费者得到了切实的实惠，获得了巨额的消费者剩余，美国企业的劳动成本也得以降低。同时，中国又用由对美贸易顺差而获得的美元购买了美国国债，美国又获得了金融上的利益，而中国得到的不过是一些以电子符号记载的美债，还要承受美元贬值所带来的外汇储备损失。在这样的情况下，美国并没有真实的损失发生，应该承认，它是世界经济失衡的受益者。

## 全球失衡的成本应由谁承担？

世界经济失衡实质上是结构和制度上的问题，不能期望在短期内得到世界范围内的根本调整。然而，如果任其进一步发展、恶化，必然会进一步加剧全球经济发展的不平衡性和不稳定性，给正在从危机中复苏的全球经济带来负面影响。因此，失衡的各方，无论是发达经济体，还是新兴市场经济国家，都是再平衡世界经济的主角，都要在调整中承担各自的责任。寄希望于别国的调整，自己却依然如故，最后不可能获得双赢的结局。

面对世界经济的失衡状况和蔓延全球的经济危机，发达国家为了迅速摆脱危机，重振本国经济，提出了经济再平衡战略。

西方国家的经济再平衡战略的内涵是：世界经济再平衡的调整需要成本，而发达经济体有能力通过各种经济政策和贸易政策，将再平衡的调整成本转移给新兴经济体，由它们来承担世界经济再平衡的主要成本。它们希望自己既能得到世界经济再平衡的利益，又无需承担调整转型的痛苦。在这一过程中，中国由于经济总量大、外向型经济发展速度快，且在体制、价值观念上与发达国家不同，自然被认为是世界经济失衡的首要责任者。

真正的经济再平衡战略绝不是仅仅关注经常账户的平衡，将再平衡的焦点放在贸易领域，而应该是失衡的各方立足于本国的经济结构，进行产业结构的优化，改革现行的国际货币体系，使全球经济在低通货膨胀水平下恢复活力，使各国及各地区的贫富差距缩小，实现世界经济的包容性增长。从长远看，同时达到对内均衡和对外均衡的经济增长才是可持续的，单一强调发达国家的需求驱动力，或单一强调新兴市场经济国家的供给驱动力，都不会达到理想的效果。而饮鸩止渴的政策会加剧世界经济的不平衡，势必引致相关各方都成为博弈的输家。

总而言之，世界经济再平衡应当是所有国家共同努力的方向和目标。在此调整过程中，由于贸易逆差集中于中心国家的事实，调整时会出现成本收益的不对称现象，即贸易顺差国会承担更多的调整成本。中国必将承担但也只能承担与中国责任相对应的那部分成本，而美国也应言行一致，将国际收支平衡纳入其宏观经济政策的目标体系。例如，在适当增加储蓄、重塑制造业的同时，美国还应降低财政赤字，并扩大对华高科技产品的出口。又如，过度超前消费的美国消费文化严重破坏了人与自然、社会和未来的和谐，需要加以理性的克制与规范的监管。欧洲和日本应该进行国家内部经济和结构的改革，提高内需和经济增长率，提倡技术革新，增加经济发展的潜力；而新兴市场经济国家如中国应该改变经济增长模式，进行产业结构升级，稳步推进人民币汇率的市场化进程等。

要解决全球经济失衡问题，需要各个国家和地区互相合作、互相支持，而不应该互相推诿。世界经济再平衡是世界各国共同的责任，世界经济再平衡目标的实现有赖于主要失衡国家持续而富有诚意的国际合作。中国和美国在世界经济失衡中的特殊地位决定了中美两国在世界经济再平衡的调整过程中必然要承担更多的责任，扮演更重要的角色。由于中美产业结构、消费观念以及金融水平差距的调整均具有相当的曲折性，以美元为主导的国际货币体系作为失衡的制度性根源在短期内亦不会有所改变，因此，中美贸易失衡的再平衡必将是一个漫长的、渐进的、没有终结的过程，调整的成本对双方来说都是巨大的。

# 世界经济格局的"变化"与"新常态"

## 在竞争中合作还是在合作中竞争？

在经济全球化时代，为了谋求自身的经济发展，各经济体纷纷将利益作为自身处理国际经济关系的出发点。如果说国际政治的基础是强权，那么国际经济的基础则是利益。由于利益的驱动，在合作结盟与残酷竞争之间，往往仅有一步之遥。竞争促进人类进步，而合作结盟却可以收获规模与互补所带来的巨大利益。因此，合作与竞争是经济全球化进程中由市场力量内生驱动的客观存在。

无论是在发达经济体之间、发达经济体与发展中经济体之间，还是在发展中经济体之间，经贸往来中的合作与竞争并存。并且，合作愈益深化和拓展，竞争愈加多样和激烈。发达经济体与发展中经济体之间的合作之所以能够实现，部分地是由于前者更注重获得市场准入权，而后者更希望学到先进技术和管理经验。发展中经济体之间的竞争之所以存在，是因为它们在经济结构、要素禀赋、需求层次、科学技术方面的差异较小，互补、依存的不对称性较弱，因此在引进外资、争取国际援助、争夺出口市场等方面常常存在着利害冲突和竞争。

国际贸易既是经济竞争的直接体现——它造成了世界经济的失衡，又是经济合作的初级形式——它保证了各经济体之间有形商品与无形商品的互通有无、资源的有效配置及财富的重新分配。

由美国微软和英特尔公司共同构筑的温特制（Wintelism）是美国新经济与

全球产业重组的微观基础。温特制下的全球生产网络是竞合运行的中观平台，它保障竞争朝着良性有序的方向发展，而推动合作得到持续的发展。市场这只"看不见的手"通过全球生产网络，自下而上地推动着经济体之间竞争与合作的发展，形成了国际经济关系意义上的竞合模式。

现今世界已形成了三大区域合作板块的格局，即欧洲的欧盟（European Union，EU），美洲的北美自由贸易区（North America Free Trade Area，NAF-TA），以及亚太地区的亚太经合组织（Asia Pacific Economic Cooperation，APEC）、中国—东盟自由贸易区（China-ASEAN Free Trade Area，CAFTA）、东盟"10＋3"会议机制等。世界贸易组织（WTO）、上述区域合作机制以及各区域、跨区域的特惠贸易协定（Preferential Trade Agreements，PTA）则是竞合运行的宏观平台。为应对经济全球化条件下的激烈竞争，各经济体都把推动区域经济一体化作为争取竞争优势的战略工具。21世纪头十年，无论是发达国家之间，发达国家与发展中国家之间，还是发展中国家之间，都已形成了数个、数十个甚至上百个双边或多边的PTA。其中，既有在同一区域内形成的PTA，也有不少跨区域形成的PTA。

21世纪以来，中国在世界进出口贸易中的地位举足轻重，成为多个经济体的第一大贸易伙伴，在全球生产网络中成为加工制造的枢纽和中心。中国实施全球与区域相协调的综合经贸合作战略，在更大范围、更高水平及更深层次上参与国际经济合作。

一方面，中国积极参与多边贸易体制，在WTO多哈回合谈判中发挥建设性作用，提交了逾百项提案，进入了世界贸易的谈判核心圈，以推进更加开放和公平的国际贸易环境。另一方面，中国也注重开展双边及区域经贸合作，累计建立了163个双边经贸合作机制，签订了129个双边投资协定，逐渐成为区域经济一体化版图的绘制者。中国已与新西兰、新加坡、智利、秘鲁等发达和发展中经济体签署了10项自由贸易协定（Free Trade Agreement，FTA），还有6项FTA正在商建。2010年，中国—东盟自由贸易区正式建成，成为发展中国家之间最大规模的自贸区，积极推动了东亚区域经济一体化的进程。截至 2010 年底，中国正在商建的 FTA 共 14 个，涉及 31 个国家和地区，双边贸易额达到 5 213 亿美元，占外贸总额的 1/4。

在加强对话、深化合作成为各国处理国际经济事务主旋律的同时，各经济体之间现实的和潜在的竞争也从未止息。例如，在清洁能源等新能源领域，中美两国的合作已进入实质性阶段，而在争夺全球新能源话语权方面，两国又是彼此强劲的竞争对手，将形成直接的竞争。2010 年 10 月，美国贸易代表办公室按照《1974 年美国贸易法》的"301 条款"，就美国钢铁工人联合会诉中国政府对本国风力、太阳能等新能源企业实施保护政策，提供"不公平援助"一案展开了调查，中美新能源竞争终于从幕后走到了前台。

在各种形式的竞争与合作中，各经济体间可以形成宏、微观层面的良性互动，使竞合呈现出螺旋式上升的积极态势，从而产生正面的效应。竞合的静态效应主要源自于合作，包括经济增长、贸易与投资规模扩大、国民福利水平提高等。动态效应则主要源自于竞争，包括产业结构升级、竞争优势提升、整体对外竞争力增强等。在市场规则与利益的制衡下，参与竞合的各方形成了互利互惠的共赢格局。

各经济体之间"火药味"最浓的经贸竞争当属贸易摩擦。在 21 世纪头十年，各经济体发展的不平衡性、产业与贸易结构的竞争性、区域贸易集团的排他性、贸易利益分配的矛盾性以及经贸问题的政治化等，都造成了国际贸易保护主义的加剧。各经济体纷纷运用反倾销、反补贴、特殊保障、技术壁垒、技术与劳工标准、企业社会责任、绿色壁垒等各种贸易救济的新旧"利器"，想方设法加强对本国产业及市场的保护。

应该说，经济全球化发展到今天，各经济体的依存度增强，再度回归到各自为政、自给自足的时代是不太可能的。如今，贸易保护主义主要表现为：在公正贸易的旗号下，传统的反倾销、反补贴、特殊保障措施被充分利用；各种技术壁垒如产品质量标准、技术性能标准、卫生检验及动植物检疫标准等，正在成为贸易保护的新手段。此外，贸易摩擦日益波及更多的经济与社会领域。环保节能减排标准、社会保障、汇率制度等已经开始成为摩擦的起因。

伴随着中国出口横扫国际市场，针对中国传统出口商品及部分高新技术产品的有形、无形贸易壁垒层出不穷。WTO 的数据显示，中国已连续 17 年成为遭受反倾销和反补贴调查最多的 WTO 成员方，全球约 35％的反倾销、71％的反补贴涉及中国。

自 2010 年以来，欧洲债务危机、美国债务危机的持续发作导致全球经济的复苏仍然不稳定、不均衡。在此背景下，中国更成为国际贸易保护的重灾区。中国一方面积极行使 WTO 成员的权利，坚决维护国家利益与产业利益，妥善应对贸易摩擦；另一方面也以实际行动反对贸易保护主义。在 2008 年全球金融危机蔓延之时，中国曾组织 30 多个采购团奔赴海外，促进中国进口及对外直接投资加快增长。

入世以来至 2013 年一季度，中国共遭遇贸易救济调查案件 842 起，涉案 736 亿美元。其中 2010 年全年，中国出口产品共遭遇贸易救济调查案件 66 起，涉案金额约 71.4 亿美元。2011 年，西班牙政府针对进口鞋出台政策条例，将进口鞋的相关款型、材质等与海关目录中相同或相近产品进行对比，如果这批鞋子报关报价低于海关目录上的价格，将扣押货物。只有在相关鞋商按目录价格补交关税、增值税和相应罚款后，才能拿回货物。而美国的 40 余个大型商家已于 2011 年 12 月 1 日开始实施一项新的产业标准，限制手提包与鞋类等产品的铅含量，这项新标准的涵盖范围还可能扩大至腰带及其他流行配饰。

根据中国国家商务部的统计，2013 年全年共有 19 个国家和地区对中国发起了贸易救济调查，总共有 92 起，比 2012 年增长了 17.9％。从发起的案件数来看，增长较快。其中，反倾销调查有 71 起，反补贴调查有 14 起，保障措施有 7 起。除此之外，美国还对中国发起了"337"调查 19 起，比 2012 年的 18 起增加了 1 起。除了发达经济体立案增幅继续大幅度上升以外，新兴工业化国家和发展中国家立案也呈增长趋势。从目前获得的数据对比来看，中国连续 18 年成为遭遇反倾销调查最多的国家，连续 8 年遭遇反补贴调查最多的国家，中国仍然是贸易保护主义的最大受害国。如欧盟曾于 2012 年对中国光伏产品发起的"双反"调查，涉案金额高达 204 亿美元，拉升了整体的中国涉案金额，尽管这一贸易摩擦事件在中欧高层的直接磨合下基本得到妥善解决，但依然给中欧贸易留下了相应的阴影。如果 2014 年欧盟针对华为、中兴等公司电信设备及无线产品的"双反"调查最终自行立案，将有可能成为针对中国涉案金额最大的"双反"调查。

作为全球产品的最终吸纳者，美国不停地批评中国的人民币汇率机制，批评中国的贸易政策，而事实上却是与中国开展贸易的最大获益者：一方面要求中国保护其知识产权，一方面又对中国引进其高新技术设置了诸多限制；一方面要求在对华投资中享受种种优越待遇，一方面又为中国企业赴美投资制造种种障碍和壁垒……这都是与国际贸易互利双赢、公平公正、优势互补的原则背道而驰的。

## "独乐乐" 还是"众乐乐"？

中国古典儒家学说中一直津津乐道于亚圣孟子建议梁惠王的"独乐乐不如众乐乐"的思想，这一逻辑反映到当今世界经济格局中，就逐渐衍生出了一个新词——"包容性增长"（inclusive growth，又译为"共享性增长"），并已成为世界经济的一种大趋势（见图 1—2）。"inclusive"一词的本义是"包容广阔的、包含的、可兼的"。"包容性增长"是 2007 年由亚洲开发银行首先提出、由各个国际经济组织近年来逐渐加以完善的一个概念。包容，即兼收并蓄，惠及异己。共享，乃拒绝一家独享、一人独大。

包容性增长的内涵包括：在同一经济体内部，让更多的人能够享受到全球化的成果，降低本经济体的贫富不均；在世界经济当中，让处于弱势的群体、产业或经济体能够得到较好的保护，降低全球的贫富不均；在追求世界经济增长的过程中，保护人类赖以生存的资源与环境，实现人与自然界的平衡与和谐，等等。包容性增长主张，只有更加全面、均衡地发展，才能够克服单纯发展经济的弊端，使经济增长与社会进步、民众生活的改善及资源环境的可持续同步前行。

**图1—2　各利益群体之间，以及经济、社会、环境**
**之间的协调发展谓之"包容性增长"**

资料来源：来源于网络。

首先，全球资源配置格局发生了变化，世界经济的力量对比趋向均衡。越来越多的新兴工业化国家加入了生产和资本的全球配置，中国、印度、俄罗斯、巴西、南非（BRICS，金砖国家）正在成为世界经济增长的重要推进力量。

就新兴工业化国家自身而言，当今世界，大部分新兴经济体都领先于发达经济体强劲增长、快速发展，有效对冲了其他市场的经济衰退，在全球经济发展中的定价权和话语权逐步增大，在全球资源配置中发挥着不可或缺的作用。2001—2010年，新兴经济体的平均经济增速超过6%，远高于发达国家平均的2.6%和全球平均的4.1%。2010年，中国、印度和巴西的GDP增长率分别达到10.3%、9.7%和7.5%。尽管2012—2013年，金砖国家的经济增长由于不利的外部环境与内部因素有所放缓，但它们仍是最具潜力的新兴经济体，是各自所在区域主要的经济增长引擎。

金砖国家对国际市场的影响力日益增大。在国际大宗商品市场上，中国的石油、金属矿产以及大豆需求，俄罗斯的石油和天然气供给，巴西的铁矿石与咖啡供应，均是国际市场的主要供需力量，均能显著影响国际大宗商品的市场价格。自 2013 年乌克兰危机爆发以来，西方国家一致谴责俄罗斯，对俄罗斯采取了几轮经济制裁措施。俄罗斯于 2014 年 8 月采取了果断的反制裁措施，决定在一年内禁运一切参与制裁俄罗斯国家的商品。由于俄罗斯对欧洲的农产品实施禁运，欧盟已拨款数亿欧元以补偿欧洲农业所遭受的经济损失。在国际金融市场上，金砖国家持有大量的国外资产，金砖国家国外资产配置的变化和跨国资本流动的变化，已能对世界主要货币的汇率和利率形成重大影响。

同时，新兴经济体的商业模式也在变化。规模经济加上高科技创新成为新兴经济体的普遍选择。它们纷纷努力实现生产集约化，发展以新能源、节能环保、电子信息、生物等为代表的高新技术产业，推动结构优化与产业升级，以形成符合本国资源禀赋特点的现代生产体系。此外，总规模达 1 200 亿美元的《清迈倡议》多边化机制以及亚洲债券市场等地区内部市场的建立，也使得新兴经济体的经济呈现出深刻、积极的发展态势。

以全球生产网络的特征为视角，可以发现，随着模块化与磨合化成为现代工业生产的基本思路，国际生产格局出现了基于价值链的多极化、分享型发展趋势，产业价值链上不同生产环节的分离与整合已成为国际贸易的常态。

中国作为东亚区域生产网络中的加工组装及生产制造枢纽，一方面能够将处于不同发展阶段的众多经济体纳入同一个新型国际生产体系内，使所有的加入者都能够有机会借助自身的特定优势，从经济全球化的巨大福利中获益；另一方面，作为全球商品、要素国际流动的活跃分子，中国自身也正在从出口导向的发展战略向进出口并重、促进贸易平衡的战略转变。在中国的进口需求中，用于出口至欧美市场的制成品制造的零部件、中间产品等"间接需求"所占的比重正在逐步缩小，而用于满足中国自身消费的"直接需求"所占的比重正在逐步增加。

全球外商直接投资即 FDI 的流向及来源是观察世界经济包容性增长的另一视角。中国等发展中国家及转轨经济体已逐渐成为全球外商直接投资增长的重要助力，它们吸收外资的总量在 2010 年就已经与发达经济体形成了均势。

在 2008 年美国次贷危机爆发之后，世界金融的中心华尔街、伦敦城受到打击，它们在全球配置资源的能力受到打击。这就为中国企业基于自身的利益在全球配置资源提供了良机，中国资本真正地"走了出去"。在全球资金、技术的集聚与整合过程中，中国正逐步从"世界工厂"向"世界的投资者"转变，从"承接者"向"塑造者"转变，从国际政治经济事件的"接受者"向"参与者"转变。到中国的"十三五"规划末期，随着"中国人的经济"（体现为国民生产总值即 GNP）追赶"中国经济"（体现为国内生产总值即 GDP），中国有望实现资本的进出平衡，这将是中国从"大国"向"强国"转变的重要一步。

其次，全球生产格局发生了变化，世界经济的增长从依靠虚拟需求增长的模式回归到了依靠真实需求增长的模式，高企的油价使原有的全球产销模式出现了更趋向于包容性增长的调整。

一方面，自美国次贷危机以来，市场力量开始对过去由回报率过高的虚拟经济主导的资源配置方式进行纠正，发达国家开始向恢复制造业的方向调整。

时任英国首相布朗第一个提出，英国要恢复制造业。接着美国总统奥巴马也强调，2015 年美国的出口要翻一番，要增加 200 万个就业岗位。2009 年底，沃伦·巴菲特收购伯灵顿北方铁路公司，这令人感到，唯有重振制造业的前景才值得"股神"倾力一注。再接着是欧盟在 27 国内强调要发展制造业。继而是日本，也强调恢复制造业刻不容缓。当新兴经济体越来越由国内的市场需求拉动本国经济增长，面向新兴市场的出口增长则成为拉动发达国家制造业复苏的重要因素。

另一方面，国际油价持续走高使全球贸易的运输成本不断攀升，这既使得国际市场要素配置的格局和要素价格的确定充满着不确定性，也对原有的全球产销模式形成了冲击。

许多跨国公司为节约远距离运输成本，纷纷在一定程度上舍弃全球化产销模式，把生产线和组装线撤回本国或邻近地区。美国许多电子产品制造商把车间从中国挪到更近的墨西哥，美国消费者发现，印有"美国制造"的商品逐渐多了起来。继 2009 年耐克关闭在中国唯一一家鞋类生产厂——太仓工厂后，阿迪达斯中国总部也于 2012 年关闭了位于苏州的在华唯一直属工厂。Clarks、K-Swiss、Bakers 等国际鞋业巨头纷纷增设在越南、印度尼西亚的生产线。伴随着外资从中国向要素更便宜的东南亚国家转移，美国超市的货架上已不再是单一的中国货，各国货物都有，开始多元化了。

再次，国际货币体系呈现出多元化竞争态势，在全球性博弈中向多极化迈进，人民币区域化及国际化进程的加快引起了国际社会的广泛关注。

其一，美元在全球外汇储备和国际支付、结算中仍处于中心地位，但其霸权地位有所削弱。各国建立多元储备池，纷纷要求在国际贸易中使用本币进行结算，就是对单一货币体系进行调整的一种尝试。

其二，作为欧洲一体化划时代产物的欧元面临着严峻挑战，但欧洲进一步走向联合的政治意愿仍然存在。只要德国、法国、意大利这三个欧元区最主要的经济体不决意推翻欧元，欧元区仍将继续存在。

其三，中国连续十多年的国际收支双顺差使得人民币的国际竞争力及影响力逐步提高。2006 年，人民币的国际市场流动性超过了日元。在东盟国家和中国港澳台地区，人民币的流量与存量都取得了长足的进步。根据环球银行金融电信协会（SWIFT）2014 年 10 月发布的数据，在全球主要支付货币中的排名中，人民币已跃升至第七位，而大约在两年前，人民币还处在第十四位。随着中国金融市场与金融监管体系的完善，人民币资本项目的开放循序渐进地展开。2013 年上海自由贸易区的建设，2014 年沪港通的试点都对人民币资本项目的开放及人民币国际化起到了推进作用。

继 2011 年 9 月和 11 月，尼日利亚、泰国先后宣布将人民币纳入外汇储备之后，2012 年 5 月，沙特阿拉伯也称将把人民币作为其外汇储备，以进一步实现外汇储备多元化。2012 年 7 月，印度尼西亚央行开始购买中国发行的人民币计价证券，也将人民币资产纳入其外汇储备。据估计，目前全球外汇储备中人民币资产约合 150 亿～200 亿美元。除了白俄罗斯等部分国家已经在使用人民币作为外汇储备，部分发达国家也已经秘而不宣地将人民币纳入了本国的外汇储备。英国在 2014 年 10 月发行人民币债券更表明了人民币国际化进程的稳步推进。

最后，推动应对气候变化的国际合作取得了一定的进展，中国也做出了重要贡献，成为近年来实施节能减排、偿还环境赤字力度最大的国家。

1997 年 12 月，在日本京都召开的《联合国气候变化框架公约》缔约方第三次会议，通过了旨在限制发达国家温室气体排放量的《京都议定书》。《京都议定书》规定，到 2010 年，发达国家二氧化碳等 6 种温室气体的排放量，要比 1990 年减少 5.2%。美国拒绝接受这一协定，认为它会阻碍美国的经济增长，并抗议《京都议定书》未能将中国、印度等国家包括在内，没有降低它们的排放。2001 年 4 月及 2011 年 12 月，美国、加拿大分别退出了《京都议定书》，日本、俄罗斯的态度趋于消极，欧盟在全球气候变化治理中的领导力有所弱化。

客观地讲，进行"奢侈排放"的发达国家是愿意承担责任的，但又担心会因缺乏新兴工业化国家和发展中国家的配合而功亏一篑；进行"生存排放"的新兴工业化国家担心减排会阻碍其工业化进程；而广大发展中国家最关心的则是减排资金、技术来源以及能否通过减排承诺使得新兴和发展中经济体在减排中切实受益，通过减排得到发展。所以，没有南北合作，不把发展问题"包容"考虑进来，减排是很难有根本性进展的。

从 2009 年的丹麦哥本哈根会议、2010 年的墨西哥坎昆会议，到 2011 年的南非德班会议、2012 年的卡塔尔多哈会议，再到 2013 年的波兰华沙会议，国际气候合作取得实质性进展的步伐纵然艰难，各国代表的争吵也相当激烈，但可以看到的是，新兴市场经济国家的诉求得到了较为充分的表达。众所周知，基于现有的全球生产网络与产业布局，中国等发展中国家在全球产业链上所处的加工组装环节是以低附加值、高排碳为特征的，但其大量产品的最终消费是在发达国家实现的。"谁消费，谁付账"是较为公平、合理的减排原则。对于生产过程中的碳排放，在最终的消费环节征税是可行的。生产过程的"绿色化"与消费过程的"绿色化"缺一不可。在全球绿色行动中，中国提出并始终坚持"共同但有区别的责任"原则、"公平"原则和"各自的能力"原则，起着建设性的作用，以诚意、决心和信心展现了负责任大国的形象。

## "多极化" 还是"非极化"？

经济全球化既意味着世界范围内"统一市场"逐步形成，美苏冷战时期的两个"平行市场"一去不复返，各个经济体的经济活动相互交织，你中有我，我中有你，相互依存；也意味着"市场游戏规则"在全球的逐步形成，即在世界范围内，规范经济行为的一般规则及普遍机制得以建立。

在这样的条件与环境中，由统一市场和统一游戏规则形成的利益在全球范围内进行着配置。经济全球化尽管能够使得参与者获利，但利益的天平绝对不是平衡的，发达国家主导世界经济的权力格局在短期内难以改变。发展中国家在世界经济存量中的比重毕竟仍不如发达国家，若要发展中国家担纲世界经济的发展首要重任，其实力还是欠缺很多。全球经济实力的对比尚未发生戏剧性的反转，世界经济中心从欧美向亚太地区转移的过程将相当漫长。

就世界需求的分布来看，全球目前大约有 73 亿人口。中国和印度共有约 26 亿人口，每年共消费约 6 万多亿美元，其中中国约有 13 亿人口，每年消费约 4.7 万亿美元。而美国人口仅 3 亿多，每年消费却高达约 11 万亿美元。对世界经济的支柱作用，孰轻孰重，一目了然。在世界经济整体上处于供大于求的过剩状态条件下，贸易逆差是一种力量的体现。美国凭借自己的国际信用，通过货币的过度发行提供消费信贷，直接支付进口，保持着全球商品最后实现者与吸纳者的地位。

就世界新一轮增长点及创新推动力来看，2008 年全球金融危机以来，世界经济缓慢复苏，仍充满着不确定性。虽然带动世界经济下一轮突飞猛进增长的需求与创新尚未明朗，但思考历年诺贝尔奖的得主归属，或应用型科研屡屡推陈出新的所在地，我们或可推断，带动世界经济下一轮飞速发展的创新发源地大概仍是美国，新能源或许将成为最先取得突破的领域和最有前途的方向。

回顾 20 世纪高科技领域中的许多成果，从 50 年代的半导体材料、70 年代的微型计算机，到 80 年代的生物工程技术、90 年代 IT 产业的兴起，我们可以发现，它们无一不是在美国的积极推动下，完成创新技术的产业化并创造出巨大经济效益的。美国多层次的金融市场，为不同的投资者提供了多样化的融资途径和退出路径，以及风险社会化、国际化的机制，这使美国在国际分工中牢牢掌握了主动权，占据了国际竞争的制高点。

21 世纪以来，美国擅长于以创新来提升其产品与服务的附加值，价值的源泉是头脑的思维，价值的载体是无形产品。这种创新所能够承载的价值增值具有广阔的发展空间，且创新的速度远远快于有形产品生产过程的改进，而无形损耗与库存贬值的风险则被抛给了包括中国在内的东亚新兴经济体。由 Facebook、谷歌以及苹果等公司催生的应用程序经济、便携无线终端业务在美国和世界其他国家方兴未艾，仅应用程序产业在美国就雇用了超过 30 万名员工，其相关的游戏及虚拟产品毫不费力地在海外摧城拔寨。

就利益分配的格局而言，无论是关键技术、高端零部件的生产等核心业务，还是产品标准、商务规则及最终价值的全球实现，仍掌握在主要发达国家手中，它们以标准整合全球资源，形成了全球生产、分配、交换的格局。中国等发展中国家则主要从事产品的加工和组装，依然未能在产业链的关键环节获取制胜优势，也未能控制全球重要资源、要素与产出的流向。

一般而言，从原料到产品、再到消费者手中，如果所需的时间为 100%，那么处在生产领域中的时间不超过 10%，而处在流通领域中的时间却达 90%。两利相权取其重，因此，发达国家一是在研发上控制，二是在流通中控制，形成巨大的利益链条。美国商业巨头沃尔玛公司连续多年蝉联"世界 500 强"的冠军，令人深思。到 21 世纪第一个 10 年结束时，沃尔玛已在中国 21 个省的 133 个城市开设了 358 家商场，其中 80％的商场地处中国一线城市之外的其他城市。2014 年，沃尔玛计划在中国新开 30 家商场，同时投入 5.8 亿元人民币用于约 55 家门店的升级改造，以提升顾客的购物体验及商场的营运业绩。

中国虽已成长，但其作为发展中国家的基本属性没有改变。中国的 GDP 总量和人均 GDP 世界排名之间的差距仍然巨大。中国的人均经济实力远远落后于发达国家，人均 GDP 仍不敌美国的四分之一，世界排名在第 90 名左右。即便是经济总量，中国也仅约美国或欧盟的一半略强，世界银行和国际货币基金组织仍将中国划分为中等收入国家。

在劳动生产率指标、自主创新能力与金融水平上，中国与国际先进水平更存在着较大的差距。美国斯坦福大学胡佛研究所高级研究员沃尔夫认为，美国在一些显性指标上所表现出来的下滑，只是相对意义上的衰退。在一些难以用数据衡量的领域，例如激励创新精神的制度因素，以及文化、产权、法律等方面，美国都具有别国难以比肩的优势。

美国超过英国成为世界头号经济大国花了约 100 年，日本从第二次世界大战的废墟中崛起为世界第二的经济大国花了 30 年的时间。中国的经济总量有望在未来 15 年超越美国，近年来更是频频"被第一"。根据国际货币基金组织 2014 年 10 月发布的数据，若以购买力平价计算，2014 年中国 GDP 将达 17.6 万亿美元，超过美国的 17.4 万亿美元；但若以实际汇率计算，2014 年中国 GDP 仅为 10.4 万亿美元，远不及美国的 17.4 万亿美元。然而，GDP 总量的超越纵然意义非凡，但它绝不等同于综合国力的超越，更不意味着美国所主导的国际经济秩序与世界格局的终结。对于拨快中国经济总量的"超越"时钟，意在支持人民币升值等政治经济议题的观点和言论，我们应当具有清醒的认识（见图 1—3）。

**图1—3　博彩公司推出以中国经济超美时间为赌注的新产品**

资料来源：来源于网络。

# 世界经济治理的"阴谋"与"爱情"

## 全球治理的"罪"与"罚"

人们常道，真实的世界纷繁复杂，远不是诗歌所描述的"宜人佳境"那般缥缈超脱。殊不知"真实"亦有真实的趣味、真实的风情，有着变幻莫测的景致。世事沧桑、斗转星移之后，"佳境"也许真的尽收眼底了。

在这样一个以利益为导向的真实世界里，各国之间充斥着激烈的竞争，不断进行着利益的分配、地位的转换、格局的调整……盟友与敌人也许只有一步之遥。这些看似复杂的各国关系变化，被一条线牢牢牵引着，这条线就是"国家利益"。正如著名的德国铁血首相奥托·冯·俾斯麦（Otto von Bismarck）直言不讳所表达的那样："国家没有永远的朋友，只有永远的利益（A country does not have permanent friends, only permanent interests）。"这句话也许过于冷漠，但它足够真实。"真实"看似总是冷冰冰的，缺少温情。

2008 年源自美国的次贷危机迅速蔓延，演变为战后最为严重的全球性金融危机。它如惊涛骇浪一般冲击各国经济的同时，也冲击着苏联解体后建立起来的"一超多强"的世界格局。美国的国内经济形势令人担忧，强势地位在一定程度上遭到削弱；欧洲强国也笼罩在危机的阴影里，欧元区多国陷入债务危机的泥潭难以自拔。与二者的情况形成鲜明反差的是，以中国、印度、巴西等为代表的新兴经济体和发展中经济体，凭借稳定的经济发展速度、蓬勃的经济活力，日益成为世界经济复苏和发展的新"引擎"。

中国、印度、巴西、俄罗斯、南非等新兴经济体的经济实力在不断提升。2009 年，俄罗斯与南非取代英国与加拿大，进入了全球经济实力排名榜的前十名。2012 年，印度成为全球第十大经济体。在 2013 年的全球经济体排名中，尽管南非的排名大幅落后，但巴西、俄罗斯和印度仍保留在前十名的位置上，分别名列第七、第八和第十位（见表1—1）。

表 1—1　　　　　　　　　　2013 年全球经济实力排名

| 排名 | 1 | 2 | 3 | 4 | 5 | 6 | 7 | 8 | 9 | 10 |
|------|------|------|------|------|------|------|------|------|------|------|
| 国家 | 美国 | 中国 | 日本 | 德国 | 法国 | 英国 | 巴西 | 俄罗斯 | 意大利 | 印度 |

资料来源：Statistical Data, the United Nations.

经济实力的增长和国际地位的提升使新兴经济体在国际舞台上变得更有底气。后危机时代，在可预见的未来，发达国家与发展中国家，特别是与新兴经济体之间的利益纷争、权力角逐、经济搏杀、联盟的分解与重构等在人类历史长河中曾经上演过的"好戏"将在更加广阔的舞台上被重新演绎，而全球经济治理机制的调整、转变将成为双方博弈的焦点之一。

**治理机制：能不能"变脸"？**

没有规矩不成方圆。没有规则，世界不会是轻松的"伊甸园"，只能是混乱黑暗的"中世纪"。为了确保全球经济健康稳定运行，国际社会各成员建立起一整套制度、规则和行为规范，从而使各国制定的宏观经济政策更加协调，共同防范和处理全球范围内的经济问题。这样一整套制度、规则和行为规范就构成了"全球经济治理机制"。

规则的制定者必然是规则的受益者。第二次世界大战之后的全球经济治理机制是由西方发达国家建立、主导的，它有利于维护主导者的利益。这一治理机制一直沿用至今，主要包括以世界贸易组织（WTO）为代表的全球贸易治理机制，以国际货币基金组织（IMF）和世界银行（WB）为代表的全球金融治理机制，以及为解决全球性经济问题而形成的西方发达国家领导人定期会晤机制。三大国际经济组织负责贸易政策、汇率政策、货币政策和财政政策等方面的协调，而主要国家首脑的定期会晤则搭建起一个协调各国政策、寻求各方利益平衡点的平台。20世纪70年代中期，美国、英国、法国、德国、日本、意大利、加拿大为解决经济危机、重振西方经济而发起形成的西方七国领导人定期会晤机制（G7峰会），就是其中典型的代表。在这一全球经济治理机制下，广大发展中国家只能按照发达国家制定的规则行事，不得不让渡自身的国家利益。

第二次世界大战结束至今，大凡掌握了全球资源流向和全球经济产出流向的国家，都拥有了掌握世界经济的主导权。只有这样的国家，才称得上是真正强大的国家。第二次世界大战以后相当长的时间内，这一"强国榜"上一直只有美国和欧洲等西方发达国家的名字。

20世纪70年代，美国通过美元与石油挂钩掌握了石油资源的流向，以美国为首的西方发达国家通过发达的金融市场控制了粮食、矿产资源等关乎国计民生的重要基础产品的市场价格和市场流向。

以石油定价机制来说，20世纪70年代第一次石油危机之前，石油的定价权一直掌握在西方的"石油七姊妹"手中，之后石油定价权主要掌握在石油输出国组织欧佩克（Organization of Petroleum Exporting Countries，OPEC）的手中。自从纽约、伦敦两大期货市场价格在国际石油的定价中逐渐扮演了主要角色后，石油定价权重新转移到华尔街和伦敦金融城，一些金融机构和英美石油公司掌控了国际石油的定价权。

第二次世界大战以后，美国一直以留学生作为其人才后备力量，并不断修订移民法，吸引了大批外国人才。此外，美国还通过提供多种形式的奖学金，接受各国学生、学者赴美学习交流。美国的全民教育投资每年的增加额都在几百亿美元以上。哈佛大学、普林斯顿大学等世界知名大学，通过提供优厚的助学金、奖学金及优惠贷款，吸引国外留学生在此就读，数量占全球留学生的近三分之一。其中约25％的外国留学生学成后定居美国，被纳入美国国家人才库；在美国科学院中，外来人士占22％；在美籍诺贝尔奖获得者中，有35％出生在国外，例如1971年和1973年的诺贝尔经济学奖获得者西蒙·库兹涅茨（Simon Kuznets）、瓦西里·列昂惕夫（Wassily Leontief）就都是美籍俄裔的著名经济学家，1976年、1997年、1998年的诺贝尔物理学奖获得者丁肇中、朱棣文、崔琦都是美籍华人。

进入21世纪，美国更是凭借雄厚的国家实力，引导着世界范围内的高智力人才与资金的流向，掌握着高科技产品市场的未来发展方向，从而决定着未来生产力的发展趋势。美国的人才政策取得了丰硕的成果。截至2009年，全球共有796位诺贝尔奖得主，其中美籍得主就有315人，占总数的39.57％。

通过控制战略性商品的定价权并掌握人才、资金的流向，发达国家牢牢控制着世界经济规则的制定权，占领了国际经济竞争的"高地"，在瞬息万变的经济风云中获得了毋庸置疑的主动权。第二次世界大战以后建立起来的全球经济治理机制正是西方发达国家制定游戏规则的场所。

随着时间的推移，世界格局正在发生着变化，发展中国家的力量不断壮大，特别是美国次贷危机所引发的全球金融危机发生以后，西方发达国家的力量遭到削弱，而以金砖国家为代表的新兴经济体异军突起，开始具备了一定的制衡发达国家的力量，为发展中国家在国际舞台上争取利益提供了条件。

全球金融危机的阴霾还未退去，发展中国家改变不合理的国际经济秩序的呼声就已经响起。在世界格局发生新变化的背景下，面对现有的全球经济治理机制不断暴露出的问题，对全球经济治理机制进行改革已经势在必行。全球经济治理"新机制"呼之欲出。

作为推进国际经济合作与协商全球经济治理事务的一个重要平台，20国集团（G20）由八国集团（G8）、11个重要新兴工业化国家和欧盟组成。其中八国集团成员国包括美国、日本、德国、法国、英国、意大利、加拿大和俄罗斯；11个重要新兴工业化国家包括中国、阿根廷、澳大利亚、巴西、印度、印度尼西亚、墨西哥、沙特阿拉伯、南非、韩国和土耳其。G20的国民生产总值占全世界的85％。仅美国、日本、英国、德国、法国、意大利、加拿大、俄罗斯8个国家的国民生产总值就占世界国民生产总值的60％。因此，一直以来这8个国家在20国集团内都发挥着主导作用。

自1999年9月25日在柏林成立以来，G20已成为世界贸易组织、国际货币基金组织、世界银行国际经济治理框架内非正式对话的一种新机制，成为发展中国家与发达国家协商改革全球经济治理机制的常规场所。特别是2008年全球金融危机以后，新兴经济体在提振世界经济方面的重要性更是被凸显出来。发展中国家在进行宏观经济政策协调和全球经济治理的过程中，不再是可有可无的变量，它们强烈要求建立一个发达国家与主要发展中国家共商经济要务的新平台。在此背景下，G20领导人峰会应运而生，并在2009—2010年每年举行两次峰会。与金砖国家领导人峰会、东亚峰会等机制相同，它正在为建立更加公正、合理的国际政治经济新秩序发挥着重要作用。

位于宾夕法尼亚州的匹兹堡曾是美国工业重镇，2009年9月24—25日举行了G20匹兹堡峰会。此次峰会在全球经济治理方面取得了巨大进展。与会各国共同决定，要加强彼此间的合作，同时对国际金融体系进行必要的改革，特别是就国际货币基金组织增资和加强金融监管等进一步达成共识。具体来说，就是将新兴市场和发展中国家在国际货币基金组织的份额提高至少5％，将发展中国家和转型经济体在世界银行的投票权提高至少3％，进而提高发展中国家的代表性和发言权。

　　到 2013 年 9 月，G20 已经举办了 8 次峰会（如表 1—2 所示）。历次峰会围绕着应对金融危机、改革世界金融体系和国际货币基金组织、抵制保护主义、加强国际金融监管等全球经济治理问题进行了广泛的讨论，并达成了重要共识。这些共识更多地反映了新兴工业化国家和发展中国家的诉求，对于建立更加公正、合理的国际政治经济新秩序，以及建立更加反映时代需求的全球经济治理机制具有深远的影响和重大的意义。

表 1—2　　　　　　　　　　　　　20 国集团历次峰会

| | 时间及地点 | 内容 |
|---|---|---|
| 第一次峰会 | 2008.11.15 美国华盛顿 | 会议讨论全球金融和经济问题。会议发表了宣言，强调在世界经济和国际金融市场面临严重挑战之际，与会国家决心加强合作，努力恢复全球增长，实现世界金融体系的必要改革。会议取得了积极成果，就国际社会加强协作、共同应对金融危机和支持经济增长达成金融和经济改革行动计划，并呼吁改革世界金融体系，防止类似危机再次发生。 |
| 第二次峰会 | 2009.4.1—4.2 英国 | 与会领导人就国际货币基金组织增资和加强金融监管等全球携手应对金融经济危机议题达成多项共识，会后的声明中重申将抵制保护主义，与会领导人一致同意将对冲基金纳入金融监管范围。 |
| 第三次峰会 | 2009.9.24—9.25 美国匹兹堡 | 峰会的主要议题包括推动世界经济复苏和国际金融体系改革等。国际货币基金组织改革治理结构是会议取得的最重要成果之一。根据会议决议，发达国家需要把部分配额转移给发展中国家，发展中国家的配额将从 43% 提高到 48%。会上发表的《领导人声明》宣布，20 国集团领导人同意将新兴市场和发展中国家在国际货币基金组织的份额至少增加 5%，将发展中国家和转轨经济体在世界银行的投票权至少增加 3%。20 国集团将成为"国际经济合作的主要论坛"，20 国集团峰会也将机制化，自 2011 年起每年举行一次。 |
| 第四次峰会 | 2010.6.26—6.27 加拿大多伦多 | 多伦多峰会确定了增长的主调，信守并履行了"强劲、可持续和平衡增长框架"以及金融监管改革等主要日程，在发达国家削减财政赤字、国际金融机构治理改革、反对贸易保护主义等问题上提出了一些具体的时间表，并强调了 20 国集团的首要任务是确保和加强经济复苏。会议发布了《20 国集团多伦多峰会宣言》，强调采取下一步行动，推动世界经济强劲、可持续和平衡增长。 |

续前表

| | 时间及地点 | 内容 |
|---|---|---|
| 第五次峰会 | 2010.11.11—11.12 韩国首尔 | 主要议题为汇率、全球金融安全网、国际金融机构改革和发展问题。四大议题中，最引人关注的是 2010 年 10 月 20 国集团财长和央行行长庆州会议就解决汇率争议和国际货币基金组织份额改革所达成协议的后续进展。 |
| 第六次峰会 | 2011.11.3—11.4 法国戛纳 | 讨论世界经济形势，"强劲、可持续和平衡增长框架"，重大和紧迫的经济金融问题，国际货币体系改革，大宗商品价格，全球治理，以及贸易、发展和金融监管等问题。与会成员重申相互协作的承诺，以重振经济增长、创造就业、确保金融稳定、推动社会包容并使全球化服务于人类所需。在会议通过的《增长与就业行动计划》中，20 国集团成员承诺在短期内应对经济脆弱性，恢复金融稳定，在中期加固经济增长基础。所有 20 国集团成员都将进一步推动结构改革，挖掘增长潜力，促进就业，加强各国和国际金融体系稳定，倡导贸易和投资自由化。戛纳峰会达成了三点共识：一是确保国际货币基金组织拥有充足资源以发挥其作用，将在此前增资共识的基础上随时进行新的增资；二是采取一切措施促进经济增长；三是强调社会保障体系也是促进经济增长的有利因素，20 国集团成员，特别是新兴市场国家，承诺建立和完善社会保障体系。 |
| 第七次峰会 | 2012.6.18—6.19 墨西哥洛斯卡沃斯 | 峰会重点讨论世界经济形势、加强国际金融体系以及发展、贸易、就业等问题。与会领导人一致认为，国际社会应协调一致，推动世界经济强劲、可持续、平衡发展。20 国集团通过了《洛斯卡沃斯增长和就业行动计划》，以实现支持经济增长、维护金融稳定，并创造就业机会的目标。 |
| 第八次峰会 | 2013.9.5—9.6 俄罗斯圣彼得堡 | 峰会发表了《20 国集团圣彼得堡峰会领导人宣言》以及《圣彼得堡行动计划》，向世界经济释放出积极的信号。在后危机时期世界经济形势复杂的情况下，与会各国达成了关于世界宏观经济形势的相对共识，都认识到全球化对世界经济的影响重大，一荣俱荣、一损俱损。峰会最大的收获在于金砖国家应急储备的亮相，该储备将促进 G20 各国加强合作，并推动国际货币基金组织关注新兴市场。峰会另一项讨论的焦点是美国量化宽松政策的走向，美国总统奥巴马承诺，美国将逐步分阶段退出量化宽松。叙利亚危机作为政治与安全领域的热点问题也在本次峰会上得到了高度的关注，这体现出 G20 峰会在国际事务中的权威性有所增强。 |

### 贸易机制：要不要"壁垒"？

自从发生了国际贸易，人类的生活便被彻底改变了。

连接欧亚的"丝绸之路"，不仅将中国盛产的丝、绸、绫、缎、绢等产品源源不断地运往中亚和欧洲诸国，同时也成为古中国、古印度和古希腊三大主要文明交汇的桥梁。经由地中海转运至欧洲的各色香料，刺激了当地人的味蕾，也坚定了欧洲人绕开奥斯曼帝国的阻挠，开辟运输香料新航道的决心。

到了近代，国际贸易的发展，更是使得世界各国通过互通有无，加强了联系，提高了效率，以更为低廉的价格购买商品或服务，提高了更多人的福利。火车、飞机、高铁等新交通工具，以及电话、电报、电脑、卫星、光纤电缆、互联网等新通信手段的快速涌现，缩短了人与人之间的物理距离，使劳动、资本、技术等生产要素实现了真正意义上的全球性流动和世界范围内的资源配置。难怪托马斯·弗里德曼会高呼："世界是平的！"

作为世界工业革命的发源地和世界传统的制造业大国的英国，其国内制造业三十年来在经济中所占的份额不断下降，有些制造行业甚至在英国消失了。斯托克市曾经是英国著名的瓷都，因盛产一种昂贵的骨瓷而闻名。而如今，却只剩下破败灰暗的厂房，骨瓷早已难觅踪迹。与制瓷业类似，近三十年来英国制造业减少了 400 万个工作岗位。英国的制造业并非"衰落"了，而是将位于全球价值链低端的制造业部门和工作岗位，都转移到了中国、印度、巴西等新兴经济体和发展中经济体，以充分利用这些经济体的廉价劳动力，同时将本国制造业未来的竞争重心锁定在知识与技能等产业链的高端位置，提升自身的比较优势。英国机械设备和精密食品制造业近年来迅猛增长，替代能源和低碳生产技术也处于世界领先地位。

在这种情况下，发达国家与发展中国家之间的关系悄然发生着变化。而这一切变化在一定程度上得益于第二次世界大战以后阻碍世界贸易发展的藩篱不断被降低。

20 世纪上半叶发生的两次世界大战，搅乱了维持世界经济发展的货币金融关系和贸易关系。经历了残酷的战争，世界各国充分意识到，传统的孤立主义和保护主义的经济政策无法重新点燃世界经济未来的希望，和平与发展是时代的主题，只有加强各国间的经济合作才能促进世界经济走向繁荣。

关税与贸易总协定（GATT）正是第二次世界大战后美国为扭转日益盛行的高关税、贸易保护主义和歧视性贸易政策而建立起的多边贸易体制，最终目的是促进国际贸易的自由化。1995 年 1 月 1 日，世界贸易组织（WTO）在关税与贸易总协定的基础上正式开始运转。

世界贸易组织（及关税与贸易总协定）作为全球性的贸易治理机制，为世界各国提供了一个谈判和解决贸易争端的平台。在这样一个平台上，各成员国可以共同协调解决国际贸易争端，协商降低贸易壁垒，从而达到"双赢"甚至是"多赢"。

中国是自由贸易的受益者，也是其忠实的拥趸者。正是抓住了 1998 年亚洲金融危机以后欧美等发达国家产业转移的好时机，中国才成为全球制造业的重要基地，被形象地称为"世界工厂"。中国的珠江三角洲地区和长江三角洲地区有数以万计的制造业企业，承接着来自美国和欧洲各国的订单，成功解决了近 2 亿名农民工的就业，创造了中国经济增长的奇迹。

作为中国最大贸易伙伴的美国，"中国制造"不仅为美国企业带来了巨额的利润，也使美国消费者享受着物美价廉的产品。从服装到鞋类，从家用电器到日杂用品，"中国制造"在美国无处不在。拒绝中国产品，直接意味着生活水平及便利度的降低。据估计，如果没有来自中国的这些产品，美国消费者每年需要多支出 700 亿美元。

如今，全球性的贸易治理机制所涉及的国际贸易数额超过了世界贸易总额的 90％。发达国家缔约方的平均关税从 1948 年的 36％下降到了 20 世纪 80 年代的

4.5%，同期发展中缔约方的平均关税降低到 13%。1950—2009 年，世界农产品的贸易量年均增长 3.5%，燃料和矿产品的贸易量年均增长 4.0%，制成品的贸易量年均增长 7.1%（见表 1—3）。

表 1—3　　　　　　　1950—2009 年世界主要商品贸易量年均增长率　　　　（%）

|  | 农产品 | 燃料和矿产品 | 制成品 |
|---|---|---|---|
| • 1950—1973 年 | 4.3 | 7.4 | 9.8 |
| • 1973—1990 年 | 2.4 | 0.5 | 5.5 |
| • 1990—2009 年 | 3.6 | 3.0 | 5.4 |
| • 1950—2009 年 | 3.5 | 4.0 | 7.1 |

资料来源：世界贸易组织官方网站。

美国经济战略研究所所长克莱德·普雷斯托维茨曾表示，在如今这个全球化的世界中，存在着两套不同的游戏规则：一套是世界贸易组织的正式规则，另一套则是某些国家默默奉行的重商主义。这些国家利用 WTO 的正式规则中含混不清的地方钻空子，或者是根本无视这些规则。这些做法被多数人称为"贸易保护主义"，而被另一些人称为"防御性措施"。

历次世界经济面临危机、出现衰退的时期，国际贸易保护主义都趋于抬头，2008 年的全球金融危机也不例外。

2013 年 12 月 18 日，世界贸易组织（WTO）发布的 2013 年 5 月中旬至 11 月中旬《20 国集团贸易措施报告》说，自 2008 年 10 月以来仍在生效的贸易限制性措施已经涵盖全球货物贸易的 3% 和 G20 国家贸易额的 4%。自金融危机爆发以来，在 G20 国家实行的 802 项限制性措施中，只有 18% 得以取消。与此同时，20 国集团经济体在其所进行统计的 6 个月里新采取的贸易限制性措施有所增加。报告显示，在这 6 个月里，20 国集团成员采取了 116 项新的贸易限制性措施，主要表现为贸易救济，尤其是发起反倾销调查、提高关税以及更为严厉的海关程序；与之相比，上一份报告监测的 2012 年 10 月中旬至 2013 年 5 月中旬的 7 个月中，20 国集团成员共有 109 项贸易限制性措施出台。报告还显示，20 国集团成员在这半年里采取的贸易便利化措施有所减少，这种措施主要表现为终止贸易救济措施和降低关税。期间，20 国集团成员采取的所有贸易措施中，约 33％可被视为便利化措施；与之相比，上一份报告监测的 7 个月里，这一数字为 40％。

面对这种情况，以世界贸易组织（WTO）为基础的全球性贸易治理机制需要进行进一步的调整。调整的方向应该是：改变现行的、刻板的、拘泥于法律条文的争端解决程序，打破两套游戏规则并驾齐驱的现状，建立起一套清晰的标准，使 WTO 的所有成员国和国际贸易的参与者都能够在更加公正、合理的规则框架内解决争议，从而实现真正意义上的"自由贸易"。

**金融机制：信不信"老大"？**

由美国次贷危机引发的全球金融危机，极大冲击了国际经济金融体系和全球经济治理结构，震荡着全球实体经济，也充分暴露出现有全球金融治理机制的诸多弊端。

产生这一问题的重要原因是，美国在国际金融体系中垄断性的一家独大地位与日益多元化的国际经济运行以及经济金融全球化的发展趋势越来越不适应。在这种情况下，美国显然缺乏足够的资源与有效的手段，来应对大规模金融活动中存在的风险和挑战。

现行的全球金融治理机制是第二次世界大战以后建立起来的。以国际货币基金组织和世界银行为主要执行机构。与世界贸易组织一样，它也是由美国和欧洲少数发达国家主导的。主导的发达国家把这一机制当作贯彻自由经济理论和价值观的工具，同时也把它作为实现自身利益的平台。自成立近 70 年以来，世界银行的行长一直是由美国人担任的，而国际货币基金组织的总裁则大多是由欧洲人把持的。这一"传统"从这两个机构"诞生"之日起就一直没有发生过改变（见表 1—4）。

表 1—4　　　　　　　　　IMF 的"掌柜"名录：IMF 历任总裁

| 任期 | 姓名 | 国籍 |
|---|---|---|
| 1946 年 5 月 6 日—1951 年 5 月 6 日 | 卡米尔·格特 | 比利时 |
| 1951 年 8 月 3 日—1956 年 10 月 3 日 | 艾瓦尔·鲁斯 | 瑞典 |
| 1956 年 11 月 21 日—1963 年 5 月 5 日 | 皮尔·雅各布森 | 瑞典 |
| 1963 年 9 月 1 日—1973 年 9 月 1 日 | 皮埃尔·保罗·施韦泽 | 法国 |
| 1973 年 9 月 1 日—1978 年 6 月 17 日 | 约翰尼斯·维特费恩 | 荷兰 |
| 1978 年 6 月 17 日—1987 年 1 月 16 日 | 雅克·德拉罗西埃 | 法国 |
| 1987 年 1 月 16 日—2000 年 2 月 14 日 | 米歇尔·康德苏 | 法国 |
| 2000 年 5 月 1 日—2004 年 3 月 4 日 | 霍斯特·克勒 | 德国 |
| 2004 年 3 月 4 日—2004 年 5 月 4 日 | 安妮·克鲁格 | 美国 |
| 2004 年 5 月 4 日—2007 年 11 月 1 日 | 罗德里戈·拉托 | 西班牙 |
| 2007 年 11 月 1 日—2011 年 5 月 19 日 | 多米尼克·斯特劳斯·卡恩 | 法国 |
| 2011 年 6 月 28 日至今 | 克里斯蒂娜·拉加德 | 法国 |

在现行的国际货币基金组织和世界银行里投票权过度集中更是全球金融治理机制"不公平"的集中体现。国际货币基金组织的成员国通过行使投票权参与全球金融问题的讨论和解决。因此，从这个角度来讲，国际货币基金组织投票权是全球金融治理的基础。

按照规定，国际货币基金组织的投票权由"基本投票权"和"加权投票权"组成。基本投票权是每个成员所拥有的固定投票权，它反映了主权平等的原则。也就是说，无论是穷国还是富国、是强国还是弱国，都享有基本投票权。加权投票权类似股份公司机制，根据成员国对基金的贡献度，随着所占份额的增加而增加。哪个国家对国际货币基金组织的贡献度大，占基金的份额大，哪个国家的加权投票权就大，就能够在全球经济事务中发挥更大的作用。

从 1958 年到 2007 年，国际货币基金组织的成员从 68 个增加到 184 个，但基本投票权的比重却由 15.6％下降到 2.1％。其中，多数发展中国家成员国的投票权在基金中所占比重只有 44%，而少数发达国家的投票权比重却占到了 56%（其中，占比最大的几个国家分别是：美国 16.77%，日本 7.85%，德国 4.48%，法国 4.30%，英国 4.30%）。

根据国际货币基金组织的章程，除非有特别规定，国际货币基金组织的所有决议必须获得半数以上投票权才能通过，重大决议需要获得 85% 以上投票权。这一规定导致了基本投票权和加权投票权之间的比率严重失调，享有约 17% 投票权的美国在国际货币基金组织中"一家独大"，对所有重大决议享有一票否决权，以"一国一票"为代表的主权平等原则最终让位于"美元"决定投票权原则。

投票权的过度集中造成了少数发达国家拥有全球金融治理决议的实际否决权。这偏离了纠正和补充市场失灵的全球公共职能的作用，造成世界经济严重的失衡和无序状态：一方面表现在全球经济发展不平衡，各国的贫富差距不断扩大；另一方面表现在国际货币体系本身呈现出无序的状态，汇率体系缺乏全球层面的制度安排，储备货币之间汇率大幅度变动，国际资本无序流动，金融资本脱离实体经济出现自循环，国际金融体系的系统性风险加大。改革国际金融体系和全球金融治理机制已经势在必行。

伴随着发展中国家的力量不断增强，之前由美国和欧洲发达国家所主导的国际宏观经济政策协调机制也正在经受着冲击。虽然尚未形成恢弘之势，但也产生了"润物细无声"的效果。发展中国家在全球金融治理机制改革方面的不懈"耕耘"终于在 2010 年结出了"果实"。2010 年 11 月 5 日国际货币基金组织通过了该组织成立 65 年以来最重要的治理改革方案，也是针对新兴市场和发展中国家最大的份额转移方案。根据这一改革方案，作为发展中国家的代表——中国在国际货币基金组织中的份额将从 3.72% 上升到 6.39%，投票权也将从 3.65% 上升至 6.07%，超过德、法、英，位列美国和日本之后。国际货币基金组织此轮改革完成后，美国、日本、"金砖四国"（中国、印度、巴西、俄罗斯）和德国、法国、英国、意大利成为国际货币基金组织份额前十位的经济体。这一改革方案无疑会提高新兴经济体和发展中国家在今后国际金融体系和全球经济治理机制改革中的话语权和主动权，但直至 2014 年年中美国国会依然没有批准这一方案，使之处于搁浅状态。

虽然全球金融治理机制的改革取得了进展，但是国际货币基金组织的原有格局并没有发生根本性的改变，美国仍然独享绝对否决权，占据主导地位。这意味着国际货币基金组织的改革将是一个缓慢而艰难的进程，全球金融治理机制的改革任重而道远！

世界经济格局逐渐发生的新变化，必然要求原有的全球宏观经济政策协调机制随之进行相应的调整。发展中国家特别是新兴经济体一方面倡导继续发挥 G20、联合国等现有多边机制的作用，另一方面也强调加强发展中国家之间、发展中国家与发达国家之间的协调与治理，提高发展中国家的发言权和代表性，建立更加公正的国际金融框架和全球经济治理框架，从而保证世界经济长期、持续、平稳、健康发展。

## 治理中的博弈：中美"舍"与"得"

十年的光阴弹指一挥间。新世纪的钟声还在耳畔回荡，眼前却只见世界金融海啸后的"满目疮痍"。断壁残垣中，各国尚未挣脱金融危机的"余震"，又面临世界经济格局新的调整。在这次调整中，美国和中国尤其引人关注，甚至有学者提出了两个国家构成 G2 来代替原有的 G8 的构想。一个是冉冉升起的经济发展新星，一个是实力雄厚的经济强国，二者之间的博弈与平衡的结果令人期待。

### 美国：仍是"火车头"

2008 年全球金融危机以来，在政府预算安排和新的刺激经济方案屡屡受挫的情况下，美国总统奥巴马于 2011 年 9 月向国会提出了向富人增税的建议，以确保年收入超过 100 万美元的富豪缴纳的税率不低于中产阶级。由于美国"股神"沃伦·巴菲特此前曾多次抱怨美国国会"溺爱"超级富豪，主动要求美国政府向包括自己在内的富人增税，因此"富人税"又被命名为"巴菲特税"。

2012 年，美国经济复苏较为缓慢，主要有四个原因：其一，由于美国政府刺激经济的杠杆大多已经用尽，美国政府不仅在运用经济刺激政策时感到力不从心，而且已经推出的经济措施，如出口翻番战略、创造就业岗位政策、支持美国企业政策等，效果也不明显。其二，美国国内失业率节节攀升，储蓄率呈上升态势，却一定程度抑制了居民的消费支出，消费对经济增长的拉动作用明显不足。其三，美国的房地产市场低迷，这种低迷拖累了制造业重振，进而减慢了美国经济整体增长的步伐。其四，欧洲债务危机迟迟无法解决，这不仅加剧了国际金融市场的动荡，而且严重挫伤了投资者的信心，导致美股震荡。

尽管美国经济面临其自身的结构性问题、债务问题等而困难重重，尽管关于美国经济进一步下滑的预测"络绎不绝"，但毋庸置疑的是，美国仍然是领跑世界经济的"火车头"。按购买力平价计算，2013 年，中国占世界经济的比重为 15.68%，印度占 6.02%，日本占 5.43%，德国占 3.73%，俄罗斯占 3.04%，而美国则占到 18.59%，虽然相对于 2009 年的 24.6% 有所下降，但仍然远远高于其他国家。

用"美国打个喷嚏，全世界就感冒"这句话来形容美国在当今世界经济的经济地位是比较形象的。回首美国次贷危机刚开始时的情况，仅仅是美国几十万户家庭还不上住房贷款，就把世界经济一波接一波地拖到了衰退的低谷，美国的兴衰对世界经济的影响可见一斑。

前面说过，全球约 73 亿人，中国和印度总共约 26 亿，消费 6 万多亿美元（其中中国约 13 亿人口，消费近 4.7 万亿美元），而美国虽然只有 3 亿多人，消费却达到了约 11 万亿美元，美国对世界经济的引擎作用同样一目了然。如果说消费是世界经济增长的短期动力，那么创新和生产则是拉动世界经济增长的长期动力，也是根本动力。

美国创新体系最突出的特点，是使企业成为技术创新和产业化的主体。总部位于美国俄勒冈州的耐克公司是全球著名的体育用品制造商。20 世纪 90 年代耐克公司的年销售额已达到 100 多亿美元，成为一家傲视群雄的世界级企业。人们钟爱耐克的原因，很大程度上来于它不断更新的样式和独特性质。秉承创新的精神，耐克的设计人员不仅设计出耐克 air 和 shox 等气垫运动鞋，还受到非洲运动员赤脚长跑的启发，设计出了用两条宽大的皮带取代常规鞋带的 Free 款运动鞋。耐克公司不仅注重产品创新，而且注重经营策略的创新，采取了一种向外部借力的虚拟化策略，这也是它"虚拟生产"的实质所在。耐克不投资建设生产场地，不装配生产线，而是通过整合外部资源，将全部订单外包给其他生产厂家进行加工，从而在与其他品牌的竞争中获得低成本优势。

全球金融危机发生以后，各国所制定的创新战略的侧重点有所不同：美国设定的六个促进经济发展的战略性产业以新能源为重点；欧洲的创新战略侧重于生命科学；亚太新兴经济体的创新重点则在信息工业。虽然世界经济的新一轮消费需求和创新（新动力）尚未明朗，但未来的创新依然要依赖于美国。新能源或许将是最先取得突破的领域和最有前途的方向。未来能够推动世界经济的发明创造很可能出现在美国，而中国将或仍然是大规模生产的所在地。

奥巴马在金融危机的艰难时期接过了美国权力的接力棒。在克服经济危机的过程中，奥巴马政府大力扶持新能源产业的发展。他上台后，一改布什政府的能源政策，表示将在未来十年投入 1 500 亿美元用于资助替代能源的研究以及清洁能源和可再生能源的生产，以减少 50 亿吨二氧化碳的排放；承诺通过新立法，到 2050 年使美国温室气体排放量比 1990 年减少 80%；并提出未来十年内，美国所减少的石油消费量要超过目前从中东和委内瑞拉进口的石油的总和。同时，政府还降低税额，鼓励广大消费者购买节能型汽车。据分析，采用最新的科技成果能够为美国节约一半的石油和天然气用量，以及四分之三的电能。

可以说，新能源战略对此时的美国具有特殊重要的意义。2011 年美国对石油进口的依存度为 66%（中国为 56.5%）。如果新能源战略取得突破，首先意味着美国将降低对石油进口的依赖。其次，美国实现新能源和环保技术的重大突破，可以有力地提升美国产业的国际竞争力，带动本国经济进入新一轮的增长周期。更为重要的是，美国启动以新能源为主导的跨越式、跨产业的新技术革命和新产业革命，意在率先掌握在能源环保领域的关键技术，从而在新能源产业的全球价值链中先入为主，占据支配地位，以使其他国家在未来形成对美国的技术依赖，进而保持美国在全球新一轮经济发展过程中的领导地位。

虽然身陷困境，但是在全球金融危机余波尚存、新兴经济体实力大增并"跃跃欲试"地要求改革全球治理的情况下，美国一直在为世界经济的方方面面制定着符合自身利益的游戏规则。

一是维护美国在国际金融体系的主导地位。

随着美国经济爬出经济周期的谷底，美国进入"印钞经济时代"。通过大量印刷钞票，造成美元贬值，不仅稀释了本国所欠巨额债务，而且弥补了国际贸易赤字，向世界输出了通货膨胀。美国此举的隐含目的更在于维系以美元为中心的国际货币体系。

20世纪70年代的石油危机，造成了世界范围内的流动性恐慌。结果是各国被迫放弃了金本位货币制度，转而建立起以美元为国际本位货币的国际货币体系，美国也因此获得了"凌驾"于其他国家之上的特殊"权力"——实质上是毫无制约地发行货币的权力。2007年次贷危机刚刚在美国爆发时，美国国债总额只有8.9万亿美元，负债率为65%，但是到了2013年底，美国国债总额已经超过16万亿美元，负债率也超过了100%。

需要指出的是，美国的货币发行量与美国财政部发行的政府债券直接相关。美联储负责发行货币，美国财政部负责发行政府债券。美联储用自己发行的货币（美元）购买美国政府债券，美国财政部则以政府债券作为抵押向美联储融资用于财政支出。换句话说，美联储投放基础货币的基准是美国政府债券。因此，美国超额发行国债就意味着美元的超额投放。而美元作为国际储备货币，其在没有约束情况下的超额投放，必定会造成世界范围内的流动性泛滥，接下来的影响便是世界大宗商品和一般商品价格的普遍上涨，最终将会导致全球性的生产成本上升、通货膨胀加剧和生活水平下降。为了避免流动性冲击，大多数国家都会通过实施浮动汇率制度规避风险，而汇率的大幅度波动必然会对国际贸易产生消极的影响。

在这一过程中，美国一方面通过美元的超额发行获得了"铸币税"；另一方面，扩张性的货币政策也刺激了本国进口需求的增长，同时以别国国民福利的损失为代价，美国居民福利的提高得到了支撑（见图1—4）。

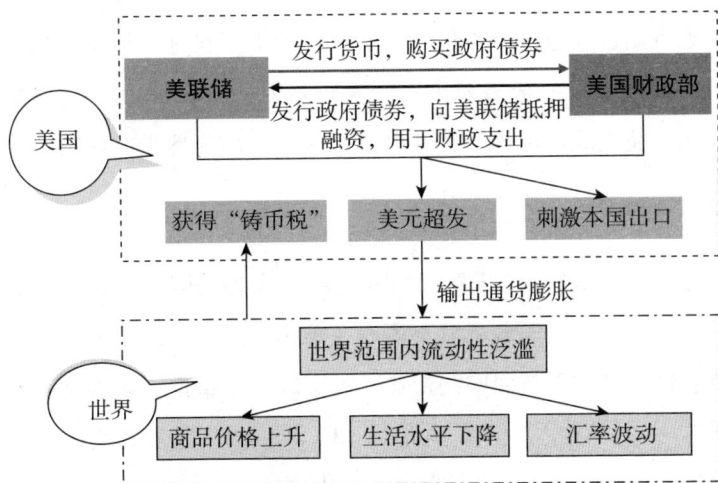

图1—4 美国货币发行"背后"的秘密

同样是出于国家利益的考虑，美国竭力维护自身在国际金融体系中的地位。2010年12月，国际货币基金组织执行董事会通过了治理与份额改革方案，内容包括将约6%的份额向有活力的新兴市场和发展中国家转移（"份额改革方案"），并决定改组执行董事会，欧洲国家向新兴市场和发展中国家让出两个席位，以促成一个更具代表性、由选举产生的执行董事会（"执行董事会改革方案"）。这项改革虽然不是货币基金组织治理结构改革的全部，但也是该组织实施改革的重要举措。

改革方案将涉及修正国际货币基金组织协定，并需要占总投票权85%的五分之三的成员国同意。但作为国际货币基金组织的最大股东、投票权约占17%的美国迟迟未能批准，导致这项改革至今仍然搁浅。2014 年 1 月，美国参众两院否决了国际货币基金组织 2010 年改革方案的新增出资份额，令这项一拖再拖的改革不得不再度推迟到 2015 年等待美国国会再度审批。方案否决意味着中国成为仅次于美国和日本的国际货币基金组织第三大份额国的希望近期无法达成。

由于美国掌握着国际货币基金组织重大改革决定的一票否决权，不少人士认为，国际货币基金组织改革已经被西方政治"绑架"。美国对改善全球金融治理机制的基本观点是：同意改革，但要维持并稳固本国在这一机制中的核心和主导地位。在它的心目中，未来美元由美国发行，但应由世界上所有国家对美元负责，支持美元，使之成为世界的公共财货，这才是最为理想的体制。

二是实施贸易保护，重振本国经济。

本轮全球金融危机后，"重新回归制造业"成为美国政界、学术界和企业界共同关注的话题。这是美国各界对本国产业结构和经济发展模式反思后得出的结论。美国政府希望以"重新回归制造业"为突破口，重振美国经济。通过"重新回归制造业"，一方面抢占新一轮科学技术竞争和产业竞争的制高点，另一方面在带动国内厂商扩大再生产、提高国内一直低迷的就业率的同时，打破美国产业结构高级化所造成的"有经济增长却无就业相应增长"的困局，进而缓解因国内经济低迷、就业率低下而不断激化的社会矛盾。

遵循"重新回归制造业"和调整产业结构的思路，美国政府从 2009 年起开始酝酿并实施了新一轮的贸易保护。2009 年初，处于经济衰退中的美国推出了 8 190 亿美元的经济刺激计划，计划附加了部分救援资金只能"购买美国货"的规定。这一举措是美国实施贸易保护主义的"前奏"。

2010 年，美国进一步加强了对进口产品的管理制度。由美国总统签署的《食品安全现代化法案》提高了对进口产品的要求——进口食品需要实现食品安全全程控制，进而提高了食品进口的门槛。与此同时，美国政府提高了对能耗标准和标签标志的要求，包括要求电视机和电灯必须加贴能耗标志等等。此外，美国对贸易法（包括反倾销和反补贴调查）的实施也采取了更加严格的态度。

美国将此轮贸易保护主义对准了自己最大的对外贸易逆差来源国中国，中美贸易摩擦因此升温。美国对华贸易保护主义升温的背后，除了显而易见的经济因素外，当时也还有2012年是大选年的政治利益背景。除总统外，美国国会众议员和三分之一的参议员在2012年也面临换届，因此，从白宫到国会当时都在竭力打造公众利益捍卫者的形象。在美国部分政界人士眼中，以创造就业为由举起的贸易保护主义大旗，是争取选民的有效手段。2012年11月，奥巴马成功征服了选民的心，以较为明显的优势战胜了共和党竞选人的罗姆尼，连任美国总统。

三是试图引领全球贸易新方式。

除了实施贸易保护主义政策以外，美国还试图扩大自身在亚太地区的贸易版图，孤立中国，引领全球贸易的新方式。泛太平洋战略经济伙伴关系协定（Trans-Pacific Strategic Economic Partnership Agreement，TPP）就是一个突破口。

1994年，亚太经合组织（APEC）领导人在印度尼西亚召开的茂物会议，探讨了在太平洋地区实现自由贸易与投资的可能性，确定了建立"亚洲太平洋自由贸易区"（FTAAP）的目标。2002年智利、新西兰和新加坡三个亚太经合组织成员国开始TPP谈判，这是向FTAAP目标迈出的实质性一步。

2008年美国加入到TPP的谈判当中，使这个地区内的自由贸易小框架有了新的意义和起点。迄今，已经有美国、新西兰、新加坡、智利、文莱、澳大利亚、秘鲁、马来西亚、越南、墨西哥、加拿大、日本共12个国家先后参与到TPP的谈判之中，这12个国家的总体经济规模比欧盟27国还要大。自2008年以来，美国已经初步形成了以TPP谈判为代表的"东线"，以TTIP（Trans-Atlantic Trade and Investment Partnership，跨大西洋贸易与投资伙伴协定）谈判为代表的"西线"和以TISA（Trade in Services Agreement，服务贸易协定）谈判为代表的"中枢"，美国主导的新型贸易规则的影响力已经初步形成。以GDP占全球的份额来衡量，

TPP、TTIP 和 TISA 分别高达 40％、50％和 65％，其对于全球贸易的影响巨大。

TPP 框架内的核心问题包括三个：一是提高人权和劳工标准，二是提高环境保护标准，三是提高知识产权保护标准。这三个标准与经济合作与发展组织（OECD）的标准是一致的。换句话说，这是发达国家的标准。美国在这些标准上具有完全意义上的优势。美国要利用 TPP 创造一个不仅适用于未来的亚太地区，也可以应用到全世界的高水准的贸易协定。如果 TPP 成功，等于美国缔造了第二个 WTO，为世界经济制定了新的游戏场所及规则。

2005 年 9 月，时任美国《新闻周刊》的总编辑扎卡利亚发表了《未来属于中国吗?》一文。文章分析了"美国人"对于"中国崛起"的心理状态："中国沉重地打击了美国人的自信心。美国人崇尚美好的事物，但实际上吸引他们眼球的是一些庞然大物，诸如大峡谷、加州红杉、壮观的中央终端机、迪士尼世界、通用汽车公司、美国军队、GE、双倍大汉堡（加乳酪）和星巴克超大杯。美国人喜欢规模，尤其是超大规模。而中国恰恰是一个在规模上使美国自惭形秽的国家：13 亿人口（4 倍于美国）。中国非常大，而且有大量人口还非常贫穷，但所有这些正在发生变化。过去看来十分迷人的庞大规模，现在看起来正在变得令人恐惧不安。而且美国人也不知道所谓的'中国威胁'是否会噩梦成真。"

众所周知，亚太区域经济合作机制大体包括东盟"10＋3"、东盟"10＋6"和 APEC。其中，除了 APEC 以外的两个自由贸易区都没有美国的参与。TPP 可以被看作是由美国主导的对华进行全球制衡的手段之一。美国发展 TPP 的核心思想，就是将中国排除在外，突破传统的自由贸易协定，达成一个包括所有商品贸易、服务贸易和投资在内的综合性、高水平自由贸易协议。2011 年美国国务卿希拉里·克林顿在杂志《外交政策》上发表《美国的太平洋世纪》一文，充分说明美国已经将其外交政策和战略重点向亚太地区转移，而 TPP 成为美国"重返亚太"的重要组成部分。虽然奥巴马反复重申，抑制中国的崛起不是美国的政策，但美国积极加入并主导 TPP 谈判清楚地表明，美国的全球战略已经从"与中国合作"转向"制衡中国"。

长期中，建立公正、合理、共赢的国际经济新秩序是历史的必然。短期内，美国在世界经济中的领军优势仍然无法被超越，在全球经济治理机制中的主导地位仍然无法被动摇。这是由美国全球第一的经济实力、科技实力、创新力、军事实力和强大的国家软实力共同支撑的。因此，在今后相当长的时期内，现有的全球经济治理机制仍然无法被取代；美国经济结构的重构与调整，将对世界经济格局、全球产业格局以及全球经济治理机制的变革产生深远的影响。

**中国：愿做"稳压器"**

作为"经济增长新星"，中国在世界经济中的地位日益提高。

一方面，中国"世界工厂"的地位日渐稳固。在21世纪第一个10年结束时，中国粗钢、水泥、电解铝、精炼铜和煤炭的产量分别占世界总产量的44.3％、60％、65％、24％和45％；化肥、塑料、化纤、玻璃的产量分别占世界总产量的35％、20％、42.6％和50％；汽车、船舶、工程机械的产量分别占世界总产量的25％、41.9％和43％；计算机、彩电、冰箱、空调、手机和数码相机的产量分别占世界总产量的68％、50％、65％、80％、70％和65％。

另一方面，随着经济实力的增强，中国开始更深地参与完善全球经济治理机制，为建立更加公正、合理的国际经济新秩序而努力。

在全球经济治理问题上，中美两国的立场和做法有所不同。美国试图在经济全球化的平台上，为世界经济再行制定出一套新的游戏规则，从而引导世界经济治理结构恢复或修复到原有的以美国金融创新为"火车头"的世界经济增长格局；而中国则站在更为广泛的发展中国家和新兴经济体的立场上，反对用地区贸易自由化规则对抗、取代世界贸易组织多边谈判，主张建立能够惠及更多国家和更广泛人口的全球经济治理机制。

中美两国的"博弈"已经开始。目前来看，这场博弈的最优结果则是实现世界范围内的包容性增长。

2001 年 12 月 11 日"入世"，是中国深入参与全球化的重要坐标。十年后的 2011 年，中国货物贸易额在全球的排名由第六位上升到第二位，其中出口额跃居第一位。中国加入世界贸易组织十余年的进口额，相当于为贸易伙伴创造了 1 400 多万个就业岗位。中国累计吸收外商直接投资（FDI）7 595 亿美元，居发展中国家首位。十年间，在华外商投资企业累计汇出利润 2 620 亿美元，年均增长 30%。中国对外直接投资年均增长 40% 以上，2010 年达到 688 亿美元，居世界第五位。中国对外投资企业聘用的当地员工接近 80 万人，每年在投资地纳税额超过 100 亿美元。

2013 年，中国跃居世界第一大货物贸易国，进出口总额达 4.16 万亿美元，其中出口 2.21 万亿美元，进口 1.95 万亿美元。中国已经成为 120 多个国家和地区最大的贸易伙伴，为全球贸易伙伴创造了大量就业和投资机会。根据联合国贸发会议（UNCTAD）于 2014 年 9 月发布的《2014 年世界投资报告》，中国 2013 年全年 FDI 的流入量达 1 240 亿美元，创历史新高，仅次于美国居世界第二位，连续第 22 年成为吸收外资最多的发展中国家。截至 2014 年 7 月，中国累计设立外商投资企业近 80 万家，实际使用外资金额已超过 1.5 万亿美元。

中国企业"走出去"的步伐艰难但却坚定。根据中国商务部、国家统计局、国家外汇管理局 2014 年 9 月 9 日联合发布的《2013 年度中国对外直接投资统计公报》，2013 年中国对外直接投资的流量创下 1 078.4 亿美元的历史新高，同比增长 22.8%，对外直接投资分别占全球当年流量、存量的 7.6% 和 2.5%，这是中国连续第二年位列全球三大对外投资国。截至 2013 年底，中国 1.53 万家境内投资者在国（境）外设立了 2.54 万家对外直接投资企业，分布在全球 184 个国家和地区，较 2013 年增加 5 个；中国对外直接投资累计净额（存量）达 6 604.8 亿美元，较 2013 年的排名前进两位，位居全球第 11 位。据估计，中国的对外直接投资很有可能在 2014 年或 2015 年反超中国吸收的外资。与之前投资海外基建、制造业等低端国际分工行业有所不同，中国企业家越来越多地投资于装备制造、电子信息、金融、新能源等高附加值领域，积极参与国际经济新格局下的国际分工。

伴随着参与全球化的脚步，中国成长起一批具有世界影响力的跨国企业。李书福的吉利汽车收购了沃尔沃集团的汽车业务；张瑞敏的海尔集团以自己的名字命名了纽约曼哈顿百老汇大道第34街的古老建筑；中国工商银行收购了南非最大的银行——南非标准银行20％的股权；柳传志的联想集团整合了IBM的个人电脑业务，2014年10月发布的YOGA系列新产品向世界展示了联想不同凡响的创新精神；任正非的华为科技在世界各地建立分支机构，华为手机在智能手机市场上的份额节节攀升；中联重科收购意大利CIFA公司100％的股权，从而晋升为世界最大的混凝土机械制造商；马云的阿里巴巴于2014年9月成功登陆美国纽约交易所，15年缔造的商业帝国书写了互联网时代激情与梦想的辉煌篇章……美国《财富》杂志发布的2013年世界企业500强排行榜中，中国（含中国香港和中国台湾）企业共有95家企业上榜，仅次于美国，其中中国大陆企业达85家，这一数字在1995年仅为3家。

中国在对外贸易和对外投资的发展过程中，一直致力于改革和完善国际货币体系、国际贸易体系、大宗商品价格形成机制，致力于促进经济全球化和区域经济一体化，并主动承担起与自身水平相称的国际经济责任：支持世界贸易组织多哈回合谈判，参与国际宏观经济政策协调，参与20国集团等全球经济治理机制建设等。

首先，加入世界贸易组织以来，中国政府积极履行了当初"入世"的承诺，不断扩大农业、制造业、服务业的市场准入，不断降低进口产品关税税率，取消所有不符合世界贸易组织规则的进口配额、许可证等非关税措施，全面放开对外贸易经营权，大幅降低了外资准入门槛。

为了确保"入世"承诺的顺利履行，中国政府大规模地清理修订了国内相关法律法规。十余年里，中国政府共清理法律法规和部门规章2 300多件，地方政府共清理地方性政策和法规约19万件。

美国高盛的研究报告称，2000—2009 年，中国对世界经济的累计贡献率超过 20%，高于美国。全球金融危机爆发后的 2009 年，中国进口量增长 2.8%，是主要经济体中唯一进口增长的国家。在全球贸易额当年下降 12.9% 的情况下，中国进口值仍然超过 1 万亿美元，成为世界第二大进口国，为全球经济复苏做出了重要贡献。

过去，世界贸易组织只有一个由美国、日本、欧盟和加拿大所组成的"四方"决策机制。中国"入世"后，世界贸易组织内部形成了由中国、印度、美国、巴西、欧盟、日本、澳大利亚组成的"七方"决策机制。新兴发展中国家走进了主导谈判的核心层，集体谈判权大幅增强。中国在 WTO 多哈回合谈判中发挥了建设性作用，提交了逾百项提案，主动协调各方立场，为建设更加开放和公平的国际贸易环境积极斡旋。

其次，促进国际金融体系的改革。全球金融危机后，世界经济的复苏仍在继续，但是全球流动性过剩、国际货币体系不完善等问题相互交织，使复苏之路充满坎坷。为保证全球贸易的持续发展和资本的有序流动，改革国际金融体系已经刻不容缓。

全球性金融危机后，中国政府加快了推动国际金融体系改革的步伐。2009 年伦敦 G20 峰会是世界经济旧秩序走向终结、新秩序开始萌芽的历史性象征。21 世纪的第一场危机再一次说明，由西方七大工业国主宰全球经济事宜的历史已经无法延续。伦敦 G20 峰会正是在全球层面寻求解决危机的方法。在此次峰会前夕，中国人民银行行长周小川直言不讳：必须创造一种与主权国家脱钩并能保持币值长期稳定的国际储备货币，以解决金融危机暴露出的现行国际货币体系的一系列问题。周小川的态度在一定程度上代表了中国政府的观点。

对于国际金融体系的改革，中国政府一方面强调以国际货币基金组织的份额和投票权改革为突破口，改革现有国际金融体系，增加发展中国家的代表性和发言权，另一方面主张进一步发挥国际货币基金组织、世界银行和 20 国集团等作为全球经济治理平台的基础性作用，并以此为前提，积极探索有效的机制和途径，加强对美元发行的监管和控制，建立一个币值稳定、供给有序、总量可调的国际储备货币体系。

除此之外，中国还通过与其他国家签署人民币互换协议促进国际储备货币体系的改革。从 2000 年东盟 10 国和中、日、韩 3 国通过《清迈倡议》，决定建立区域性货币互换网络开始，到 2012 年 3 月，中国已经先后与新西兰、新加坡、冰岛、阿根廷、印度尼西亚、白俄罗斯、马来西亚、中国香港、韩国等 19 个国家和地区建立了货币互换关系，累计金额达 16 000 亿元人民币。

中国与其他国家和地区签订的货币互换协议，在当前国际货币体系"无序"的状况下，搭建起一个区域性的货币互换网络，也体现了中国发挥大国责任、维护地区货币稳定的决心和贡献。同时，自 2012 年 6 月开始中日之间直接进行货币交易，在一定程度上减少了对美元的依赖，在规避美元贬值风险的同时，也有利于维护国际金融市场的稳定。

最后，促进建立更加公正、合理的国际经济新秩序。2000 年，全世界 150 多位国家元首和政府首脑齐聚纽约，出席联合国总部举行的千年首脑会议。会议的主题是"21 世纪联合国的作用"。时任联合国秘书长安南敦促世界各国积极行动起来，力争在 2015 年以前帮助 10 亿人摆脱贫困。但是，千年首脑会议的承诺并没有在 21 世纪的头十年"开花结果"。世界各国经济发展不平衡性进一步加剧，南北差距进一步拉大，在世界银行公布的 2014 年世界各国人均国民总收入排行榜上，卡塔尔、列支敦士登、阿拉伯联合酋长国分别以 107 721 美元、83 717 美元和 59 993 美元分列前三名，而这三个最富裕国家分别是人均国民总收入最少的刚果民主共和国的 385 倍、299 倍和 214 倍。这个差距恰好反映了最富裕的发达国家集团与最落后的贫穷国家之间的贫富鸿沟。2014 年 1 月世界经济论坛发布了《2014 年全球风险报告》，评估了 31 项全球性风险的严重性、发生概率和潜在影响力，认为长期的贫富差距扩大将是未来十年最可能造成严重全球性危害的风险。日益分化的贫富结构将对世界经济产生更加广泛的影响。

曾有慈善机构利用福布斯富豪榜的数据计算得出报告指出，世界最富有的 85

个人拥有的 1.7 万亿美元财富，相当于世界收入较低的一半人口拥有的财富之和。根据这份报告，2013 年全球有 210 人加入十亿美元俱乐部，全球身家在 10 亿美元以上的富豪达到 1 426 人，合计净资产为 5.4 万亿美元。全球最富有的 1％的人口掌握了 110 万亿美元的财富，是 35 亿最贫困人口总资产的 65 倍。

千年首脑会议以后，中国一直严格履行自己的承诺，致力于建立更加平等、更加均衡的新型全球发展伙伴关系，加强南北对话和南南合作。近十年累计对外提供各类援款共计 1 700 多亿元人民币，免除了 50 个重债穷国和最不发达国家近 300 亿元人民币的到期债务，承诺对同中国建交的最不发达国家 97％的产品给予零关税待遇，为 173 个发展中国家和 13 个地区性的国际组织培训各类人员六万多名，增强了受援国的自主发展能力。

中国还非常注重构建南南合作机制，由中国倡导建立的中非合作论坛就是这样一个集体对话机制。从 2000 年中非合作论坛第一届部长级会议在北京召开至今，已经走过了 10 余年的风雨历程，举行了五次部长级会议。目前论坛成员国已经扩展到 50 个。成员国彼此之间开展了贸易、投资、金融、农业、资源、旅游、教科文卫和社会等多个方面的合作。中国作为世界上最大的发展中国家，响应联合国千年发展目标的号召，积极履行国际义务，着眼于未来，为消除南北失衡而切实努力。

### 未来：实现“共享性”

在经济全球化时代，世界各国彼此之间发生着千丝万缕的经济联系，“你中有我，我中有你”。

全球金融危机发生以前，自由、市场的价值观在世界范围内流行，但在危机发生以后，政府大规模干预经济的政策重新复兴。后危机时代，在世界经济复苏过程中，企业竞争将继续让位于政府间的博弈与角逐。

欧美等西方发达国家政府针对工业在国内各产业中的比重不断降低、某些工业品在国际市场竞争力相对下降的情况，提出了“再工业化”战略，使工业投资

"回归"国内，促进本国制造业高速增长。2009 年，美国奥巴马政府提出重振本国工业制造业，使美国转向出口推动型经济发展方式。同年，德国政府提出"启动新一轮工业化进程"，力求振兴传统制造业。

面对西方国家发展战略的调整，位于国际工业产业分工链条低端的、依赖发达国家市场的发展中国家，经济前景却堪忧。欧洲国际政治经济中心主任弗雷德里克·埃里克松指出，自 2008 年全球金融危机爆发以来，中欧贸易发生了深刻变化。中国对欧盟的轻工业产品出口大幅下降。欧洲在增加"贸易防御工事"，帮助欧洲企业与中国对手竞争。

在这种情况下，中国政府适时转变国家经济发展战略，提出转变对外贸易增长方式，利用新一轮国际产业转移的机遇，促进加工贸易转型升级，重新定位在全球价值链中的分工地位。

对世界经济而言，在未来相当长的一段时间内，调整是主导，竞争与合作并存是主流，摩擦则将成为常态。世界经济将缓慢复苏，新的增长战略正在调整，世界经济格局正在发生深刻变化，发达经济体与新兴经济体的博弈将持续上演。而发达经济体与新兴经济体乃至发展中国家的博弈将聚焦在中美两国的博弈之上。

2009 年，在伦敦 G20 峰会期间，中美两国成为全球关注的焦点，很多人将拯救全球经济的希望寄托于中美之间的合作。一时间，很多媒体、专家、学者甚至政府人士都在谈论 G2 的概念。在笔者看来，作为发展中国家，中国承担不了 G2 这个"头衔"所"赋予"的国际责任。世界经济问题需要集世界各国力量一同解决。

中国是美国最大的债权国，美国是中国的最大贸易伙伴之一。两国在经济、社会各领域有着广泛而深入的联系。虽然中国的国际影响力不断提升，但本质上仍然是一个发展中国家。全球金融危机对中国产生了巨大的冲击。"世界工厂"模式遭遇困境，而中国经济转型、升级不是一朝一夕就可以完成的。被称为"世界鞋都"的东莞 2011 年以来面临着困境。欧洲和美国市场的鞋类和服装订单逐步下降。即使是在 2011 年欧美的圣诞旺季期间，欧洲市场的装船率大多仍然只在 50％左右徘徊，美洲市场的装船率也低于 80％。尽管来自中东、拉美和非洲市场的订单略有增加，但远不能弥补欧美订单的减少。

因此，此番博弈的最优结果是实现世界范围内的"共享性增长"。换句话说，就是在现有的全球经济治理机制的基础上，进行调整和改革，使发展中国家获得更多的发言权，让经济全球化和经济发展成果惠及所有国家和地区、惠及所有人群，在可持续发展中实现经济社会协调发展。"共享性增长"的核心是"共享"，目的是在一个发展不平衡、利益格局多元化的社会，为世界上更为广泛的人们创造平等发展的环境、公平竞争的舞台。这也是世界 193 个国家在联合国曾经做出的庄严承诺。中国一直没有忘记！

# 02

## 不确定的国际经济前景

2008 年全球金融危机以来，全球经济步入曲折性与脆弱性并举的复苏轨道，不确定性和不平衡性成为世界经济发展的重要特征，各国政策相应地也在不断调整。

2013 年，世界经济继续处于政策刺激下的脆弱复苏阶段，总体形势相对稳定，但增长速度缓慢，维持着"弱增长"格局。国际货币基金组织认为，2013 年世界经济仅增长 2.9%，比上年放缓 0.3 个百分点，为金融危机后的最低水平（见表 2—1）；全球工业生产增长 2.7%，比上年放缓 0.6 个百分点；全球贸易量增长 2.7%，持续低迷；全球 CPI（消费者物价指数）上涨 3.2%，涨幅较上年回落 0.1 个百分点。2014 年，国际货币基金组织预测全球经济增长率将上升至 3.6%，增速比 2013 年约提高 0.7 个百分点，这一增长率被评判为踏上了"偏低的中期增长轨迹"（部分发达国家和新兴经济体具体增长情况参见表 2—2 及表 2—3）。作为中国政府最高级别的经济事务会议之一，2013 年 12 月召开的中央经济工作会议对此做出了自己的判断，认为当前"世界经济已由危机前的快速发展期进入深度转型调整期"。

表 2—1　　　　　　　　　　2009—2014 年世界经济增长趋势　　　　　　　　（%）

| | 2009 | 2010 | 2011 | 2012 | 2013 | 2014 |
|---|---|---|---|---|---|---|
| 世界经济 | −0.4 | 5.2 | 3.9 | 3.2 | 2.9 | 3.6 |
| 发达国家 | −3.4 | 3.0 | 1.7 | 1.5 | 1.2 | 2.0 |
| 美国 | −2.8 | 2.5 | 1.8 | 2.8 | 1.6 | 2.6 |
| 欧元区 | −4.4 | 2.0 | 1.5 | −0.6 | −0.4 | 1.0 |
| 日本 | −5.5 | 4.7 | −0.6 | 2.0 | 2.0 | 1.2 |
| 新兴经济体和<br>发展中国家 | 3.1 | 7.5 | 6.2 | 4.9 | 4.5 | 5.1 |

注：2013 年和 2014 年为预测值。

资料来源：国际货币基金组织：《世界经济展望》，2013 年 10 月。

表 2—2　　　　　　　　　　　　七国集团 GDP 增长率　　　　　　　　　　　（%）

| 国家 | 2011年 | 2012年 | 2013年 | 2012年 四季度 | | 2013年 一季度 | | 二季度 | | 三季度 | | 四季度 | |
|---|---|---|---|---|---|---|---|---|---|---|---|---|---|
| | | | | 环比 | 同比 | 环比 | 同比 | 环比 | 同比 | 环比 | 同比 | 环比 | 同比 |
| 美国 | 1.8 | 2.8 | 1.9 | 0.1 | 2 | 1.1 | 1.3 | 2.5 | 1.6 | 4.1 | 2 | 3.2 | 2.7 |
| 英国 | 1.1 | 0.1 | 1.4 | −0.3 | 0 | 0.4 | 0.2 | 0.7 | 1.3 | 0.8 | 1.5 | 0.7 | 2.5 |
| 法国 | 2 | 0 | 0.2 | −0.2 | −0.3 | −0.1 | −0.4 | 0.5 | 0.5 | −0.1 | 0.2 | 0.2 | 0.5 |
| 德国 | 3.3 | 0.7 | 0.5 | −0.5 | 0 | 0 | 0.3 | 0.7 | 0.3 | 0.3 | 0.6 | 0.4 | 1.5 |
| 日本 | −0.4 | 1.4 | 1.6 | −0.1 | −0.3 | 1.2 | 0 | 1 | 1.2 | 0.3 | 2.3 | 0.3 | 2.7 |
| 意大利 | 0.6 | −2.6 | −1.8 | −0.9 | −2.8 | −0.6 | −2.5 | −0.3 | −2.2 | 0 | −1.8 | 0.2 | −0.7 |
| 加拿大 | 2.5 | 1.7 | 1.7 | 0.2 | 1 | 0.6 | 1.4 | 0.4 | 1.4 | 0.7 | 1.9 | 0.5 | 2.2 |

注：除美国、日本外，2013 年第四季度和 2013 年年度数据为英国共识预测公司 2013 年 12 月份和 2014 年 1 月份预测结果。

资料来源：主要经济体官方统计网站、英国共识预测公司。

表 2—3　　　　　　　金砖国家及部分亚洲经济体 GDP 同比增长率　　　　　（%）

| | 2011年 | 2012年 | 2013年 | 2012年 四季度 | 2013年 一季度 | 二季度 | 三季度 | 四季度 |
|---|---|---|---|---|---|---|---|---|
| 巴西 | 2.6 | 1 | 2.4 | 1.8 | 1.8 | 3.3 | 2.1 | — |
| 俄罗斯 | 4.3 | 3.5 | 1.6 | 2.1 | 1.6 | 1.2 | 1.2 | — |
| 印度 | 6.2 | 5 | 4.7 | 4.7 | 4.8 | 4.4 | 4.8 | 4.7 |
| 南非 | 3.1 | 2.5 | 1.9 | 2.1 | 1.6 | 2.3 | 1.8 | — |
| 韩国 | 3.7 | 2 | 2.8 | 1.5 | 1.5 | 2.3 | 3.3 | 3.7 |
| 印度尼西亚 | 6.5 | 6.2 | 5.7 | 6.1 | 6.1 | 5.8 | 5.6 | 5.2 |
| 马来西亚 | 5.1 | 5.6 | 4.5 | 6.5 | 4.1 | 4.4 | 5 | 4.6 |

续前表

| | 2011 年 | 2012 年 | 2013 年 | 2012 年 四季度 | 2013 年 一季度 | 二季度 | 三季度 | 四季度 |
|---|---|---|---|---|---|---|---|---|
| 菲律宾 | 3.6 | 6.8 | 6.9 | 7.1 | 7.7 | 7.6 | 7 | 5.6 |
| 泰国 | 0.1 | 6.5 | 2.9 | 19.1 | 5.4 | 2.9 | 2.7 | 0.8 |
| 中国香港 | 4.9 | 1.5 | 3 | 2.8 | 2.9 | 3.2 | 2.9 | 3 |
| 中国台湾 | 4.2 | 1.5 | 2 | 3.8 | 1.4 | 2.7 | 1.7 | 2 |

注：2013 年第四季度和 2013 年年度数据为英国共识预测公司 2013 年 12 月份和 2014 年 1 月份预测结果。

资料来源：主要经济体官方统计网站、英国共识预测公司。

然而，受发达国家经济联盟的"再组合"、大国货币与财政政策的"再调整"、新兴经济体的集体困境、全球金融市场的持续波动、各国创新与增长动力的长期疲弱等因素影响，全球经济发展所呈现出的不确定性持续加大。

# 发达国家政策调整的"内"与"外"

## 美国金融政策的"逆操作"

历经了 2013 年美国"财政悬崖"和"债务上限"僵局，全球对美国退出量化宽松（QE）预期强烈。2014 年 9 月 17 日，美联储公布退出量化宽松政策的新原则，明确将提高联邦基金利率（即商业银行间隔夜拆借利率）作为货币政策正常化的第一步。2014 年 10 月，美联储正式宣布结束 QE3。在未来启动加息的过程中，美联储将主要通过调整超额准备金率来推动联邦基金利率进入目标区间，同时借助隔夜逆回购协议和其他辅助工具加强对联邦基金利率的控制。作为基准利率，联邦基金利率会直接影响其他短期利率和长期利率，进而影响家庭消费和企业投资。这些政策可能使得市场流动性相对减少，导致长期利率升幅扩大，引发国际金融条件的剧烈波动，造成跨国资本流动异常，冲击国际债券市场和外汇市场。而美联储为冲抵全球紧张而推出"零利率前瞻指引"政策的替代效应尚不明晰，国际金融、商品和房地产市场流动性供求格局可能会发生很大变化，给世界经济带来新的不确定性。

美联储量化宽松货币政策的退出与其当初实施一样，尽管自称是"国内政策"，但却具有重要的"外部效应"（见图 2—1）。量化宽松政策逐步退出，将改变国际金融、商品和房地产市场流动性供求格局，有利于保持资产价格稳定，防止泡沫积聚；但同时也可能会导致发达国家长期利率上升，促使国际投资者对于资产重新估价并调整资产组合，国际资本从发展中国家特别是"脆弱五国"（BI-ITS，包括巴西、印度尼西亚、印度、土耳其和南非）流出。自 2013 年 5 月美联储暗示要缩减货币刺激规模以来，市场对量化宽松退出预期的混乱和敏感性增强，市场的震荡和风险也明显增加。国际货币基金组织认为，美国实现平稳退出面临较大难度，能否控制长期利率和市场波动性甚为关键。市场流动性相对减少，很可能导致长期利率升幅扩大，对全球市场产生溢出效应。

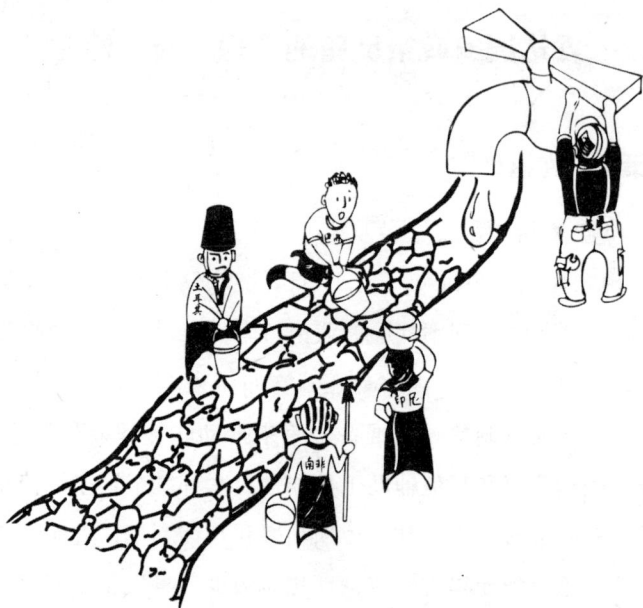

**图 2—1　美国退出量化宽松政策对新兴经济体的"外部效应"（冯婷　绘）**

　　美联储启动退出量化宽松政策对新兴市场的影响将更为明显，尤其是对这些国家资本短期流动的冲击明显。西方央行收紧量化宽松货币政策之日，将是新兴市场真正面临风险考验之时。它将抬高发达国家金融市场利率，改变发达国家和新兴经济体的投资收益对比，促使国际资本从新兴经济体向发达国家回流，导致新兴经济体股市、汇市大幅波动，同时面临资本外流和出口资源品价格下跌的双重冲击，发展环境将持续恶化。实际上，自美联储发出退出量化宽松政策的信号后，国际金融市场波动加剧，一些新兴经济体的货币大幅贬值，通胀水平严重，股市明显下跌，经济增速放慢。国际金融协会估计，流入新兴市场的私人资本将从 2012 年的 1.2 万亿美元降至 2014 年的 1 万亿美元。为阻止资本外流，新兴经济体需要收紧货币政策和财政政策，但这又会使本已减慢的经济增长雪上加霜。

　　美国的退出量化宽松政策是世界经济史上前所未有的大规模金融逆向操作，美联储的资产负债表已从金融危机前的不足 1 万亿美元增到 2013 年的近 4 万亿美元，技术性操作难度大，将引发一系列难以预料的风险。2014 年仅是第一阶段，未来较长时期内国际金融经济格局将处于"再调整"进程中。

　　20 世纪 70 年代"尼克松冲击"曾引发西方货币竞争性贬值和发展中国家债务融资高潮。20 世纪 80 年代初美联储的紧缩货币政策，引爆了席卷拉美和苏东的债务危机，使拉美经济陷入了"失去的十年"，加剧了苏东经济的崩溃。面临世界经济中新的不稳定因素，新兴市场应该为未来美联储转变货币政策这一"国内政策"而对外部产生的巨大冲击做好准备。从更长远来看，要加快结构调整，转变增长方式，加强南南合作，降低可能的风险。

## 欧债危机的"后遗症"

　　在经历了欧债危机的"急症期"后，2013 年的欧元区尽管通过政策行动减少了主要风险并稳定了金融形势，但只是由"重症监护"转到"普通病房"，仍未完全走出衰退，负增长 0.4%，部分成员国金融体系依然脆弱，外围经济体增长受制于信用瓶颈，高失业率、人口老龄化问题对财政形成较大压力，调结构任务仍然严峻。

2013 年二季度欧元区经济环比增长 0.3％，是 2011 年第四季度以来的首次增长。三季度经济环比增长 0.1％，为连续两个季度增长。随着市场对经济前景信心增强，欧元区经济景气指数连续攀升，2013 年 11 月该指数连续 7 个月保持升势，达到 2011 年 8 月以来的最高点。2013 年 10 月欧元区失业率降至 12.1％，是 2011 年 2 月以来的首次下降，2014 年世界对于欧盟出现通货紧缩表示了担忧。但总的情况看，工商企业逐渐看好经济发展前景，2014 年 1 月，欧元区采购经理人指数（PMI）达到 53.2，较 2013 年底的 52.1 又有所提升，也达到 2011 年中以来最高值，这一指标包括工业和服务业在内的分项指标等均明显高于社会普遍预期。同时，投资意愿也正在逐步增强，欧洲"火车头"德国经济增长平稳，作为欧洲第二大经济体的法国也在逐渐好转，西班牙、意大利等重债国融资成本处于安全水平，希腊财政经济状况也出现改善。德国总理默克尔成功连任，有利于欧盟和欧洲央行政策的连续性，也有利于欧元区朝着"欧元巩固"的方向发展，但欧元区的消费依然比较疲弱。

与此同时，高失业率和结构调整缓慢，使欧元区经济增速大幅回升的可能性不大。2014 年欧元区按年率计算的通货膨胀率上升 0.7％，远低于欧洲央行 2％的目标，表明欧元区仍存在一定的通货紧缩威胁。此外，欧元区内部经济复苏势头分化依然突出，核心成员国和边缘成员国的经济增速仍存在较大差异，短期内还难以趋同。如 2013 年第四季度，法国 GDP 增长 0.3％，德国增长 0.4％，西班牙增长了 0.3％，意大利仅增长了 0.1％。

欧元区经济重新恢复稳定增长将是一个缓慢的过程。在过去几年应对欧债危机过程中，欧盟多策并举力保经济复苏。欧洲央行的介入以及重债国政府的承诺，给欧元区内部带来了一定程度的稳定，欧元区金融市场趋于稳定，正朝着构建更强货币联盟、夯实金融体系的目标迈进。但很多薄弱环节依然存在，包括仍在恶化的公共债务、高成本信贷以及脆弱的银行。欧元区通过政策行动减少了主要风险并稳定了金融形势，但欧元区金融部门改革尚未完成，部分国家金融体系仍很脆弱，外围经济体增长仍受制于信用瓶颈。欧盟仍在进行的结构改革和财政整顿必将对投资和消费需求产生制约影响，预示着经济增长速度仍将比较缓慢。高失业率以及人口老龄化问题对财政形成较大压力，居高不下的私人债务有待继续清理，在调结构的道路上任务还很重。因此，欧盟仍需要继续采取相应的政策来改善经济增长前景和让欧盟经济更具活力以经受得住内外风险的冲击。

此外，尽管欧元区的赤字与债务在可控状态下正在有序调整，金融市场（如主权债券、股市）重获投资者的认可，但依然存在两个相当顽固、不容小觑的挑战因素：货币供应难以转化为信用扩张，信用总额收缩仍无改观；通货紧缩威胁在多个维度继续深化。

在政府赤字方面，经过艰难的调整，欧元区政府总体赤字逐步向合理水平趋近，2010 年以来赤字分别为 6.2％、4.2％、3.7％、3.1％，2014 年则进一步下降为 2.5％。从风险偏大的几个国家来看，过去几年里，希腊赤字从 15.6％调整到 4.1％，爱尔兰从 30.5％调整到 7.6％，葡萄牙从 10.2％调整到 5.5％，西班牙从 11.2％调整到 6.7％。应该说，赤字压缩幅度还是很可观的。从政府债务总额占 GDP 的比重来看，欧元区 2013 年小幅上升至 95.7％，预计 2014 年出现 96.1％的峰值，随后开始下降。现阶段几个风险偏大国家的债务水平分别为希腊 176％、爱尔兰 123％、意大利 132％、葡萄牙 124％、西班牙 94％。

2013 年欧元区金融市场的积极变化是最为醒目的，尤其是主权债券市场，投资者信心修复，债券收益率大幅回落。希腊 10 年期国债收益率最高时超过 30％以上，2013 年回落至 8.5％；葡萄牙从 14％的高点回落至 6％；西班牙从 7.5％回落至 4.1％；意大利从 7.6％回落至 4.2％；爱尔兰则从 12％回落至 3.5％。欧元区的股市在 2013 年也保持上涨格局，德国股市和美国股市同步，创造了历史新高，其他国家虽然幅度要大为逊色，但是趋势都保持上行。

但是，欧元区的货币扩张难以转化为信用扩张，信用总额收缩问题仍未改观。从货币和信用的视角来看，欧元区遭遇了"流动性陷阱"，这既是一个货币政策难题，也是一个货币金融领域的理论难题。欧洲央行关注的 M3 在 2013 年仅有 1.4％的增速，而危机前增速在 8％附近，最高值为 12％。企业的去杠杆进程仍在延续，企业信贷 2013 年呈现出 3.5％的负增长，用资产负债率衡量的企业杠杆水平也从 77％的高点调整至 69％。家庭部门的去杠杆进程相对缓和一些，家庭信贷增速全年处于零增长态势，用债务余额/可支配收入比重来衡量的家庭杠杆率，从 2010 年的 1.01 缓慢下降至 2013 年的 0.99。虽然居民融资利率已经压低至 3％左右的低位，利息负担占收入比重比危机前水平大幅削减 50％以上，但居民部门仍未能进入加杠杆周期。没有相应的信用扩张，欧盟的消费和生产就很难得到根本性恢复。

同时，欧元区的通货紧缩威胁在多个维度继续深化。既然欧元区处在信用紧缩的周期当中，出现通货紧缩的压力就有其必然性。通货膨胀从 2011 年的 3％的水平，跌至 2012 年的 2％，2013 年进一步跌至 0.9％。工业品价格通胀水平回落更大，2011 年处于 5.7％，2012 年回落至 2.8％，从 2013 年 6 月开始则陷入负增长区间，年底出现 1.4％的通缩。根据通货膨胀和工资之间的相互关系，工资增长乏力，导致难以形成消费的较大提升，是抑制通货膨胀的重要因素，实证数据印证了这一点，欧元区工资成本增速在危机前处于 2.5％左右的水平，2013 年已经跌至 0.9％。就业缺口过大对工资和通货膨胀造成了明显的约束。

欧元区在货币政策上继续强化宽松力度。欧洲央行在 2013 年进行了两次降息操作。第一次是在 5 月份决定把基准利率从 0.75％降至 0.5％，第二次是在 11 月份进一步把基准利率降至 0.25％。欧洲央行降息产生了立竿见影的积极效果，一方面抑制了欧元的过快升值，另一方面抑制了欧洲长期利率的抬升。在降息之前美欧长债收益率大体持平，但降息之后，美国长债收益率在削减 QE 预期下已经从 1.6％抬升至 3％附近，欧元区长债收益率则依然维持在 2％以内。

相比之下，美联储的政策主题是削减 QE，日本央行的主题是扩张 QE，欧洲央行的处境则介于两者之间，主题是稳定住宽松预期。有以下几重因素对欧元区货币政策立场造成制约：首先是财政整顿方面，非常需要货币政策积极配合，为财政紧缩的艰难进程创造一个更长、更稳的过渡周期；其次是通胀水平依然偏低，产出缺口依然偏大，通缩风险不容忽视；另外，欧元区信用市场仍不景气，信用供给与信用需求均处于萎缩状态，加杠杆进程迟迟未现。

因此，短期内欧元不宜大幅走强。2013 年欧元区经常账户顺差占 GDP 比重达到 3％的历史最高水平（2008 年为－2％），成为拉动经济恢复的重要因素，欧元区对此是谨慎维护。2013 年 2 月欧元曾因涨势太猛，致使欧洲央行行长德拉吉连续两次发表意见进行干预。通货紧缩风险是当前欧元区经济面临的主要威胁。在私人企业与政府去杠杆化的过程中，欧元区出现了大量的闲置产能，导致通货膨胀率持续低于潜在水平。2014 年 8 月份，欧元区通胀指标调和消费者物价指数（HICP）同比上涨 0.3％，降至 2011 年末以来最低点。过去几个月，西班牙、葡萄牙和希腊已经陷入通货紧缩，同时，德国和法国的通货膨胀率也低于 1.0％。2014 年 9 月，欧洲央行正式宣布将开始实施量化宽松货币政策，将资产支持证券（ABS）购买计划提上日程。为应对其所面临的通货紧缩风险，德拉吉透露欧洲央行的资产负债表将会增加 0.7 万亿欧元，增至 2.7 万亿欧元，暗示此次欧洲央行将会注入约 0.7 万亿欧元。

## "安倍之箭" 的 "减速"

日本政府推出的"安倍经济学"虽令其 2013 年经济增速攀升至 2％，出口增长，物价结束负增长，但短期效应却已开始缩减，若不能充分落实财政和结构改革，可能导致再度通缩，银行持有债务增加，金融稳定面临显著风险，超宽松货币政策的效果存在不确定性。

当美国酝酿退出量化宽松货币政策时，日本则在"安倍经济学"的指引下更大力度地放松货币政策，以使经济摆脱通货紧缩。"安倍经济学"的"三支箭"包括：一是宽松的货币政策，二是大规模的财政刺激，三是包括放松管制和促进创新等在内的一揽子增长战略，目的是激活日本经济，彻底摆脱通缩式萧条。在货币政策和财政政策的强力作用下，"安倍经济学"提升了国内经济信心，短期内发挥出激励功能，日本经济保持复苏性增长，政策效果逐渐显现（见图 2—2）。

图 2—2　安倍"三支箭"的效果（冯婷　绘）

在历经两个饱受通缩之苦的"失去的十年"之后，日本消费者价格指数正在上涨。受非常规宽松货币政策、刺激性财政政策的支撑以及日元汇率大幅贬值效应的影响，2013 年日本经济温和复苏，失业率下降，私人消费上升，工业生产温和增长，出口回升。2014 年 9 月，日本核心消费者物价指数（CPI）同比上涨2.6％。居民价格预期呈上升趋势，有助于日本经济逐渐走出通缩阴霾。随着大规模量化宽松政策的推行，日本央行大幅压低了日元汇率，这对日本的出口构成利好，带来日本企业以日元结算的海外收入增加，企业盈利得到提高，但同时推高了进口价格水平，造成能源、资源进口成本上升。

但日本经济面临的不确定因素日渐增多，"安倍经济学"的短期效应缩减，经济增速递减趋势明显。尽管 2014 年一季度日本 GDP 环比增速为 1.5％，连续 6个季度维持正增长，通缩风险也出现减弱迹象，然而日本经济短期冲高的重要原因在于 2014 年 4 月 1 日上调消费税（从 5％提高到 8％）导致一季度出现提前消费现象。消费税的实施构成了对二季度的经济增长的下降压力，PMI 低于 50 预示经济减速压力较大。进入 2014 年 4 月以后，调税负面作用显现，对消费增长形成抑制，个人消费明显萎缩，电视、空调等家电产品的销售额比上年同期降低约 20％，汽车销售亦受到影响，矿业生产环比减少 0.6％，经济产生一定的紧缩效应。日本经济复苏的动能有所减弱。为最终摆脱通缩和促进经济复苏，日本央行宣布继续维持超宽松货币政策，同时决定将原本于 2014 年 3 月底到期的"融资支援基金制度"延长 1 年，以鼓励银行业继续向企业放贷。

为应对财政紧缩带来的经济下行风险，日本央行可能将继续推行超宽松货币政策，但政策效果存在不确定性。如果不能充分落实财政和结构改革，日本可能再度出现通货紧缩，导致银行持有债务增加，加剧主权债务与银行之间的联系，金融稳定面临显著风险。日本面临着老龄少子化、经济内生动力不足等深层次结构问题，"安倍经济学"的"第三只箭"的结构性改革短期难以见效，未来保持经济增长仍存在一定风险。即使日本政府采取相应的财政刺激，但由于能源、资源进口成本上升、长期利率上涨、财政债务压力增加等因素，2014 年日本经济增速可能比 2013 年有所下降。如 2014 年 7 月日本央行将 2014 财年的 GDP 增速预期由 2014 年 4 月份预测的 1.1％下调到 1.0％，同时维持 2015 年和 2016 年的GDP 增长预期不变，分别为 1.3％和 1.5％。

# 各国去杠杆化的"冷"与"热"

## 发达经济体的财政"减负"

过度杠杆化是全球金融危机的根本原因。全球金融危机发生以后，各主要经济体在家庭、企业、金融业和政府部门的去杠杆化（de-leveraging）都做出了诸多努力。如美国私人部门走出危机阴影，家庭去杠杆化接近完成，企业、金融部门资产负债表已经大幅改善，债务负担已降至长期水平之下，数据显示美国政府财政赤字已从 2009 财年的 10.1％（为第二次世界大战后的峰值）降至 2013 财年的 4.1％。然而各经济体各自去杠杆化进展却很不均衡，出现了一边"冷"、一边"热"的现象。

所谓杠杆，从广义讲，是指通过负债实现以较小的资本金控制较大的资产规模，从而扩大盈利能力或购买力。美国是最典型的消费驱动型经济体，其个人消费支出占国内生产总值的比重一直在2/3左右，政府支出总体上也一直居高不下。高消费需以高借贷作为支撑，高杠杆率是美国经济模式的基本特征。

从整个宏观层面看，由金融市场支撑的美国个人消费和政府支出的增长所驱动的需求超过了其国内生产能力，由此形成了巨额的经常账户赤字。美国的贸易赤字曾经从1991年的311亿美元上升到2006年最高时的7 630亿美元，这部分缺口主要通过国外资本流入得以弥补，其规模已经相当于美国当时GDP的25％左右，使得美国成为全球最大的资本流入国。从这个意义上说，美国的经济增长模式是杠杆驱动型增长模式。

美国以高杠杆率为特征的经济模式的内在逻辑在于，居民部门和政府部门通过高杠杆率来实现高消费、高支出，而金融部门的高杠杆率则为此提供了支撑。美国次贷危机爆发并逐步恶化的事实说明，这种经济模式蕴藏着巨大的风险，且已经难以为继。为此，美国全力开展去杠杆化，进行经济"减负"。

去杠杆化包括两方面的内容：一是减少债务存量，包括出售资产、减少消费（增加储蓄）等；二是收入增长或资产价格的上升。以美国居民部门为例，在去杠杆化过程中，前一方面体现在居民消费受到抑制，后一方面则反映在劳动力市场的缓慢改善和房屋价格的恢复。

一般来说，经济的周期与债务、杠杆周期都密切相关。一个典型的经济、债务、杠杆周期通常包括四个阶段：第一阶段是经济危机前的经济上升期，私人部门借贷增加，债务率上升，带动杠杆率上升；第二阶段是经济增长越过顶点后的初期，危机爆发，私人部门主动减少债务，债务率下降，但因资产价格大幅下降，杠杆率反而急速上升；第三阶段是经济的下降周期，私人部门主动去杠杆化，表现为债务率和杠杆率的同步下降；第四阶段，当经济进入底部攀升期时，信贷开始增加，债务率上升，但资产价格在宽松货币政策刺激下上涨，私人部门资产质量改善，杠杆率反而下降，随着经济复苏态势进一步确立，重新进入到第一阶段的加杠杆阶段。

多个指标显示，美国居民部门去杠杆化的过程已经接近尾声（见图 2—3）。2009 年后居民杠杆率持续下降，已经从 2009 年初 1.25 的高峰降至 2013 年三季度的 1.18，与 2002 年时的水平相当。这一方面是因为 2009 年后资产价格的上升，另一方面也是因为居民主动减少了债务。近期居民债务已经开始上升。更重要的是，居民房贷、车贷、信用卡等各项贷款均有增加，表明此次债务上升具有一定的普遍性。在超低利率政策环境下，这意味着居民消费作为美国经济增长最主要的动力很有可能开始稳步增长。就未来短期而言，美国居民部门的杠杆率还有上升支持，居民信贷需求保持在较高水平。

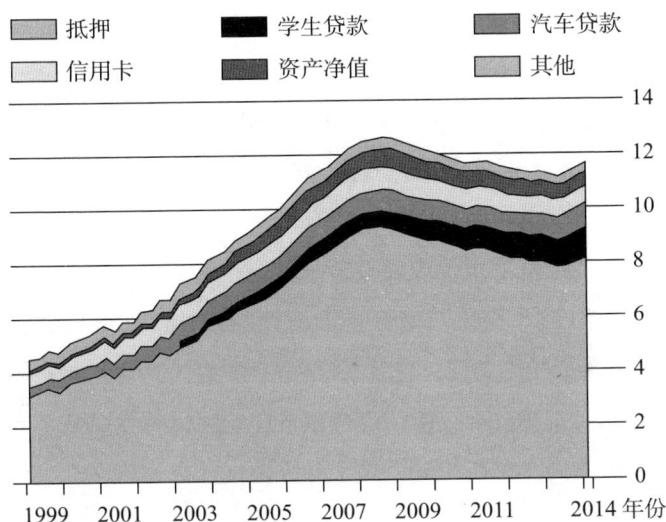

图 2—3　美国家庭债务的去杠杆化（单位：万亿美元）

资料来源：纽约联邦储备银行。

另外，非金融企业债务已经超过金融危机前水平。与居民部门类似，美国非金融企业部门杠杆率从 2009 年初开始下降，但这主要是受资产价格上升驱动，而非负债下降。实际上，受益于美联储超低利率政策，过去数年美国非金融企业大量发行公司债券。到 2013 年三季度美国公司债券存量已经达到 6.3 万亿美元，比 2007 年底增加了 70%。从更广义的债务来看，过去几年美国非金融企业债务占 GDP 比重不断上升，2013 年已经恢复到 2008 年的水平（见图 2—4）。大量地发行债券使得企业积累了充足的流动性，为未来投资扩张奠定了基础。

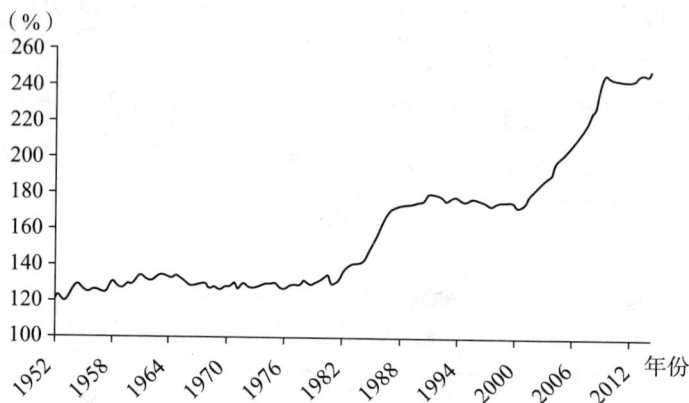

（%）

图 2—4　美国非金融企业债务占 GDP 的比重

同时，金融企业的资产负债表在显著改善。金融危机使得美国金融机构的风险偏好大幅下降，对扩大负债的态势十分谨慎。另外，危机后美联储通过三轮 QE 为银行注入了大量的流动性，各主要银行存在美联储的超额存款准备金已经超过 2.4 万亿美元，监管政策方向的改变也迫使美国银行注重积累足够的优质资本。因此，短期内美国金融机构还将处于继续去杠杆化的阶段。

在日本，非金融企业去杠杆化也接近尾声。日本非金融企业部门债务已经连续多年维持稳定。20 世纪 90 年代日本资产泡沫破灭对企业部门冲击最大，之后企业部门开始了十多年的减债务过程，债务水平不断下降。到 2005 年之后，日本非金融企业债务占 GDP 的比重基本稳定在 150% 左右。从杠杆率来看，从 2000 年左右开始企业部门持续地进行去杠杆化，以企业净债务与所有者权益之比衡量企业的杠杆率，最近三年该比率已经稳定在 0.6 左右的底部。

虽然早在数年前已经完成去杠杆化进程，但过去几年日本经济增长仍旧低迷，原因主要在于：一是周期性的因素，包括全球金融危机的冲击（外需下降，日元大幅升值）；二是人口老龄化等结构性问题的持续负面影响逐渐得到体现；三是持续多年的通货紧缩导致消费和投资低迷。

整体而言，日本政府债务虽高企，但短期爆发危机的可能性小。早在 2010 年日本政府债务占 GDP 的比重就已经超过 200％，到 2013 年已经高达 230％，这主要是因为人口老龄化导致的大量养老金、医保等支出。不过有两个因素使得日本政府债务短期内不那么令人担忧：其一，虽然总债务占 GDP 的比重超过 230％，但同时日本政府也持有大量的资产（公共企业的股权、债券等），剔除总资产因素之后，2013 年日本政府净债务占 GDP 的比重只有 140％左右。其二，大量债务由国内居民和企业持有。日本政府债务只有约 5％由海外投资者持有，这为日本国债市场提供了一定的稳定性，不会出现国债遭大量抛售的情况。

日本非金融企业部门去杠杆化进程的结束，为其投资扩张提供了很好的基础。尽管消费税上调的冲击程度还有待观察，但在超级宽松财政货币政策的支持下，日本经济仍有望实现稳步增长，鉴于此，也有机构预计 2014 年日本实际 GDP 将增长 1.8％。

欧元区近年来连续出台的一系列严厉的财政紧缩措施在一定程度上遏止了财政赤字上升势头，财政赤字占 GDP 的比重逐年下降，2013 年更是连续两次将主要政策利率（再融资利率）分别下调 25 个基点至 2014 年一季度的 0.25％，打破了"主权债务危机—银行业危机"的传播链条。但相比美国、日本，欧洲的债务形式似乎不那么乐观。欧债危机很大程度上源自部分成员国政府的债务上升过快。尽管 2011 年欧元区已经开始实施财政紧缩计划，但根据欧盟委员会的预计，到 2015 年欧元区仍将保持财政赤字，这意味着未来几年欧元区政府债务仍将继续攀升。数据显示，欧元区 2013 年政府债务占 GDP 的比重为 92.6％，升至纪录最高。与此同时，尽管德国等核心国家财政情况相对稳定，但西班牙、葡萄牙等周边国家财政状况恶化的趋势才刚刚得到抑制，全面恢复仍将是长期的过程。

由于部分成员国政府负债率仍然高企，欧元区的财政紧缩压力仍会持续，加之金融系统的问题尚未完全清除，欧元区经济仍处在缓慢的复苏阶段初期。在三大发达经济体中欧元区的增长前景也最为黯淡，有机构预测，2014 年欧元区 GDP 增速为 1.2% 左右，从 2013 年的负增长底部反弹。

中长期来看，欧元区统一的货币政策对高负债国家仍然是一个挑战。和美国、日本以及其他大部分国家比较，欧元区个体政府缺乏独立的印钞能力加大了对其负债能力的约束，现在还不能说欧债危机已经彻底结束。

## 新兴经济体"正在路上"

发达国家这种持续的财政整顿会削弱其消费和投资需求，对发展中国家经历杠杆刺激后调转方向产生了一定的抑制作用，新兴经济体的去杠杆化之路，相对于发达国家而言才刚踏上征途。

2013 年下半年，由于预期美国货币政策将发生变化，投资者纷纷退出那些经常账户赤字大、短期外债占比高、内部资产负债表失衡和对外开放度高的新兴经济体。其直接和显著的后果是部分新兴经济体的汇率和股市受到冲击。2013 年 1 月至 11 月，印度、巴西、印度尼西亚和土耳其月平均汇率对美元分别贬值 12.3%、12.8%、23.8% 和 26.8%，其月平均股价波动幅度分别为 13.7%、20.6%、17.2% 和 22.8%。这也表明新兴经济体市场表现与发达经济体货币政策之间存在较高的关联性。在汇率战风雨欲来的当下，尚坚守既有货币政策的新兴经济体该如何应对可能的冲击？这已成为一个愈发迫近的问题。既然货币战争对于新兴经济体最大的威胁在于资本短时间内的大量涌入与未来可能的突然逃离，那么对于后者来说，最重要的选择就是主动去杠杆化。

新兴经济体长达 10 年的高速增长与信贷快速扩张有着密切的关系。按照国际货币基金组织的估算，2002—2011 年间多数新兴经济体的"银行信贷存量与国内生产总值之比"指标从最低点算起上升了 20% 左右。这有助于解释为什么在经济增速放慢的情况下国内通胀压力仍然居高不下。在今后一个时期内，如果说发达国家经济面临的最大风险是在财政领域，那么新兴经济体面临的最大风险会出现在金融领域。因此，新兴经济体很难再延续金融危机之前依靠大规模信贷投放支撑高速增长的态势。

1997 年亚洲金融危机的伤痛仍令很多人刻骨铭心，而 2011 年下半年开始的中国国际资本一度净流出虽然如今态势已好转，但不确定性依然存在。面对无法控制、规模大增的"热钱"，最根本的防范方法就是主动降低国内杠杆率，严防死守，避免国内资产泡沫的过度累积与进一步膨胀。据有关统计，过去 20 年间中国的整体杠杆率已达到 1997 年的水平，其中居民部门杠杆率为 20 年来最高，企业部门则达到甚至超过了 1997 年的水平。在全球资本未来可能面临新调整的时候，高杠杆率非常令人担忧。负债高是当年亚洲金融危机的罪魁祸首，新兴经济体需以史为鉴，谨慎操作。

美国次贷危机后的几年中，新兴经济体的财政状况尽管总体好于发达经济体，但为了刺激经济，一些新兴市场国家采取了较为宽松的财政政策，财政赤字水平总体有所上升。2013 年 10 月国际货币基金组织预测数据显示，2013 年新兴市场与发展中经济体财政赤字占 GDP 的比例为 2.3%，比 2012 年上升 0.6 个百分点。

在政府债务方面，新兴经济体的负债率低于发达经济体水平，并得到进一步改善。2013 年新兴市场与发展中经济体政府债务占 GDP 的比例预计为 34.7%，比 2012 年下降 0.8 个百分点，广受关注的中国地方政府债务问题，仍处于可控范围。

但部分新兴经济体 11 国即 E11 国家的财政赤字与公共债务水平仍不可轻视。部分 E11 国家的政府支出扩张速度加大使得财政政策的空间日益变小。此外，债务水平低并不意味着风险小。与发达经济体相比，新兴经济体处理债务问题的能力和手段有限，脆弱性强，国家资产负债表的修复能力弱，如果财政和债务状况继续恶化，很可能会引发国内社会问题。

# 新货币联盟的"纵"与"横"

## 欧盟的新"财政契约"

全球金融危机爆发后，主要发达国家央行职能发生的两大变化也随之常态化，即货币政策由主要确定利率转向通过管理资产负债表来提供流动性，以及货币政策尤其是非常规货币政策具有明显的财政和收入分配的政策含义。自2013年开始，发达国家经济出现了新"联盟潮"。2013年1月1日，《欧洲经济货币联盟稳定、协调与治理公约》（即"财政契约"）正式生效，欧洲财政联盟迈出重要一步。2013年10月，欧洲央行公布对欧元区银行业进行全面审查评估的标准，将启动银行业全面审查，以便为建立欧洲银行业联盟打下基础。2013年11月，欧洲央行就"单一清算机制"发表申明，提出当欧洲央行全面履行监管职责时建成该机制，并且覆盖范围将包括机制成员国的全部信贷机构。

根据法德共同建议，"财政契约"将具有较强的法律约束力，将对欧元区国家以及其他愿意加入的欧盟成员国施以更严格的财政纪律和经济趋同政策。其内容包括三个方面：首先，成员国要努力实现预算平衡或盈余。年度财政赤字占国内生产总值（GDP）的比例不超过0.5％、公共债务总余额占GDP的比例低于60％的国家允许适度超标。这一规定，必须纳入各国宪法或者其他相应法律。其次，对违规成员国进行"自动惩罚"。如果成员国财政赤字和公共债务占GDP的比例超过欧盟规定的3％和60％的上限，欧盟委员会可直接对违规成员国采取惩罚措施，除非多数成员国反对。此外，成员国将在金融监管、就业、税收和促进增长方面采取趋同政策，并通过法律形式加以规范。

德国总理默克尔曾表示，欧盟成员国就加强财政纪律达成共识，朝着建立财政联盟、确保欧元持久稳定迈出重要一步。欧洲央行行长德拉吉指出，欧盟此次峰会采取的措施对欧元区非常重要。时任法国总统萨科齐说，欧盟成员国将在 2012 年 3 月完成"财政契约"拟订工作，随后启动法律批准程序，以便这一政府间协议能够尽快变成各国法律并生效实施。

"财政契约"一旦付诸实施，将有助于阻止一些国家盲目发债，促使它们摆脱过度依赖负债经济的发展模式，还将为欧洲央行在应对和防范危机、加强经济治理方面发挥更大作用创造必要条件。

与此同时，欧盟领导人同意提前启动欧元区永久性救助机制——欧洲稳定机制。为了使欧洲稳定机制决策更快速有效，他们还同意以"多数赞成"取代"一致通过"的方式。欧洲稳定机制于 2012 年 3 月正式生效，用以取代现有临时救助机制——欧洲金融稳定工具（EFSF）。而根据新协议，永久性救助机制提前启动后，欧洲金融稳定工具则仍同时存在了一段时间，于 2013 年 7 月正式退出。欧洲稳定机制最高贷款能力达 5 000 亿欧元（约 6 690 亿美元），加上欧洲金融稳定工具杆杠化后的规模约 6 000 亿欧元（约合 8 000 亿美元），欧元区可供支配的救助资源有望达到 1.1 万亿欧元（1.47 万亿美元）。本来，欧洲央行将发挥"纯粹技术作用"，但由于德国反对，欧洲稳定机制不可能获得银行许可证，成为可向欧洲央行借款的银行机构。欧元区下一步工作将是确定与欧洲稳定机制相关的所有细节。

欧元区国家还决定考虑向国际货币基金组织增资，增资有望达到 2 000 亿欧元（约 2 660 亿美元），同时也希望欧洲以外地区的国家能够向国际货币基金组织增资，以扩大国际货币基金组织的救助资源。如果说强化财政纪律是"止血"，那么救助和增资堪称"输血"，为欧元区解决救助资源有限的问题。如果把欧债危机比喻成一次"大出血"的话，那么解决危机不仅需要"输血"（提供流动性）和"止血"（紧缩政策、强化财政纪律），而且在欧洲稳定机制启动和国际货币基金组织资源增加前，欧债危机并不会停止发酵，还需防范"再出血"。

## "大西洋体系"与 C6 俱乐部

1971 年布雷顿森林体系崩溃之后，国际货币体系进入了牙买加体系时代。

与布雷顿森林体系时代的主要特点——以黄金为基础、固定汇率制、非美元货币无竞争——不同，牙买加体系的主要特点是黄金非货币化、浮动汇率、美元主导、货币无序竞争、全球金融危机救助机制无序。所以1972—2012年的40年间，发生了大量的货币和金融危机，堪称人类经济史上国际货币金融体系最无序和混乱的40年。但随着全球主要的六家央行构建货币互换网络，这种无序和混乱在大西洋两岸局部性地达成了妥协。2013年10月31日，美联储、欧洲央行、英国央行、日本央行、加拿大央行和瑞士央行等全球六家主要央行把现有的临时双边流动性互换协议转换成长期性货币协议，以期实现货币互换协议常态化，继续作为审慎流动性支持，防止全球金融紧缩。这意味着六家央行为了应对QE退出可能出现的美元短缺和流动性风险，组成了超级经济联盟，构建了一个垄断性、选择性、排他性的自我保护堤坝，有国际学者称之为"C6俱乐部"。

以六家主要央行所构建起的货币互换网络为基础，国际货币体系在某种程度上在朝着"大西洋体系"演变。美联储借此货币互换网络，承担国际货币体系最终贷款人职能。实际上自20世纪70年代进入浮动汇率时代之后，无论是20世纪80年代拉美金融危机、1992年英镑危机、1994年墨西哥债务危机，还是1998年东亚金融危机、1998年俄罗斯债务危机、2001年阿根廷债务危机等，要么是危机国破产违约，要么是国际货币基金组织在苛刻条件下救助，美联储一直没有出手，一直没有承担起国际货币体系的最终贷款人职能。但如今，美联储通过所构建起来的国际货币互换体系，直接向互换国央行，间接向全球金融体系注入美元。美联储绕开了国际货币基金组织，直接承担起国际货币最终贷款人的终极角色，这标志着国际货币体系真正格局性变革的到来。

相比1972—2012年的国际货币体系牙买加体系时代，世界已经迎来了更具"大西洋体系"色彩的国际货币体系时代，其基本特点有：

第一，在未来美元流动性收缩的基本格局之下，六家主要央行的垄断体系将主导全球货币金融经济体系的大分化。进入该体系的货币、金融市场将受到流动性支持，获得国际资本评估的"危机底线溢价"，而无缘该货币互换网络的全球其他经济体，其货币汇率、金融市场都将暴露在 QE 退出风险之中。

第二，六家央行的六个主要国际货币——美元、欧元、日元、英镑、加元、瑞士法郎的相互汇率，将在底线上摆脱浮动汇率的大起大落，进入"大区间、有底线浮动时代"。各国央行之间的流动性互换，实际上已经避免了汇率达到某种峰值时的货币紧缺。

第三，由于美联储通过货币互换体系为全球金融体系直接提供了高达接近6 000亿美元的流动性，在 2008 年危机中没有发挥效力的国际货币基金组织，随着"大西洋体系"的建立，其在国际货币体系中的作用将进一步下降。

第四，这种具有"大西洋体系"色彩的新货币秩序的规则是不透明的。全球哪家央行有资格与美联储签订货币互换协议，是不透明的、无规则的。由于美元因其流动性具有全球公共品特征，货币互换网络之外经济体的央行，应提出与美联储的货币互换申请，测试美联储的货币互换标准，也即是测试"大西洋体系"的标准。谁还将会是美联储的朋友，有资格加入"大西洋体系"，这是个值得考量的问题。

# 贸易安排的"兴"与"衰"

## 区域贸易安排的重新盛行

2013 年国际贸易状况难言乐观，特别是发达国家进口萎缩，拖累了全球贸易增长。世界贸易组织（WTO）报告显示，2013 年全球货物贸易量为 376 580 亿美元，较上年仅增长 2.7%。尽管自 2000 年以来，发展中国家占全球贸易的份额从 33% 提高至 48%，但与发达国家仍有很大差距。很多发展中国家目前处在全球价值链下游，从事技术含量较低的活动，竞争优势容易流失，而向价值链上游攀升需要很大的努力。以农产品为例，发展中国家占全球农产品出口市场份额从十多年前的 27% 提高至 36% 左右，但关税、补贴等市场准入障碍仍然影响这些国家农产品出口，而农产品价格提高给净进口国带来压力。因此，次贷危机后全球经济格局的失衡导致贸易保护主义再度兴起，经济全球化下国际产业链变化对国际贸易测算与国家贸易政策制定造成冲击，国际权力格局及产业链变化等对于国际贸易政策的及时调整提出了挑战。

据统计，从 2008 年 11 月到 2013 年 5 月，全球共实施贸易保护措施 3 334 项。不仅诸如保障、双反、进口关税等传统贸易保护措施以及政府采购、自动配额等新型贸易保护措施有增无减，繁多冗长的国际多边贸易谈判所造成的无效率令一些主要经济体开始"掉头转向"，竞相组织排他性区域自由贸易协定并力争主导权成为贸易保护的新手段。

中国的国家统计局研究表明，2008 年以来，美国已经初步形成了以泛太平洋战略经济伙伴关系协定（TPP）谈判为代表的"东线"，以跨大西洋贸易与投资伙伴协定（TTIP）谈判为代表的"西线"和以服务贸易协定（TISA）谈判为代表的"中轴"。美国主导的新型贸易规则的影响力已经初步形成，以 GDP 占全球的份额衡量，前述三个区域将分别高达 40%、50% 和 65%，对于全球贸易的影响巨大。

TPP 将该地区辛苦经营数十年的区域合作架构全面打乱，各国不得不重新选边，区域合作版图将重组。TTIP 则将跨大西洋的美欧重新黏合在一起，加之加拿大与日本的参与，一个扩大版新的"七国集团"开始成型。美国将 TPP 与 TTIP 视作"面向 21 世纪的协议"，其标准与规则超越 WTO 框架，并将自贸谈判重心置于边境内宏观政策，如放松监管与竞争政策而非关税。一旦两项协议达成，美欲将其标准与规则纳入 WTO 谈判，这将使非参与方遭遇巨大压力，有一种被规范逼迫而需重新"入世"之感。

## 美国的新贸易版图

如果美国的意图如期实现，最终将建成亚太自由贸易区（涵盖亚太经合组织即 APEC 所有成员国）和美欧自由贸易区，全球贸易版图将出现重大变化。奥巴马自第二任期开始就急于推动"跨两大洋贸易战略"谈判，并将 TPP 排在优先位置，已经成了全球广泛关注的焦点。其中 TPP 的发展超乎寻常，美国早在 2011 年 11 月就正式推出了 TPP 框架协定，尤其日本 2014 年 3 月高调宣布正式加入谈判，至今 TPP 谈判成员国已迅速增加至 12 个（美国、日本、加拿大、墨西哥、澳大利亚、新西兰、智利、秘鲁、越南、马来西亚、文莱、新加坡）。

美国的新贸易版图请见图 2—5。

**图 2—5　美国的新贸易版图**

资料来源：来源于网络。

从已完成的 16 轮谈判看，虽然在包括知识产权、环境、竞争和劳工等方面仍面临不少障碍，但 TPP 已取得稳固进展，并弥合了若干领域的分歧。其主要动因如下：

第一，经济上"抱团取暖"，借助 TPP 和 TTIP 尽快走出危机。全球金融危机至今已有 6 年之久，但美国仍未完全摆脱危机影响，欧洲深陷债务危机，欧元区和日本 2012 年再次陷入衰退，发达经济体总体上仍处在低速复苏和不确定阶段。根据以往历史规律，每次大的金融危机必然会引发新的科技产业革命，从而引领全球经济走出复苏并进入新一轮快速增长。但页岩气革命的前景依然存疑，第三次工业革命高潮还未到来，大规模产业化及新支柱产业还没有形成。美欧日等西方经济体财政捉襟见肘，量化宽松政策的提振效果也不显著，刺激经济的手段几乎用尽，只好将走出危机的希望寄托在外部市场上。美国希望通过建立 TPP 和 TTIP 分享全球特别是亚洲等新兴经济体高速增长的红利，借此打开亚太市场，实现"出口倍增计划"。根据美欧日一些研究机构预测，TTIP 的最终达成，将使欧盟和美国年 GDP 分别增长 0.5％和 0.4％。而 TPP 的最终达成，将使美国和日本年 GDP 分别增长 1.2％～1.5％和 0.66％。

第二，拆散东亚现有合作架构，重构亚太和全球贸易版图，试图强化保持全球经济的主导地位，在战略上保持主动。TPP 和 TTIP 的建立，既有经济又有政治方面的考虑。在政治上拉拢欧洲和中国周边国家，维持和强化美欧日及亚太军事外交同盟，现有 TPP 和 TTIP 加入谈判的伙伴多数是美国的军事盟友。其中"重返亚太"战略是近年来美国全球战略调整的核心。第二次世界大战以来全球贸易体系基本上由美国、欧洲主导，区域合作也是美欧走在前头。但是最近 10 多年来国际经济贸易格局已发生了重大变化。

一是西方国家在全球贸易中的地位明显下降。七国集团占世界贸易比重降至 34.8％，新兴市场和发展中国家份额增至 48％，尤其是中国成为最大出口国，货物贸易总额与美国不相上下。

二是东亚区域经济合作取得了长足发展，美国担心被边缘化。三组"10＋1"自贸区（中国—东盟、日本—东盟、韩国—东盟自贸区协定）已经实现，中日韩自贸区以及"10＋3"东盟—中日韩、东亚共同体"10＋6"即东盟—中日韩印澳新等国自贸区已在筹建谈判之中。东亚区域自贸区如火如荼，美欧却一直没有沾边。尤其是以中国为核心的东亚区域合作和产业链条布局正在形成，令美国既焦虑又担心。美国在亚洲有重大战略利益存在，亚洲也是经济增长最活跃的地区，美国难以承受被逐出亚洲之重。

三是世界贸易组织（WTO）多哈回合谈判陷入僵局，美国通过 WTO 推行其全球贸易战略的阻力越来越大，有意另起炉灶，重立世界贸易的游戏规则。

第三，重构国际贸易和投资新规则，扭转美国在国际竞争中的颓势，遏止中国等新兴经济体的崛起。美国推出 TPP 框架协定内容，一开始就赋予其两个基本特征：一是开放的区域主义，即 TPP 向所有 APEC 的 21 个成员国持开放态度；二是提出适应 21 世纪的高质量的自贸区协定。两者的重点是在"高质量"上。

美国所谓的"高质量"，是以一系列不同以往的贸易投资新规则作支撑的，其实质是尽可能固化和放大美国的竞争优势，最大限度弱化新兴经济体特别是中国的优势。"高质量的自贸区协定"已为许多国家设置了难以跨越的进入门槛，因而"开放的区域主义"只是 APEC 原有原则的重复，并无更多新意。

## 新兴经济体的应对

从经济规模和贸易额占全球比重看，美国两组谈判的影响"举足轻重"：TPP 现有 12 个国家的 GDP 和贸易总量将占全球 40％左右，随着韩国等亚太国家的逐步进入，其全球占比会更大。而 TTIP 即美欧两大经济体 GDP 总量约占全球 50％，贸易额占全球 30％。随着这两大自贸区的建立，由于"贸易扩大"和"贸易转移"效应，会明显增加和刺激美欧的贸易和出口，而处于两大自贸区以外的国家贸易和出口相应会明显下降。据有关权威机构分析预测，中国对美国的出口可能减少 30％以上。显而易见，美国加速推动 TPP 和 TTIP 在太平洋和大西洋两端"双管齐下"，推进"两洋贸易战略"，将对世界政治经济格局产生重要影响，尤其对中国等新兴经济体的影响不可低估。具体而言：

第一，有可能架空世界贸易组织（WTO）。WTO 多哈回合谈判从 2001 年启动谈判到现在，进展有限并多次陷入僵局。主要问题是美欧的农业补贴和高关税壁垒保护其农业利益不肯让步，根本原因是美国不愿意给中国等新兴经济体发展中国家待遇。如果 TPP 和 TTIP 谈判取得突破，WTO 将面临尴尬境地。从现实的合作机制看，美国对 WTO 的需求和兴趣在不断下降，多哈回合谈判很可能就此宣告结束，接下来谈什么，怎么谈，前景十分暗淡。从规则和标准看，TPP 和 TTIP 执行的是大大超越 WTO 的新一代贸易规则，WTO 规则可能不得不随之作出调整，实际上是被两大自贸区的原则取代。

第二，有可能架空亚太经合组织（APEC）。过去 20 年间，亚太经合组织一直是亚太地区最大区域经济合作组织。一旦 TPP 生效，亚太经合组织成员必然会分为两大阵营：TPP 成员与非 TPP 成员。由于亚太经合组织成员所做出的承诺本身就缺乏约束力，未来它在区域合作的影响将会下降，对非 TPP 的成员的吸引力也会减弱，除非某些成员要以此为平台要求加入 TPP。更为重要的是 TPP 的最终目标是建立覆盖 APEC 所有成员的亚太自由贸易区协定，一旦 TPP 最终目标达到就意味着 APEC 各国成员绝大部分变成了 TPP 成员，APEC 机制存在的必要性将受到质疑。

第三，打乱"10＋X"为主的亚洲区域合作进程。过去十余年，区域内大国围绕东盟所开展的"10＋1"合作取得进展。而尚未取得实际性进展的"10＋3"与"10＋6"将因日本加入 TPP 谈判而受影响。日本与部分东盟国家选择加入 TPP 会进一步降低对"10＋3"与"10＋6"的需求，亚洲区域合作可能陷入停滞。

第四，新兴经济体特别是金砖国家有可能处于被"边缘化"的危险。TTIP 和 TPP 谈判几乎把中国最主要的贸易伙伴"一网打尽"。在 TTIP 里边的美欧是中国最大的两个出口市场。TPP 现已有 12 个成员国，已把东盟日本与美国连在一起，如果把韩国也拉进去，中国排名前 10 位的贸易伙伴基本上都拉进去了。如果 TPP 和 TTIP 最终达成协定，那么除中国和金砖国家之外的主要经济体都进入到这两大贸易区之内，新兴经济体届时处境将十分被动。

随着经济全球化的发展，国际贸易自由化必然会不断深化，其结果就是各国市场的开放程度不断加大。美国是世界最大的发达国家，也是市场开放度最高的国家，在自贸区谈判中的地位是主动和强势的。但是在美国经济已经步履蹒跚的今天，它不可能靠单打独斗支撑全球经济的增长，甚至美国也有自身关切的行业和产品，在农业、航空等领域开放问题上十分谨慎。欧洲及日本等美国传统盟友能在多大程度上满足美国的要求，开放本国受保护的产业，将是美国实施全球经济新战略能否成功所面临的重大考验。尤其是，美国作为成熟经济体，劳动力成本高、增长空间小、产业空心化严重，很难通过自贸区来根本改变自身经济发展模式和增长前景，也不可能根本改变全球化格局和潮流。更重要的是，任何具有全球影响的贸易安排，如果把中国排除在外最终很难有大的作为。中国作为世界第二大经济体及最大的发展中国家，要实现新的增长预期，将以更大勇气迎接国际贸易自由化的挑战，加快改革开放的进程，更主动积极地参与制定新一轮国际经济特别是贸易投资规则，从双边、多边两个方面加快构建中国版本的自贸区网络，在经济全球化进程中占据更主动的位置。

比如，作为应对，东盟和中国、日本、韩国、澳大利亚、新西兰、印度共同参加的"区域全面经济伙伴关系"（RCEP）谈判也已经启动，使得各国在贸易政策上有更多的选择。

# 新兴经济体发展的"快"与"慢"

## 新兴经济体的增长困境

2013 年，尽管发展中国家经济总量首超发达国家，约占全球的 50.4%，但对于世界经济增长的贡献率却下降至 74.6%。2013 年新兴市场和发展中国家经济增速继续放缓。近两年，新兴经济体在经历了自金融危机以来的一轮超出潜能的高增长后，经济增速明显放缓，整体经济有逐步转弱的趋势。从外部看，国际大宗商品市场价格下降，美联储货币政策因逐渐淡出 QE，加息预期增强，不利于新兴市场和发展中国家经济增长。从内部看，经常账户出现赤字、金融体系不够健全、自身存在结构性矛盾等，减缓了这些国家经济的持续稳定增长。美联储仅仅是发出缩减量化宽松信号，一些新兴经济体金融市场就会发生剧烈震荡，货币大幅贬值，股市急剧下滑，债券收益率攀升，资本加速外流。

由于外部需求疲弱、投资疲软、政策选择偏少和美国货币政策给金融市场带来的压力，新兴经济体经济增速普遍放缓。在金砖国家中，中国增长放缓，俄罗斯和印度都弱于预期，而南非、巴西继续令人失望。2013年中国经济延续回落趋势，全年增长7.7%，在金砖国家中依然是最快的。2014年，中国的宏观经济政策会更注重经济发展的质量和效益，经济增速预计肯定会低于2013年，在7.4%左右。2013年印度经济改革进展缓慢、宏观政策空间受限，经济总体延续了上年逐步放缓趋势。印度2014年经济增长率均在5.4%左右。在乌克兰事件持续发酵，石油价格走低和卢布贬值的背景下，俄罗斯国内通货膨胀压力增大，经济增速有所放缓。2014年俄罗斯经济增长率将会在0.5%以内。巴西经济发展过度依赖商品的繁荣，过去几年经济增长主要得益于铁矿和大豆等大宗商品出口，但忽略了为民众提供实质的基础建设服务，国际环境变化使其经济发展难免不出现波动。2014年巴西经济增长率在2.5%左右徘徊。

一方面，美欧经济复苏将有助于拉动发展中国家特别是制成品出口国的经济增长。但另一方面，美国量化宽松退出的影响、资本流动的冲击以及通胀走高等，仍是新兴经济体经济发展的潜在风险因素。更要看到的是，新兴经济体自身原本具有内在的脆弱性，各自面临着较多的结构性矛盾，有的严重依赖能源资源出口，有的国际收支长期逆差，有的基础设施建设滞后。当外部环境转趋不利时，新兴经济体的增长往往呈现波动加剧、风险上升态势。

## 新兴经济体的政策"两难"

发达国家的政策调整提升了金融市场的利率，改变发达国家和新兴经济体的投资收益对比，促使国际资本从新兴经济体向发达国家回流，导致新兴经济体股市、汇市大幅波动。资本市场的脆弱性使得一些新兴经济体特别是脆弱五国（印度、印度尼西亚、巴西、南非及土耳其）的货币大幅贬值，输入型通胀压力上升，股市明显下跌，经济增速放慢。为阻止资本外流，新兴经济体往往需要收紧货币政策和财政政策，巴西和印度多次升息，这些措施使本已减慢的经济增长雪上加霜。

面对经济基本面走弱和外部环境日趋动荡等新挑战，新兴经济体宏观政策面临着两难选择，若阻止资本外流需要提高利率、整固财政，而稳定经济增长又需要宽松的财政与货币环境。对新兴经济体和发展中国家来说，一方面需要严防外部环境趋紧的冲击，格外警惕资本流动和货币波动对本国经济、金融稳定带来的影响；另一方面仍应强化自身经济结构调整，克服金融和宏观经济脆弱性，以实现可持续增长目标。

2013 年，流入新兴市场和转型经济体的私人净资本也出现明显下降。同时，新兴国家的金融市场波动急剧增加，主要体现为因美联储宣布将逐渐减少每月购买的长期资产而引发的股市抛售和当地货币贬值。新兴经济体增速减缓的前景助推了资本流入的减少。主要国家央行采取的定量宽松货币政策对新兴国家净资本流入也产生了重大影响。

在新兴国家中，资本流入下降或波动最严重的当属亚洲经济体。尽管流入中国的外商直接投资有所增加，但流向印度、韩国的股权、债券资本和流入印度尼西亚的非金融机构资金却急剧下降。拉美国家也出现了显著的资金流入减少现象。与之相反，非洲、西亚和欧洲新兴国家的资金流入继续增加。例如，尼日利亚 2013 年注册的外来债券市场资金显著增加。但是，埃及持续的政治骚乱则导致私人净资本流入大幅减少。

由于担心量化宽松货币政策退出的负面影响，发展中国家和转型经济体外部融资的成本在 2013 年下半年开始增加。新兴经济体发行的主权债券与发达国家的主权债券基准收益之差，在美联储宣布将逐渐退出量化宽松货币政策之后的两周内猛增了 100 个基点，新兴国家外部融资的成本因此平均上升了 200 个基点，尤以拉美国家为甚。

新兴经济体资金外流状况持续恶化。2013 年外流的私人资本约为 1 万亿美元，几乎等同于这些国家的净资本流入。近年来，中国采取政策鼓励企业"走出去"，对外直接投资大幅攀升，2012 年的对外投资总额达到 880 亿美元，2013 年增加了 20％。巴西、智利、哥伦比亚、墨西哥和秘鲁等拉美国家的资金外流也出现增长趋势，主要通过债券投资，这反映了拉美国家想要使其资产更加多元化的意图。

流入发展中国家的政府开发援助（ODA）在 2011 年和 2012 年累计下降了 2％，降至 1264 亿美元。由于财政紧缩，发展援助委员会（DAC）25 个成员国中有 16 个减少了对外援助。资料显示，DAC 流向撒哈拉沙漠以南非洲国家的 ODA 自 2007 年以来出现首次下降，2012 年的援助共计 262 亿美元，实际下降了 7.9％。对内陆发展中国家（LLDCs）和小岛屿发展中国家（SIDS）的 ODA 也有所减少。2012 年，来自 DAC 的 ODA 只占其国民总收入的 0.29％，远低于联合国 0.7％的目标要求，而 2013 年的援助水平与此相当。随着更多 DAC 成员国经济与财政状况好转，2014 年和 2015 年的 ODA 或将稍有增加。此外，联合国千年发展目标激发国际社会做出的政治承诺也将进一步得到落实。

# 全球增长动力的"弱"与"强"

## 增长动力的"寻找进行时"

全球金融危机后，各国都在寻找重振经济的新的增长动力。以美国为首的发达国家正在积极抢占新一轮能源革命和产业革命的制高点，以保持在国际产业分工中的优势地位，如美国借助页岩气革命改变了能源结构，降低了其对国际能源市场的依赖。但总体看，新一轮工业革命尚处孕育阶段，大范围的新的领先产业仍处于寻求阶段，关键技术和商业模式创新缺乏实质性突破，短期内还难以形成强有力的新经济增长点。主要发达国家的结构性问题远未解决，在技术进步缺乏突破的情况下，发达国家难以形成新的市场热点，居民消费中低速增长，企业投资意愿不强，经济内生增长动力不足，这也使得世界经济的增长动力不够强劲，只能维持低速增长。在发达国家需求持续疲弱、国际资本异动困扰、各国自身深层次的结构性矛盾凸显下，金融危机以来"风头正劲"的新兴经济体也突然"黯然失色"地普遍失去强劲增长势头。

2008 年爆发的全球经济危机由全球金融危机引发，但通过国际贸易急剧萎缩传导到世界各地。2009 年的国际贸易的大幅萎缩史无前例。在各国超常规的经济措施刺激下，2010 年国际贸易出现恢复性快速反弹。2011 年以来，世界经济低速增长及欧债危机深化，抑制了全球进口需求，国际贸易增长转趋疲弱。2013 年国际贸易状况仍不景气，特别是发达国家进口萎缩，如 2013 年美国货物进口增长－0.2％，日本增长－5.9％，拖累了全球贸易增长。在全球经济脆弱复苏、国际贸易总体低迷的背景下，一些国家为了缓解就业压力和企业困难，大力推行贸易保护主义，在一定程度上阻碍了世界贸易复苏进程。

当前世界经济正处于一个非常时期，即国际贸易增长率低于世界产出增长率，由此导致世界经济复苏不可或缺的一股助推力量缺失。2014 年，随着世界经济总体向好，国际贸易增长也有望加快。WTO 预计，2014 年世界货物贸易量将增长4.5％，但仍低于过去 20 年间 5.4％的平均增长水平。其中，发达经济体出口增长2.8％，发展中国家增长 6.3％，分别高于 2013 年 1.3 个和 2.7 个百分点。

## 发展推助器的"乏力"

经济复苏前景不明朗、信贷状况收紧、企业盈利下降，导致众多跨国公司通过资产重组、撤资等方式重新布局全球跨国投资，对外投资十分谨慎。

联合国贸发会议《2014 年世界投资报告》显示，2013 年全球外商直接投资（FDI）达 1.45 万亿美元，比 2012 年增长 9％。2013 年，发展中经济体在全球外商直接投资流动中继续保持领先地位。流向发达经济体的外商直接投资为 5 660亿美元，占全球总流量近四成；流向发展中经济体的外商直接投资再创新高，达到 7 780 亿美元，占总流量的 54％。此外，1 080 亿美元流向转型经济体。在外商直接投资流入量全球前 20 名的国家和地区中，发展中经济体和转型经济体占半数。从地区看，亚洲发展中经济体吸收的外商直接投资保持全球第一，远超传统上最大的外商直接投资流入地欧盟。流入其他主要发展中地区的外商直接投资均出现增长，非洲比 2012 年增长 4％，拉美和加勒比地区增长 6％。数据显示，2013 年从发展中经济体流出的外商直接投资达历史最高水平。来自发展中经济体的跨国公司越来越多地收购发达经济体设在发展中经济体的子公司，发展中经济体和转型经济体对外投资达 5530 亿美元，占全球外商直接投资流出量的 39％。

然而，未来全球跨国直接投资复苏之路依然艰难曲折。全球金融体系的结构缺陷、宏观经济环境的潜在风险及主要经济体政策的不确定性，可能导致外商直接投资流量进一步下降。由于世界经济的脆弱性和政策不确定性，全球外商直接投资回升至较为强劲增长水平所需要的时间将比预期的要长。另外，各国在出台自由化和便利化投资政策的同时，也加强了对外国投资的监管，投资保护主义风险有所上升。

能源革命也面临新的选择。美国借助页岩气革命改变了能源结构，降低了其对国际能源市场的依赖。美国和加拿大甚至被传有可能成为第二个中东。尽管法国禁止使用水力压裂技术开采页岩气，但页岩气的大规模开发和利用的潮流不可逆转，绿色、替代能源发展受到巨大挑战，全球能源发展模式重新回到依靠技术创新开发不可再生能源的轨道上来。

此外，世界经济统计方法发生改变。2013 年 7 月，美国开始调整国内生产总值统计方式，将原来不包含在统计范围的企业研发、娱乐文化支出以及退休金等指标加入到统计数据中，从而使美国经济规模增加 3％，这将导致重新评估各项经济政策，并对经济增长动因重新认识。2013 年 1 月，亚太经合组织和世界贸易组织在巴黎首次发布了附加值贸易数据库，它以单个商品在全球生产链上不同经济体产生的附加值为基础进行贸易统计。如按照新的统计方法，2009 年中国对美贸易顺差减少了 25％。

总之，世界经济正处在刺激政策退出的消化期、结构调整与转变方式加速的阵痛期，以及由危机前非理性繁荣转向后危机常态发展的温和增长期。全球发展分化则使世界经济仍能保持温和增长，但三重因素叠加将使国际环境异常复杂。

# 中国与世界经济变化的"异"与"同"

## 中国波动与世界经济的"同向性"

在这样不确定的世界经济形势之下，中国经济的增长问题到底是内生性结构问题的产物，具有明显的中国体制性和结构性的特色，还是世界经济周期变化和世界经济结构调整的产物？答案可能是后者。2009 年的低迷、2010 年的反弹、2011—2013 年经济的持续回落、CPI 的相对稳定、贸易的低速以及不低的就业水平等特征都不是中国特有的，中国宏观经济变量的变化与世界经济具有高度的同步性。

世界经济与中国经济都是在 2007 年达到高点，都是在 2008 年和 2009 年由于美国次贷危机的爆发而陷入深度下滑的困境（见图 2—6），只是世界经济下滑了 6 个百分点，而中国下滑了 5 个百分点；2010 年由于各国在 2009 年都采取了超常规的危机救助政策而出现同步反弹，不同的是中国反弹了 1.2 个百分点，而世界反弹了 5.8 个百分点；2011 年都步入持续回落的路径之中，不同的是，到 2013 年中国下滑的幅度为 2.6 个百分点，而世界下滑 2.1 个百分点。

如果重点考察金砖国家，就会发现它们基本上也与世界波动是同步的（见图 2—7）。另外值得注意的是，有些金砖国家在 2010—2012 年下滑的幅度比中国还大。例如印度 2012 年较 2010 年下滑了 7.4 个百分点，巴西下滑了 6.6 个百分点。这些制度体系、发展阶段、资源禀赋差异较大的国家出现同步大幅度调整，可能有与国别特征无关的共同深层次原因。因此，中国经济回落的因素不能单纯在封闭体系来寻找，不能简单地把中国经济下滑归结到中国内生性结构性问题。新兴市场国家与发达国家的同步回落必须从全球经济调整以及由此引发的内部结构性问题等角度来认识。

（%）

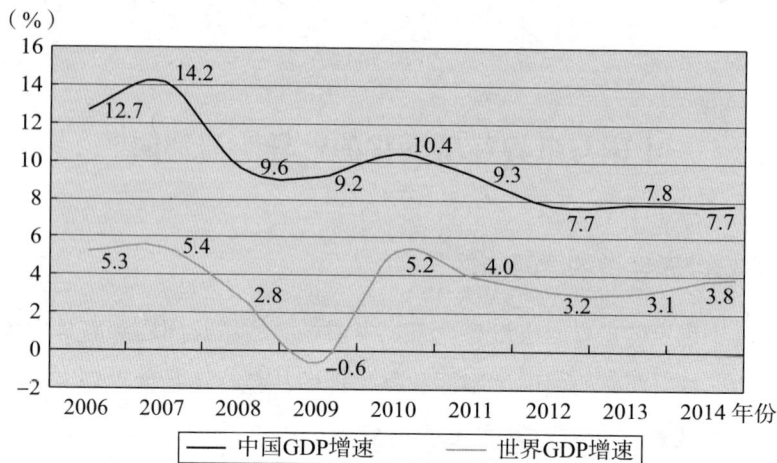

图 2—6　中国 GDP 增速变化与世界经济变化高度同步

（%）

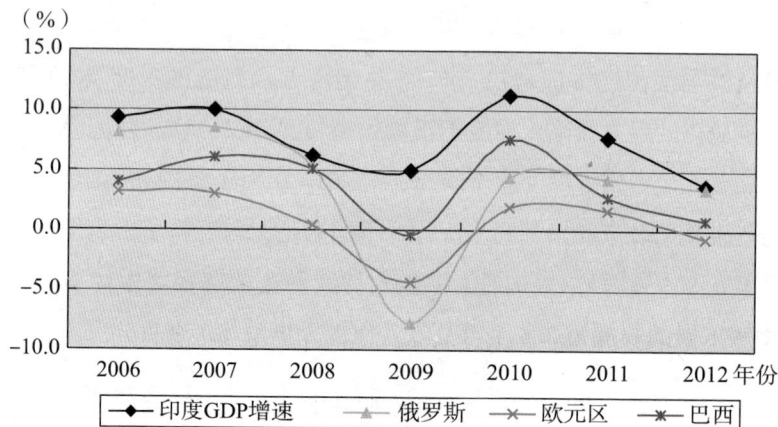

图 2—7　金砖国家与欧元区都处于回落路径之中

## 重要指标与世界趋势的"同步性"

在出口方面（见图 2—8），中国和世界都在 2006 年达到出口增速的新的高度，分别在 2008 年和 2009 年跌入深谷，其中中国出口增速回落 12.2 个百分点，世界回落 19.8 个百分点；都在 2010 年出现强劲反弹，其中中国反弹 16.3 个百分点，而世界反弹了 23.1 个百分点；都在 2010—2012 年步入回落期，其中中国最高回落了 13.4 个百分点，而世界回落了 10 个百分点；同时，2013 年中国与世界都出现小幅反弹。

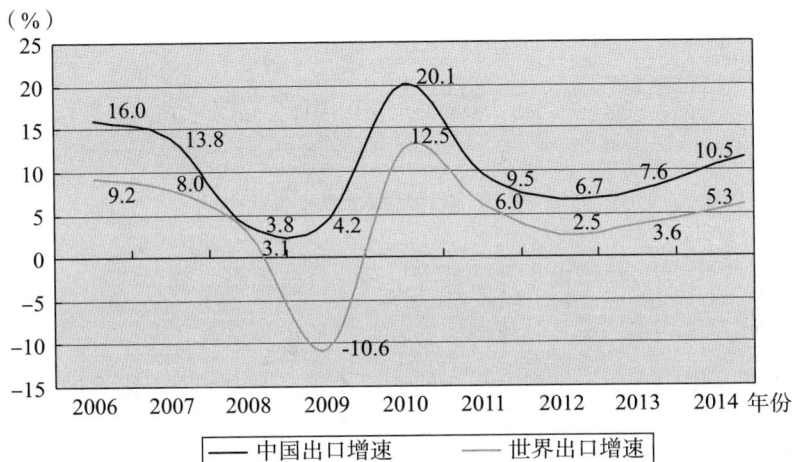

图 2—8　中国出口增速与世界高度同步

中国 CPI 的变动与世界也基本一致（见图 2—9），都出现了"低速的 GDP 与不低的 CPI 并行"的新现象。中国经济和世界经济都在超常规的货币政策的作用下快速摆脱了 2009 年快速回落的局面。不同的是 2008—2009 年世界 CPI 仅回落了 3.6 个百分点，而中国回落了 6.6 个百分点，2009—2011 年中国反弹了 6.1 个百分点，而世界仅反弹了 2.5 个百分点。2011 年以后，中国与世界的 CPI 都在小幅回落中出现趋稳态势。

此外，中国与很多新兴经济体都在 2010—2013 年出现了"GDP 增速回落，新增长就业上扬"的新现象。很多人认为"GDP 增速回落，新增长就业上扬"的新现象只有中国才有。但根据联合国贸发会议的统计，世界就业的状况在 2008 年危机之后出现强劲的分化——发达国家失业率大幅度上扬，新增长就业水平持

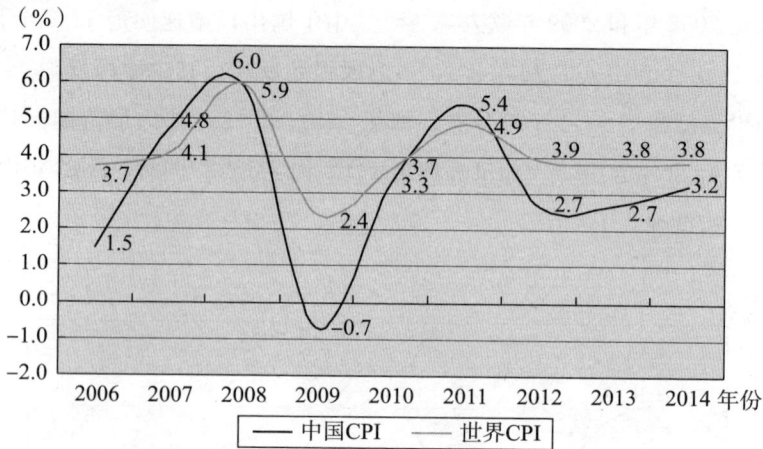

图2—9 中国CPI与世界也是同步的

续呈现负增长，而发展中国家的就业却出现了持续小幅改善（见图2—10）。按照现有的统计，墨西哥、土耳其等国家的就业增长十分显著（见图2—11）。导致这种现象的核心原因在于，世界不平衡的逆转导致发展中国家不得不进行了局部转型，劳动力吸纳能力较高的非贸易品和服务等部门得到了政策和内部需求的支持而出现较为强劲的增长，从而在GDP增速回落中，就业出现明显增长。

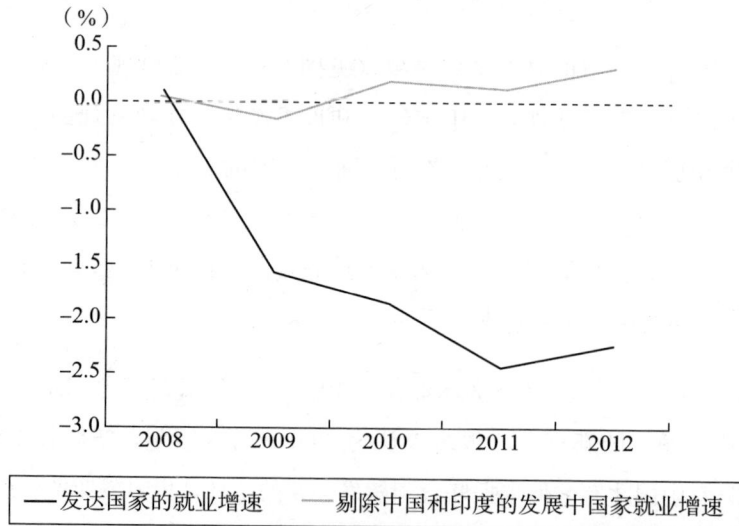

图2—10 近年来GDP增速回落但就业持续改善的现象不是中国独有的

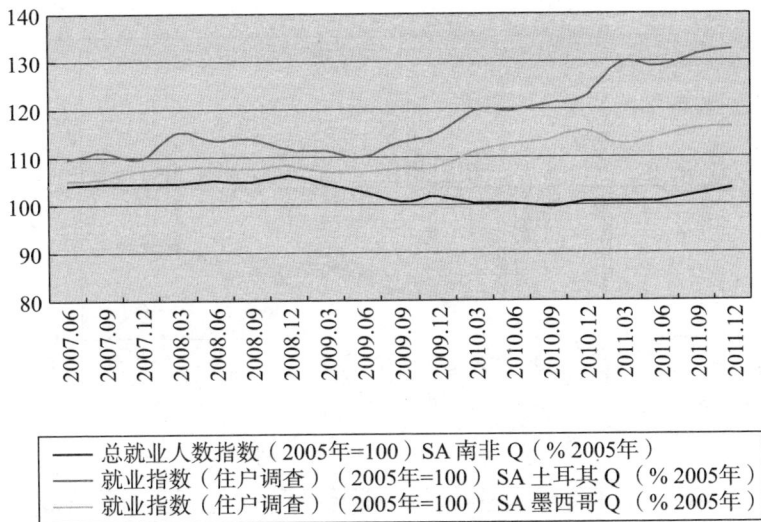

图 2—11　土耳其和墨西哥就业增长十分显著

注：图中"SA"表示统计方法中的季节调整，"Q"为检验的统计量值。

## 中国与美国经济周期的"耦合性"

美国次贷危机前中国经济波动与美国经济波动的暂时"脱耦"，使很多人认为美国次贷危机对于中国宏观经济的冲击不大，从而使中国没有提前采取需求管理政策进行预先调整。但事实是，自 2005 年后中美经济周期是高度耦合的。图 2—12 中分别以时间差分的季度累计 GDP 增长率和季度年化 GDP 增长率，表示 2007—2012 年间中国经济增长加速度和美国经济增长加速度。其间，中国经济增长加速度与美国经济增长加速度基本同相波动，并且与美国 GDP 缺口的时间差分动态一致。这种周期变化的一致性也预示中国经济周期可能处于调整的拐点之上。

可见，世界经济总体的同步性说明本轮中国经济的波动不能单纯归结到中国因素之上，中国经济放缓的核心原因必须从全球性结构性问题、周期性问题以及

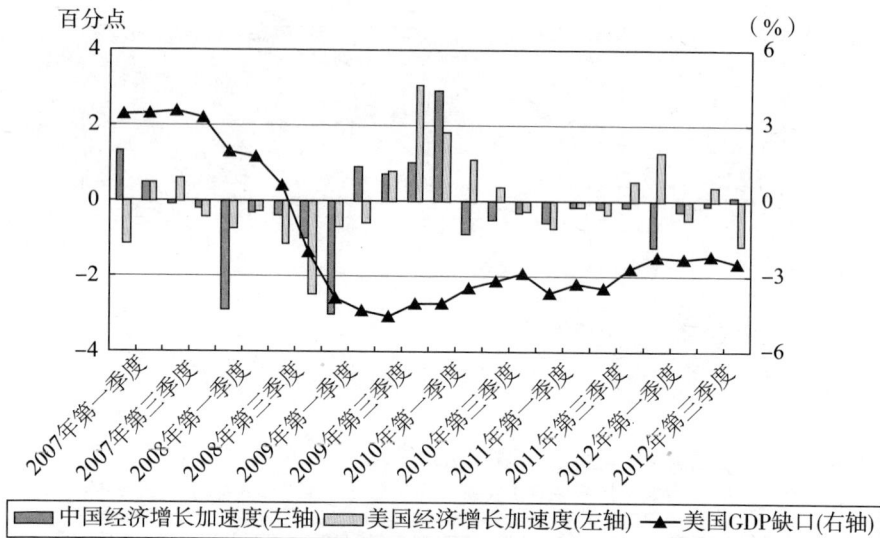

图2—12　中国与美国经济增长加速度

引发的国内周期性问题和结构性问题等多角度来寻找。由此，中国宏观经济的周期状态如何判断，中国的结构性问题如何治理，中国宏观经济调控与结构性改革方案如何定位等问题必须在认识全球周期状态和结构性问题的基础上来解决，而不是把中国经济从世界经济隔离开来进行问题的思考和问题的解决。

## 世界经济结构的"周期性"

现阶段，世界周期和结构性问题到底表现如何呢？2008年的世界经济危机标志着世界经济已经渡过技术创新的高速扩张期，世界经济开始步入到技术的平缓扩散期、制度重构期和结构调整期，过去20多年中世界经济所拥有的技术革命的红利将逐步消失，世界经济增速将面临拐点性回落。世界经济危机状态的结束、全球制度体系的逐步重构以及计算机技术的进一步拓展等因素虽然会带领世界经济摆脱危机，走出低迷，出现一定程度的反弹，但在未来相当长一段时期中世界经济增速难以重返危机前的状态。

**每次技术革命周期都由两个阶段构成**

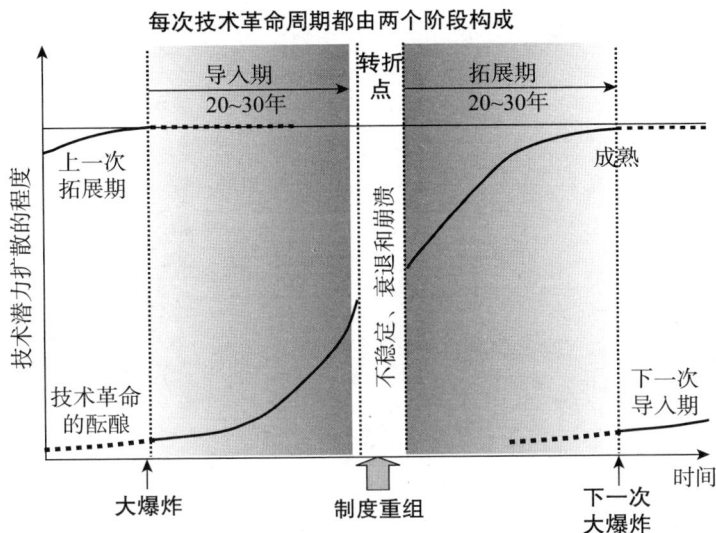

图 2—13 技术革命周期图

从图 2—13 可以看到，每次康德拉捷夫技术革命周期都由两个阶段构成：一是技术大爆炸的导入期；二是技术平稳扩张的拓展期。而连接这两个阶段的就是经济大危机与制度大调整。这种长周期模式之所以如此，我们既可以用金德尔伯格大周期理论来解释，也可以用马克思的大危机理论来解释——技术等生产力的快速变革必然导致传统的生产关系不适宜生产力发展，传统的上层建筑不适宜经济基础的发展，必然导致在危机中重构制度体系和上层建筑，必然在制度重构中寻找新的增长源泉。因此，2008 年爆发的世界经济危机宣告了这种技术变化的大拐点的到来。这意味着 2010 年以后的相当一段时期世界范围内必定出现系统性的制度改革和大转型，技术创新也将从技术爆发的导入期逐步过渡到平缓的拓展期。这种判断也可以从这 20 年来专利技术增长速度的变化上得到证实。从表 2—4 可以看到，除应对气候变迁类的专利技术在新世纪有所提高，其他 12 大类领域的专利技术都在经过 20 世纪最后 10 年的高速增长之后步入了长期的下滑期。

**表 2—4　按国际专利标准分类的欧洲专利局（EPO）年专利申请比重及平均增长率　（%）**

| 技术领域 | 占总量的比重（2006 年） | 增长率（1990—2006 年） | 增长率（1990—2000 年） | 增长率（2000—2006 年） |
|---|---|---|---|---|
| 生物技术 | 3.55 | 3.81 | 9.56 | −5.10 |
| 网络与电信 | 23.79 | 5.01 | 8.40 | −0.40 |
| 纳米技术 | 0.54 | 7.38 | 11.39 | 1.02 |
| 污染与废物管理 | 1.15 | 2.18 | 4.07 | −0.90 |
| 应对气候变迁 | 0.41 | 13.49 | 10.98 | 17.80 |
| 人类生活需要 | 12.58 | 6.49 | 8.33 | 3.50 |
| 作业与运输 | 11.72 | 3.64 | 5.16 | 1.15 |
| 化学与冶金 | 9.07 | 1.85 | 3.92 | −1.52 |
| 纺织与造纸 | 0.99 | 1.21 | 1.68 | 0.42 |
| 固定建筑物 | 2.09 | 4.13 | 5.12 | 2.51 |
| 机械工程与光热 | 6.66 | 5.56 | 6.56 | 3.91 |
| 物理 | 12.99 | 4.34 | 6.74 | 0.47 |
| 电学 | 14.45 | 6.23 | 9.15 | 1.54 |

　　而从表 2—5 中的工业革命与技术革命的分类也可以看到，下一场的技术革命还要等待相当一段时期，并带有强烈的不确定性，并在很大程度上都是计算机技术的扩张和延伸，在本质上都属于第三次工业革命的范畴，难以在生产方式上引起社会的变革。这也证明了全球技术红利将逐步消失，世界经济不仅将面临经济增速的回落，同时还将面临经济增长动力的转换。

**表 2—5　　三次工业革命与六次技术革命浪潮**

| 技术革命开始年份 | 该时期的流行名称 | 核心国家 | 诱发技术革命的大爆炸 | 工业革命及其区间 |
|---|---|---|---|---|
| 第一次 1771 年 | 产业革命 | 英国 | 阿克赖特在克隆福德设厂 | 第一次工业革命，1771—1875 年 |
| 第二次 1829 年 | 蒸汽和铁路时代 | 英国（扩散到欧洲大陆和美国） | 蒸汽动力机车"火箭号"在利物浦到曼彻斯特的铁路上试验成功 | |

续前表

| 技术革命<br>开始年份 | 该时期的<br>流行名称 | 核心国家 | 诱发技术革命<br>的大爆炸 | 工业革命<br>及其区间 |
|---|---|---|---|---|
| 第三次<br>1875年 | 钢铁、电力、重工业时代 | 美国和德国追赶并超越英国 | 卡内基酸性转炉钢厂在宾夕法尼亚的匹兹堡开工 | 第二次工业革命，1875—1971年 |
| 第四次<br>1908年 | 石油、汽车和大规模生产的时代 | 美国（起初与德国竞争世界领导地位），后扩散到欧洲 | 第一辆T型车从密歇根州底特律的福特工厂出产 | |
| 第五次<br>1971年 | 信息和远程通讯时代（包括机器人） | 美国（扩散到欧洲和亚洲） | 在加利福尼亚的圣克拉拉，英特尔的微处理器宣告问世 | 第三次工业革命，1971年—21世纪70年代？ |
| 第六次<br>21世纪20—30年代 | 新能源、新材料、纳米技术、生物电子、3D打印机 | 美国、日本、欧盟和中国 | — | |

与此同时，全球化红利已随着美国技术的扩散、中国和印度等国纳入到全球化体系的剩余劳动力的枯竭而步入到递减阶段，这将导致利益分配的模式以及由此产生的经济政治交往模式发生重大的调整。2008年以后世界贸易冲突以及地缘政治都发生了重大变化，其中标志性的拐点就是：美国提出的TPP和TTIP将区域性贸易协定推上顶峰，并将取代多边贸易协定的作用；美国重返亚洲战略的全面实施，东亚地缘政治全面激化。这些国际政治经济关系将严重影响下一阶段世界经济增长的状况。

此外，收入分配的两极分化和劳资分配关系的恶化是全球经济下滑的另一个结构性因素，全球性收入分配改革已在世界各国全面拉开。

按照联合国贸发会议的统计，全球劳动者收入占产出的比重已经由20世纪80年代的62.5%下降到2012年54.2%的水平（见图2—14）。在过去32年的全球化浪潮中之所以出现这种状况，其核心就是在技术扩散和发展中国家剩余劳动力纳入到全球化过程中，资本和技术成为稀缺要素，从而导致世界劳资关系严重偏向于资本，导致劳动所得严重弱化并导致世界两极分化。这种两极分化是导致消费不足、金融泡沫的最核心的根源。正如克鲁格曼所言，2005 年美国收入最高的 1％的人群的收入占总收入的 17.4％，收入最高的 10％的人群的收入占总收入的 44.3％，已经大大超过第二次世界大战以后的水平，与 20 世纪 20 年代大危机前的水平相当，这种两极分化是美国 2008 年爆发金融危机的核心根源。而治理的模式就是要采取类似罗斯福新政的政策举动，扩大社会安全保障的覆盖面，缩小贫富差距。事实上，包括世界两大经济体美国和中国在内的一些国家都在危机后掀起了收入分配和社会福利制度的大改革。

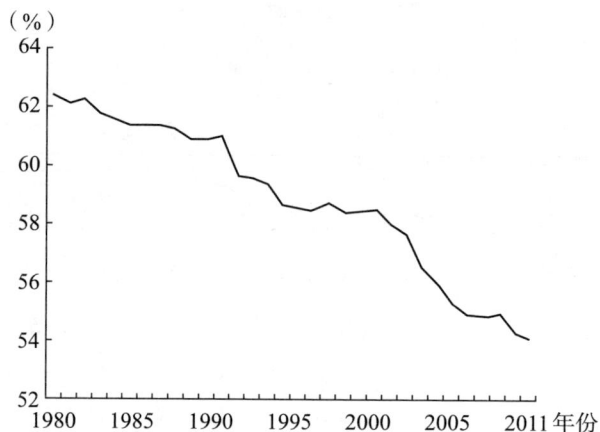

图 2—14　全球劳动者收入占产出的比重（加权平均百分比）

金融危机的爆发和全球化红利的递减同时也标志着世界经济不平衡逆转以及相应的世界经济结构调整的开始。全球不平衡在急剧收窄后可能在低水平保持稳定。2008—2011 年间全球贸易顺差占 GDP 的比重缩小了接近 0.8 个百分点，其中中国贸易顺差占 GDP 的比重从 2007 年的 10.1％下降到 2011 年的 2.8％，美国贸易逆差率从 2007 年的 6％下降到 2011 年的 2.3％。经过这四年不平衡快速逆转之后，全球不平衡开始稳定在一个新的低水平上（见图 2—15）。这意味着世界贸易快速回落期已经结束，各国贸易增速和经常账户差额将在低水平线上波动，难以重返过去的状态。这也将意味着依存于传统技术创新红利、全球化红利和全球不平衡持续扩张的经济发展模式都将陷入困境，必须通过大调整和大改革适应新的世界生产力与经济基础的变化。

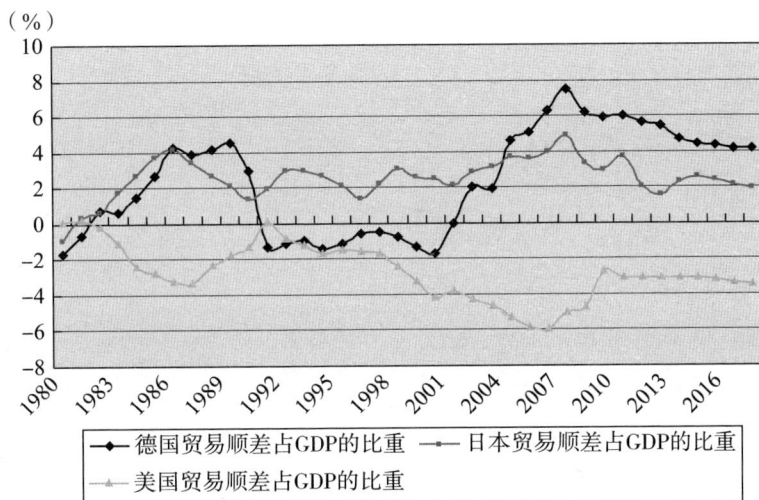

图 2—15　世界部分主要国家贸易顺差占 GDP 的比重

　　一是几大并存的增长模式必须做出调整。美国的"创新＋金融＋过度消费＋高赤字"模式、欧洲的"一体化＋福利化＋高债务"模式、中国的"高储蓄＋高投资＋高出口＋高污染＋高能耗"模式、俄罗斯和澳大利亚等国的"高资源出口＋资源依赖型"模式等必须做出调整。而这些调整主要体现在：美国提出了"再工业化计划"、"出口倍增计划"、全民医疗改革计划、扶贫计划；欧洲提出了包括财政、金融、社会保障、劳工等在内的一揽子结构改革方案；俄罗斯、印度等国提出了大规模基础建设以及反腐败调整；中国在十八届三中全会提出了全面深化改革的宏伟蓝图。例如表 2—6 就是 OECD 对部分国家为"寻求增长"而采取产品市场改革的建议。

**表 2—6　　OECD 对部分国家产品市场改革的建议**

| | 澳大利亚 | 奥地利 | 比利时 | 加拿大 | 智利 | 捷克 | 丹麦 | 爱沙尼亚 | 欧盟 | 芬兰 | 法国 | 德国 | 希腊 | 匈牙利 | 冰岛 | 爱尔兰 | 以色列 | 意大利 | 日本 | 韩国 | 卢森堡 | 墨西哥 | 荷兰 | 新西兰 | 挪威 | 波兰 | 葡萄牙 | 斯洛伐克 | 斯洛文尼亚 | 西班牙 | 瑞典 | 瑞士 | 土耳其 | 英国 | 美国 | 巴西 | 中国 | 印度 | 印度尼西亚 | 俄罗斯 | 南非 |
|---|---|---|---|---|---|---|---|---|---|---|---|---|---|---|---|---|---|---|---|---|---|---|---|---|---|---|---|---|---|---|---|---|---|---|---|---|---|---|---|---|---|
| 降低整体经济的监管负担 | | | | | | | | | | | | | | | | | | | | | | | | | | | | | | | | | | | | | | | | | |
| 降低进入成本和法律障碍 | | | | | | | | | | | | | ✓ | | | | | ✓ | ✓ | | | | | | ✓ | ✓ | ✓ | | | | | | | | | | | | | | ✓ |
| 放松企业退出 | | | | | | | | | | | | ✓ | | | | | | ✓ | | | | | | | | | | | | | | | | | | | | | | | |
| 提高监管的透明度 | | | | | | | | | | | | | ✓ | | | | | ✓ | | | | | ✓ | | | | | | | | | ✓ | | | | | ✓ | | | | ✓ |
| 简化许可和许可证体系 | | | | | | | | | | | ✓ | | ✓ | | | | ✓ | | | | | | | | | ✓ | | | | | | | | | | | ✓ | | | | |
| 强化竞争框架 | | | | ✓ | ✓ | | | | | | | | | | | | ✓ | ✓ | | | | | | | | ✓ | | | | | | | | | | | | | | | |
| 减少公有制介入 | | | | | | | | | | | | | ✓ | | | | | ✓ | ✓ | ✓ | | | | | | | | | | | | ✓ | | | | | ✓ | | ✓ | | |
| 减轻具体部门的监管负担 | | | | | | | | | ✓ | | | | | | | | | | | | | | | | | | ✓ | | | | | | | | | | | | | | ✓ |
| 能源和其他网络部门 | ✓ | ✓ | ✓ | | | | | ✓ | ✓ | ✓ | ✓ | ✓ | ✓ | ✓ | ✓ | | | | ✓ | | | ✓ | | | | ✓ | ✓ | ✓ | | ✓ | | | | ✓ | ✓ | | ✓ | ✓ | | ✓ | ✓ |
| 零售贸易及专业服务 | ✓ | | | ✓ | | | ✓ | | ✓ | ✓ | ✓ | ✓ | ✓ | ✓ | ✓ | | ✓ | ✓ | ✓ | ✓ | | | ✓ | ✓ | ✓ | ✓ | ✓ | ✓ | ✓ | ✓ | | | | | | | | | | | |
| 减少 FDI 和国际贸易的障碍 | ✓ | | | ✓ | | | | | | | | | ✓ | | | | | | | | | | ✓ | | | | | | | ✓ | | | | | | | | ✓ | ✓ | | |

二是世界经济的公共治理结构将进行改革。其核心理念就是纠正世界经济市场失灵的核心需要世界各国政府协同地进行干预和世界性治理组织的构建，因此一方面要强化世界各国宏观经济政策的协调，另一方面要改革现有的世界经济协调组织，赋予其宏观调控和干预的功能。

在世界经济摆脱经济危机最困难的时点之后，各国宏观参数的改善将促使各国政府陆续推出危机时期采取的各种非常规刺激政策，从而宣告世界经济步入"宏观经济政策的大调整期"。

如前文所及，世界宏观经济政策大调整期到来的标志性事件就是美联储宣布退出 QE 政策。由此可见，如果美国宏观数据全面改善，非常规货币政策全面退出，未来世界经济的波动将不可小看。根据分析报告的预测，以实际产出和失业率作为预测的核心参数，美国联邦基金利率的提高将发生在 2014 年 7 月至 2015 年 12 月，贴现率的提高将发生在 2015 年 12 月，国债的减持将发生在 2013 年 11 月至 2015 年 2 月。

从世界经济周期性参数的测算来看，世界经济依然处于周期的低迷期，产出缺口和周期性增速都处于负值状态，但从 2015—2016 年的变化来看，周期性力量开始缓慢地逆转，上行期可以期待。

图 2—16 和表 2—7 分别表示了国际货币基金组织测算的发达国家和金砖国家的产出缺口，从这些数据来看，近几年来全球的产出缺口都为负，并高于 20 世纪 90 年代的最高值，说明世界经济依然处于下行期，但是发达国家产出缺口在 2013 年和 2014 年可能缩小，这说明世界经济可能处于周期逆转的转换期。当然，值得我们注意的是，对于金砖国家的周期性速度的测算我们可以清楚地看到，这些国家经济增速的回落除了潜在经济增长速度的回落，还存在周期速度的更大幅度回落。因此，即使对于世界而言，我们也不能把所有经济增长的回落归结到基本参数变化带来的结构性问题之上，任何经济的大萧条和大危机都有周期性的因素。

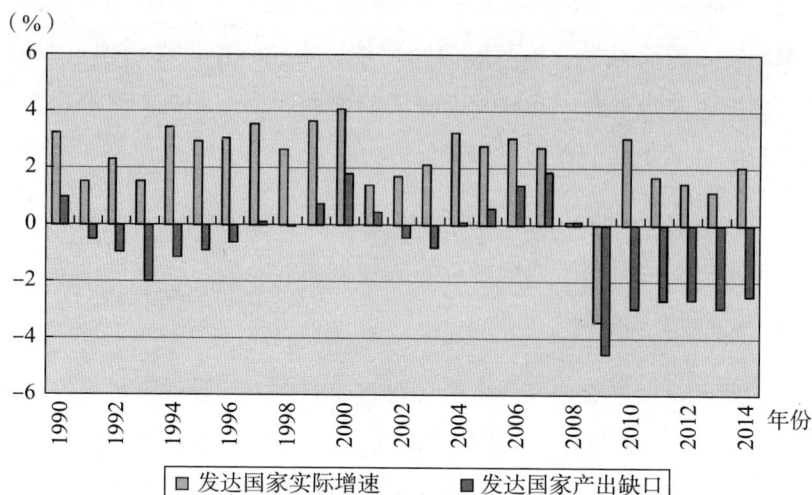

图 2—16　发达国家产出缺口依然为负，未来有所收窄

表 2—7　　　IMF 测算的金砖国家的实际增速、潜在增速、周期性增速与产出缺口　（%）

| 国家 | 年份 | 实际增速 | 潜在增速 | 周期性增速 | 产出缺口 |
|---|---|---|---|---|---|
| 巴西 | 2011 年 | 2.7 | 3.2 | −0.5 | 0.8 |
| | 2013 年测算 | 2.7 | 2.8 | −0.1 | −1.1 |
| | 变化 | 0 | −0.4 | 0.4 | −1.9 |
| 中国 | 2011 年 | 9.3 | 8.9 | 0.4 | 0.9 |
| | 2013 年测算 | 7.7 | 8.0 | −0.3 | −0.6 |
| | 变化 | −1.6 | −0.9 | −0.7 | −1.5 |
| 印度 | 2011 年 | 7.4 | 7.3 | 0.2 | 0.6 |
| | 2013 年测算 | 4.3 | 5.7 | −1.4 | −1.9 |
| | 变化 | −3.1 | −1.6 | −1.6 | −2.5 |
| 俄罗斯 | 2011 年 | 4.3 | 2.5 | 1.7 | −0.8 |
| | 2013 年测算 | 1.2 | 2.0 | −0.8 | −0.7 |
| | 变化 | −3.1 | −0.5 | −2.5 | 0.1 |
| 南非 | 2011 年 | 3.5 | 2.6 | 0.9 | −0.3 |
| | 2013 年测算 | 2.1 | 2.4 | −0.3 | −0.5 |
| | 变化 | −1.4 | −0.2 | −1.2 | −0.2 |

　　我们看到，世界经济进入技术周期的拓展期、全球化红利的递减期、增长模

式的调整期、制度体系的改革期、宏观经济政策的大调整期以及周期逆转的交接期。这就决定了中国依附于全球不平衡的增长模式、依附于全球化红利的分配模式、与全球宏观经济政策相协调的宏观经济政策、与全球技术周期相对应的技术创新模式以及与全球周期基本一致的周期定位都必须做出相应的调整。因此，从世界经济的视角来看中国经济，我们会惊奇地发现：

第一，中国经济的周期变化与世界经济周期性的变化高度相关，世界经济在走出危机状态后的周期逆转在很大程度上决定了中国经济周期的逆转，2013—2014 年中国可能处于周期逆转的关键点。

第二，中国经济结构的大调整和增长方式的转型在本质上是世界经济结构与增长方式调整的一部分，中国结构大调整不仅取决于中国自身的发展阶段、制度特性以及其他具有中国特色的各种因素，同时也取决于世界经济结构和增长方式的调整，中国结构调整的方向、路径、速度以及最终的目标不应当是基于封闭体系臆想的产物，还必须根据世界技术创新模式、分工模式、交换模式的变换状况来进行科学规划和演化调整。

第三，中国为结构调整服务的大改革在本质上不仅决定于中国政治经济的内生矛盾，同时也是世界大改革的组成部分，中国改革还必须增加全球结构性改革以及全球改革大竞争的视角。

第四，中国宏观经济政策的再定位必须充分考虑美国宏观经济政策的调整。

# 03

## 世界经济中的中国坐标

## 世界工厂的"被动"与"主动"

### "雁型模式" 与国际产业转移的"击鼓传花"

20世纪60年代以来,东亚区域的经济跑道上演着产业跨国转移的接力赛。参赛队员依次是:发达经济体日本→新兴工业化经济体(即中国香港、韩国、新加坡、中国台湾)→东盟四国(即印度尼西亚、马来西亚、菲律宾、泰国)→中国大陆、越南等实施对外开放战略的发展中国家和地区。在这一以阶梯式产业转移为特征的"雁型模式"中,引领雁阵的雁头,正是第二次世界大战后从美国手中夺过"世界工厂"桂冠的日本(见图3—1)。

1985年底,中国政府放宽吸引外资的政策,鼓励出口导向型外资企业到中国投资建厂,中国香港等经济体的资本大举进入中国内地。在要素自由流动与合理配置的基础上,中国不断动态承接世界先进产业的动态转移,实现了产出的极大增长。20世纪90年代中后期,中国老百姓向短缺说再见,形成了新中国成立

图 3—1　国际产业转移的"击鼓传花"（冯婷　绘）

以来从未出现过的物质丰富。世纪之交以来的经济学学生很少有人再去像他们的老师那样，研读匈牙利经济学家科尔奈风靡一时、描述社会主义经济的著作《短缺经济学》。

1997—1998 年的亚洲金融危机之后中国从日本手中接过"世界工厂"的接力棒。从某种意义上讲，中国是"被"世界工厂的。亚洲金融危机搞乱了世界金融的外围东南亚，但作为世界经济和金融的中心，欧美在全球配置资源的功能并未受到危及和伤害，它们的需求仍然存在，仍在增长。

在东南亚经济体的生产体系受到重创的情况下，欧美的订单落向了中国。而当时中国自身的生产能力不足以完成海量的订单，怎么办？华尔街、伦敦城发挥了金融的基本功能：在全球有效地配置资源。外商直接投资纷至沓来，带来了资金、带来了设备、带来了技术。中国廉价的土地、劳动、环境要素吸引着它们，中国广阔的市场召唤着它们，个别年份中国吸收的外资甚至超过美国位列世界第一。

中国那时的订单是欧美给的，生产能力是外资建的，鼓声中的红花一下子被塞到中国手中，于是中国成为了新任"世界工厂"，从此嵌入全球产业链，成为其中不可或缺的一环。中国过剩产能的形成、经常账户的顺差以及全球第一的外汇储备，都是国际垄断资本全球配置资源的结果。

对于中国经济自身的发展而言，中国"被"世界工厂有喜有忧。喜的是中国借此更加深入地融入了势不可当的经济全球化洪流，就业岗位增多，经济增长高歌猛进，产业结构逐步转型升级，生产者与消费者福利提升，政府、企业和居民收入大幅提高。忧的是中国在贸易失衡的路上似乎一去难返，同时又在全球价值链中长期处于低附加值、高排碳的中低端生产环节。新产品试制、关键零部件的生产，以及销售、售后服务等环节都掌握在发达国家手中，模块零部件生产分散在韩国、中国台湾等新兴工业化经济体进行，而组装产品这种利润空间小的业务环节则转移到中国大陆进行。

每个现象背后的真相往往令人倍感惊讶。一台有 451 个零件的苹果 iPod 播放器，在美国的零售价为 299 美元，美国本土企业和工人获得了最多的 163 美元附加值，包括苹果公司 80 美元、分销及零售商 75 美元、零部件制造商 8 美元，日本获得的附加值为 26 美元，而中国只获得 4 美元的加工费。每台 iPod 出口到美国，就会使中国对美国的顺差增加约 150 美元。中国工人每生产一台 iPad 平板电脑，仅获得 8 美元收入，占其最终售价的 1.6%，而苹果公司每部 iPad 的利润为 150 美元，占其售价的 30%。相比 iPad 主要零部件产地韩国所获得的 34 美元，中国所分得的利润还不及其 1/4。

伴随着中国成为"世界工厂"，中国与其他经济体的贸易呈现出基于产业链分工的三角贸易表现形式。生产要素、产业结构的互补使得整个东亚区域形成了深度关联的国际分工体系。在此分工体系中，除了对中国香港由于转口贸易而存在顺差之外，中国内地对东亚各经济体都呈现经常账户逆差，对美国和欧盟等世界其他经济体呈现巨额的经常账户顺差，而东亚经济体对中国及对世界其他国家均是顺差。

换言之，尽管中国已成为越来越多的东亚发展中经济体最大的出口市场，但中国从其进口的很大一部分是用于对欧盟和美国出口消费品的投入。据估计，中国对美国和欧盟每加工出口 100 美元的产品，就有大约 35～40 美元贡献于东亚经济体的增长。世界贸易已形成东亚各经济体出口资本品、零部件等复杂中间产品，由中国加工组装为制成品，再向欧美市场出口的格局（见图 3—2）。

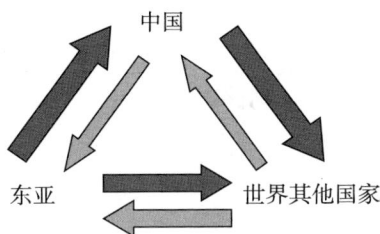

**图 3—2　中国整体贸易顺差的背后：对东亚的逆差**

注：浅灰色和深灰色箭头分别表示贸易的进口和出口，箭头的粗细表示贸易差额的大小。

与其他经济体相比，作为"世界工厂"的中国，外贸出口别具特色，即加工贸易曾经占到一半以上的比重，至今仍为四成上下。打个比方，中国好比一家面包店，一手进口面粉，加上必要的配料和人工成本，在店内烘制各式面包，另一手出口便宜又好吃的面包。面包总比面粉贵的简单道理也决定了最终产品的售价一定高于进口的原材料，中国的加工贸易产生顺差顺理成章。

我们一直所说的转变外贸增长方式要求提高加工附加值，然而附加值越高，产品的售价中中国获得的比重只能越高，贸易顺差也只能越大。这就造成了"平衡贸易"这一目标与"增加附加值"这一手段之间的矛盾。并且，人民币越升值，进口原材料以人民币计价的价格越低，出口制成品的价格越高，因此，只要产品能够卖出，加工贸易这一块的顺差就会越大。在当前的形势下，只有当中国经济过热，进口的原材料和初级产品更多地被用于国内生产部门而非出口生产部门时，中国才会出现贸易逆差。

## 温特制与全球生产网络的"磁吸效应"

第二次工业革命建立起现代大工业之后，以美国为代表的西方企业实行了福特制生产模式，将世界经济推向了新的增长阶段。在福特制下，脑、体分工绝对明确，流水线上的分工细微到无以复加，劳动生产率极大地提高，工业制成品的大规模生产与群众式消费成为可能。

20 世纪 60 年代，以丰田公司为首的日本制造业根据日本的文化传统和企业特点，将福特制与弹性生产方式有机结合，改组为丰田生产模式，推动了日本工业的现代化和企业的海外扩张。在丰田制下，工人是企业的长期资产，设计师与生产者无障碍地交流，及时随行就市的产出达到最为有效的规模。

在福特制与丰田制中，虽然许多产品具有多节点的价值链，但企业都是以全部价值链的整体来竞争。由于各价值节点尚未发展为独立的产业部门，单一价值节点对竞争结果的影响并不明显。福特制与丰田制两者的典型代表都是汽车工业。20 世纪 90 年代以前，"蓝色巨人"IBM 及其日本和西欧的竞争者所奉行的也都是福特制（部分包含丰田制）的生产方式，生产系统包括硬件、软件、售后服务以至融资租赁等垂直体系。

从 20 世纪 70 年代末个人电脑诞生开始，计算机产业具备了不同于福特制的水平分工基础。随着微软公司 Windows 视窗和英特尔公司芯片的软硬件的结合，整个计算机产业迅速从垂直型结构走向水平型结构。20 世纪后半叶尤其是 80 年代后期以来，在与福特制、丰田制的扬弃、交叉和磨合中，以标准为核心的温特制（Wintelism，温特主义）新型国际生产方式逐渐形成，成为高科技条件下适应经济全球化时代国际竞争的一种生产模式。

温特制的特征是：围绕着产品标准在全球有效配置资源，形成标准控制下的产品模块生产与组合，标准制定者在完成产品价值链的全过程中，在与模块生产者的分工中，最终完成以双赢为基础的控制。温特制下的全球生产网络以跨国公司为载体，以全球价值链上水平型或水平、垂直混合型的国际分工为微观形式，以基于生产阶段分工的产业内、产品内贸易急剧扩张为外在表现，极大地推进了经济全球化的深度与广度。

模块化生产、外包和大规模定制是温特制企业经营的三大法宝。与福特制仅追求规模效应和范围效应不同，集聚效应在温特制幕布下"分离与整合"的戏份中大显身手。正是模块化生产、外包，加之供应链管理及现代物流业的发展，使得温特制企业可以在短时间内实现新产品的大规模生产。

在温特制下，速度称雄。市场竞争的焦点既要保持产品的差异性，又要保证高技术产品问世、产业升级的速度，从而将产品的不断创新与大规模生产完美地结合起来，这大大缩短了传统的产品生命周期。新产品一旦投入市场，就必须依靠跨国生产体系，迅速完成全球市场扩张。如果不在产品生命周期的前期就扩张到其他市场，企业就难以实现规模经济，甚至无法收回研发成本。

为了获得产品生产的最大效率，伴随着全球生产网络的扩张，全球 FDI 持续增长，零部件、半成品等货物进行跨国交易的次数大大增加。20 世纪 90 年代以后，一些发达国家开始向发展中国家转移资本、技术双密集型产业，甚至将高技术产品生产中附加值较高的研发、加工制造及服务等工序环节也向少数发展中国家独立外移，形成了新型的外包加工。这种格局在使得输出者（主要是发达国家）成本优化的同时，也给了接收者（主要是新兴经济体和发展中国家）提升技术层次、优化产业结构的可能，形成了双赢的格局。见图 3—3。

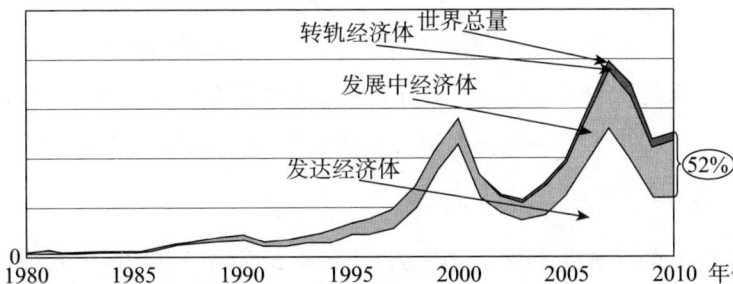

图 3—3　发展中经济体及转轨经济体在全球 FDI 流入量中的占比已过半

资料来源：UNCTAD, World Investment Report 2011, p. 3.

如果说，福特制是内部化的产物，丰田制是产业化的产物，那么，温特制则是经济全球化的必然结果。这种新型的跨国生产体系，重组了全球的产业结构，以对规模和成本的灵敏嗅觉，给东亚带来了新的机遇和挑战。在东亚区域生产网络中，水平型区域分工和贸易突破了传统的"雁型模式"，得到了迅速的发展。20世纪90年代中期以来，中国迅速成为该生产体系的委托加工（Original Equipment Manufacturing，OEM）基地。庞大的市场、低廉的成本、数量众多的优秀人才、良好的配套能力等有利条件使得中国成为全球新一轮产业转移的首选之地。

在中国采购已成为全球生产链上无法替代的一环。中国较为廉价的劳动力成本和工作达到标准的能力，使得众多跨国公司从中获益。大量跨国公司都将在中国建立供应链视为其全球战略不可或缺的部分。任何一家国际知名高科技公司要完成设计、采购、生产、销售的一连串工作，都无法脱离中国市场。

作为东亚区域生产网络中的重要枢纽，中国大陆从日本、韩国、中国台湾引进资金、技术、机械设备，进口高端零部件和模块零部件，从东南亚各国进口资源性产品、第一产业产品和中间产品，从新加坡和中国香港获得金融、法律与贸易服务，然后进行产品的加工、组装、制造和包装，再将制成品出口至北美和欧洲国家，或用于满足国内消费需求。

1978年中国改革开放之初，中国的出口额位列世界第32位。切入全球价值链，融入全球及东亚区域生产网络，使中国的出口在1990年、2000年、2009年分别以620.9亿美元、2 492亿美元、12 016亿美元的金额跃升至世界第15位、第7位和第1位。自2002年以来，除了2009年受到全球金融危机的影响之外，中国的出口均保持了较高的增速。出口需求成为多年来中国经济高速增长的重要拉动力量之一。2013年，呈现出经济"新常态"的中国出口贸易额为2.21万美元，同比增长7.9%。

依赖于强大的品牌效应及营销服务网络的全球布局，发达国家获得了全球产业价值链中最大的利润部分，而中国则仅处于附加值相对较低的生产环节，只获得加工组装的利益。欧美等发达国家虽然呈现经常账户逆差，但其自身的产业结构决定了逆差未必减少其就业，反而会增加研发、海运、营销、金融等环节的就业。与此相对应，发达国家的制造业的制造过程在不同程度上呈现出"空洞化"的趋势。

由此可见，受到市场力量的自发驱动，中国在全球生产网络中处于加工装配中心的地位。通过贸易投资网络，中国与其他经济体形成了产业链或某些生产环节上的竞争与合作，形成了失衡中的平衡，形成了标准和规则的制定者与落实者的共赢。

目前，中国已经真正成为世界产品加工中心，世界最大的产品供给者之一，最大的商品与服务吞吐国之一。作为中国经济与世界经济相互依存的市场载体，全球生产网络仍将发挥双向"磁吸效应"。中国经济离不开世界，世界经济也需要中国，中国的发展已成为世界经济发展的有机组成部分。

# 发展模式的"长板"与"短板"

## 小成本、大规模：中国禀赋的"绝杀秘籍"

作为中国基本国策之一的改革开放，要求中国在自力更生、平等互利的基础上，积极对外开放，全面进入国际市场，参加国际分工，贯彻国际经贸惯例，适当开放关境，使得国内外的要素投入、经济产出得以顺畅地双向流动，国内外市场能够更好地对接、融合，从而促进中国的经济发展。从这点出发，随着融合程度的加深，外部环境对中国经济的影响必然日益加强，中国经济的发展过程也必然是持续不断地融入世界经济的过程。

一个经济体在国际分工中所获取的附加值是由其分工地位决定的，而其分工地位主要是由其要素资源禀赋决定的。一般而言，技术要素丰裕的经济体侧重于研发和设备；资本要素丰裕的经济体偏重于营销；劳动要素丰裕的经济体则多从事产品的加工制造，而科学研发和品牌经营属于薄弱环节，国际贸易中加工贸易的比重较大，"两头在外"、"大进大出"，中国就属于这种情形。

根据"两利相权取其重，两弊相衡取其轻"的比较优势原理，中国在国际分工中发挥了劳动力众多、报酬低廉的优势。中国按照入世承诺，完善外资产业政策，加强知识产权保护，优化外商投资环境，实现了外国资金、技术与本国劳动要素的结合，达到了发展自身经济并实现双赢的目的。

中国有句俗语，"靠山吃山，靠海吃海"。地理环境与资源禀赋的显著差异决定了中国与世界其他经济体的产业结构有着表现各异的互补性。国内的产业结构决定着一国的贸易结构，资源、劳动、技术、市场、土地、环境等多种要素的禀赋差异所决定的互补性为中国参与国际经贸往来提供了基础条件。

虽然中国地大物博，多数资源能够做到自给自足，但有两样资源是紧缺的，一个是石油，另一个是富铁矿，此外还有隐藏其后的木材和纸张……这些却是东南亚、非洲、澳大利亚、中东的资源富国取之不竭的财富源泉。以俄罗斯为例，中俄双方的资源互补性很大，中国缺自然资源、缺原油，俄罗斯缺人力资源、缺小商品，双方互为彼此互补性极强的巨大市场。

中国销售 8 亿条牛仔裤所获的利润勉强可以换回一架空客 380 的飞机。作为中国的第一大出口市场、第一大技术引进来源地和第二大进口市场，欧盟与中国双方经济高度互补、各有所长。当"欧洲设计"遇上"中国制造"，当"欧洲技术"遇上"中国市场"，双方相得益彰，协同效应巨大。

中国与美国的贸易互补在中长期远超竞争，"中国制造"与"美国制造"很少正面交锋，中国作为"世界工厂"更需要美国市场，并不乐见美国人变得勤俭节约、减少购物。美国发达的虚拟经济需要中国强大的制造业打底，这是真正的双赢。不仅如此，中国人对一次性筷子、牙签和婴儿纸尿裤的庞大需求也开始为美国创造就业岗位。

中国与日本的中小企业互补性很强，前者具有丰富、优质的劳动力，后者技术含量较高，管理较严谨，进入国际市场较早，贸易、技术、投资都是双方合作的重要领域。中日贸易互补性的典型领域之一是食品贸易，中国食品出口的1/4进入了日本的市场，在日本的餐桌上，九成的大蒜、花生和蘑菇来自中国。

中国与经济发展水平类似的发展中国家同样存在着较好的互补性，这种互补更多地以产业内贸易的形式促进双方的经济发展。例如，中国与马来西亚、泰国在办公机械、电器、自动数据处理设备方面，中国与印度尼西亚、菲律宾在钢铁、机械及运输设备方面，都具有较好的互补关系。在纺织服装业领域，中国与东盟尽管存在着竞争，也不乏互补性：其一，中国是棉花大国，东盟70%的棉纺原料依赖进口；其二，东盟国家技术设备的自我更新欠缺，而中国的纺织机械不但自给有余，还批量出口；其三，双方服装产品的原料及款式各有侧重，出口产品结构相得益彰。

基于产品技术不同发展阶段的产品生命周期理论，同样启迪了勤劳智慧的中国人。"风水轮流转，明天到我家"。随着不断承接国际产业转移和生产别国传递过来的成熟产品，中国一次次刷新着经济高速增长年限的世界纪录。靠技术引进和自主研发"两条腿走路"，中国还为未来迥异于西方国家的"低成本创新、大规模生产"模式奠定了坚实的基础。在与世界巨头的竞争与合作中，中国企业不失时机地提升了自身的竞争力。

如果说求同存异是中国的一种政治智慧，那么寻求差异互补、因势而为、同中求异则是中国在国际分工中的常胜之道。

## 低利润、高份额：中国制造的"市场法则"

全世界苹果迷手上的iPad都是在中国生产的，其中有2/3在四川成都、重庆生产，1/3在广东东莞生产。除了寻求差异互补，规模经济是中国经济制胜的另一秘籍，而且在传统比较优势日渐丧失的情况下，规模对中国经济的意义越来越重要。与众不同的是，中国的规模收益不体现为赚取更多的超额利润，而体现为能够把价格压得更低，实现低利润条件下的市场份额最大化。

全世界企业追求的是利润最大化，这既符合经典的经济学理论，也符合世人的基本认知。而中国人做产业的最大特点是：以微利甚至是零利润为手段，去竞争最大的世界市场份额。于是有了"中国买啥啥贵；中国卖啥啥便宜"的说法。产业界出现了两句警语：一句是，什么东西千万别教会中国人生产；第二句是，一旦中国人生产，你千万别生产。以美国的制鞋业为例，21世纪初，美国每进口100双鞋，其中97双来自国外，近七成来自中国。之所以在美国没有出现2004年9月西班牙埃尔切市的"烧鞋事件"，就是因为美国的制鞋工人数少，转型较好，变成了卖鞋的，美国的制鞋业属于"安乐死"。

当日本、美国等技术创新国把电视机、录像机、DVD、汽车等产业的接力棒传递到960万平方公里的神州大地，在产品生命周期前期早已成熟的产品技术无须中国工人再修修补补，通过进口消费已经形成的国内需求市场也无须中国企业再刻意培育。以成本和规模为利器的中国绘出了一条陡直上升的生产曲线。"醉翁之意"不在利润，而在份额。在世界市场的竞技场上，不按规矩出牌的中国出其不意地克敌制胜，以缺乏自主品牌的海量产品让全世界的品牌为之颤栗。

中国的自然资源相比庞大的人口规模而言并不算丰厚，中国人的整体素质也具有"双元"分化的特点，劳动生产率相对不高，中国没有足以形成世界性产业的高科技，中国的金融发展水平仍不发达，支撑经济发展的工程科学意义上的创新和社会科学意义上的创新这"车之两轮"、"鸟之两翼"都逊色于主要的发达经济体。然而，貌似"一无所长"的中国却赢得了市场、震撼了世界，做到了另类意义上的"四两拨千斤"，这恰恰是中国唯一的长处。

根据英国《金融时报》的报道，2010年，中国已占世界制造业产出的19.8％，略高于美国的19.4％，已成为全球制造业产出最高的国家，把美国赶下了其盘踞110余年的最大商品生产国的宝座。经济史学家认为，中国占全球制造业产出的份额在1830年几乎达到30％，在1900年降至大约6％，在1990年进一步降至大约3％。自那以来，得益于较低的劳动力成本及来自外企的强劲投资，中国一直在快速追赶美国。

进入 21 世纪，在全球年产各类鞋量 150 亿双的份额中，"中国制造"已超过 100 亿双，占全球制鞋总量的 67％，是全球最大的鞋类制造基地和鞋类出口国。市场调查机构 Display Search 于 2011 年 11 月公布的数据显示，2011 年前 9 个月，在全球液晶电视市场销量的前十名中，已有 TCL、海信、创维三家中国企业，长虹、康佳也进入销量榜的上游。中国企业在全球液晶电视市场的占有率已上升到 20％以上，对占有率分别为 36％和 30％的日本和韩国形成了实质威胁。在占领了本国市场的同时，中国企业已把眼光瞄向海外。入世十余年，中国纺织服装产品的出口已经占到世界市场份额的 1/3，但仍处于"赚吆喝、不赚钱、招贸易摩擦"的困境中。

早已扬名海外的华为公司效法它在电信设备市场已获成功的做法，通过低价销售产品来打压竞争对手以获取市场份额。2011 年，华为的智能手机销量跃升 500％至 2 000 万部，2012 年这一销量又增加了两倍。华为生产的更为廉价的智能手机给中国台湾的 HTC 等企业造成了压力。转战网络设备市场的华为同样被思科公司的 CEO 钱伯斯列为自己公司最强大的竞争对手。

当前，尽管东南亚经济体的基础设施、配套生产体系、消费需求、法制、金融等条件并不如中国完善，但由于中国劳动、土地、环境等要素成本的上升，外资已逐渐开始向热情敞开怀抱的东南亚经济体转移。从 2012 年秋冬开始，消费者看到，在凡客诚品一些衬衫的吊牌上，标注的产地将不再是清一色的 China，而出现了"Made in Bangladesh"（孟加拉国制造）。归根结底，"中国制造"先是以劳动力成本低廉的比较优势，后是以规模经济和完善的配套取胜。如果说，美国华尔街高度发达的金融体系将虚拟经济做到了极致，那么，在特有的国情下，"中国制造"至少是在扩大市场份额方面把实体经济做到了极致。

尽管在观点倾向保守的美国研究机构——美国工商理事会的研究员艾伦·托尼尔森口中，最大制造国地位的易手是美国接到的一个"叫醒电话"，不过，美国拥有巨大的生产率优势：美国在 2010 年的制造业产出仅略低于中国，但美国制造业只有 1 150 万名工人，而中国制造业雇用了 1.5 亿人。并且，在中国的制造业产出中，很大一部分来自美国企业的中国子公司，而且基于源自美国的技术，尤其是在电子等领域。

应当讲，"低利润、高份额"之路是不可持续的。一方面，中国需要深谙国际分工之道，学会双赢、多赢和共赢。另一方面，"中国制造"亟待提高质量、转型升级。在产品生命周期内，不要以为获得高科技就是为了抬高价格，获得高利润。其实，高科技有时能赋予我们的产业另外一个竞争武器，即高效率下的低成本。低成本加高科技，将成为中国产业升级后在全球市场上所向披靡的武器（见图3—4）。

图3—4 "中国制造"横扫世界，渴望质变

资料来源：来源于网络。

## 产业升级的"梦想"与"现实"

"条条道路通罗马"。在通往经济发展的道路上，没有普世、固定的模式可循。面对着风云诡变的世界经济，没有成功的模式可以复制，只有事实的案例可以借鉴。今天的天堂也可能是明日的地狱，今天的成功甚至可能是明日的催命符。面对着世界经济的惊涛骇浪，只有不断调整自己的航向，避过暗礁，迎着风

雨，中国经济这艘巨轮才能继续乘风破浪，直济沧海，终达胜利彼岸。

美国总统奥巴马曾在一次对澳大利亚的访问中明确指出，中国10多亿人口绝对不可能像美国人或澳大利亚人那样生活。如果真这样了，那将会是整个地球的灾难。奥巴马的这个判断首先就说明了美国模式的不可持续性。发达国家的成功，中国无法复制，今天的中国不是发达国家过去的翻版，发达国家今天的经济增长模式也不会是中国明天的发展道路。尤其是美国今天增长的路径更不可能是中国明天经济发展必须要走的路。

中国已经认识到了目前的经济模式需要变革，问题是怎么变革、朝哪个方向变革。伴随着中国经济的高速发展，改革中所累积的矛盾日益凸显，后危机时代中世界经济形势的不确定性，也使中国面临的各种可能性风险越来越大。当面临经济模式的焦虑、公平效率的两难、路径探索的忧叹、中等收入的陷阱等诸多问题时，如何明确中国在世界经济体系中的定位，融入经济全球化的汹涌大潮中，这需要中国经济的大船掌好舵、划好桨，不断调整自己的航向。

在被称为"改革元年"的2014年，习近平总书记提出了"新常态"的重大战略判断，深刻揭示了我国经济发展阶段的新变化，标志着中国经济进入了更高层次的发展阶段。所谓新常态，就是指不同以往的、相对稳定的状态，实质上是经济发展告别过去传统粗放的高速增长阶段，进入追求质量、效益、可持续的中高速增长阶段。从总体上看，新常态主要有四个特征：一是中高速增长，经济增速换挡回落、从过去10%左右的高速增长转为7%～8%的中高速增长；二是结构优化，经济结构发生全面、深刻的变化，不断优化升级；三是动力转换，经济将从要素驱动、投资驱动转向创新驱动；四是挑战增多，面临新的挑战，一些不确定性风险显性化。

中国经济新常态不是指一个新的周期，而是指一个新的时期。在这一时期，中国宏观经济调控和实施各项改革的难度前所未有。新常态的条件下最为关键的，就是要把对经济增速的关注，真正回归到发展必须是遵循经济规律的科学发展，遵循自然规律的可持续发展，遵循社会规律的包容性发展，促进社会公平正义和增进人民福祉上来。对我们来说，只有深刻认识新常态，积极适应新常态，保持定力、顺势而为、积极有为，才能在新的起点上更好地推动转型发展。

## 中国发展的"成长"与"烦恼"

如果从 1949 年中华人民共和国成立，计算到其成立 60 年，即 2009 年，正好可以分为改革开放前的 30 年和改革开放后的 30 年。如果把 60 年中国的新增财富即 GDP 加在一起，大约是 250 万亿元人民币，改革开放前的 30 年仅仅生产了中国经济新增财富的 2%，而改革开放后的 30 年则积累了 60 年来中国经济新增财富的 98%，在这其中，中国加入 WTO 之后的 8 年多时间，新增长的财富就占到了这 60 年新增财富的 2/3。因此，改革开放对于中国经济发展的作用怎么评价都不为过。

30 年前，中国人也根本无法想象在改革开放 30 年后会变成"世界工厂"。"Made in China"产品的竞争力在世界上同样引起震撼，而这种震撼并不是因为中国生产出了多少具有核心竞争力的高科技产品，相反，这种震撼来源于，虽然所有人都认为中国没有掌握核心科技，却又都不得不承认中国的产品在国际市场上的竞争力。

但更令中国人感到困惑的是，这 30 多年来中国的 GDP 以每年平均 9.8% 的速度增长，30 多年走完了许多国家近 200 年的路，令 13 亿人基本脱贫，这种增长改变了其自身、震撼了世界。可是突然全世界包括中国人自己都在说：这个模式不可持续了，必须变革！这十分让人费解。

外向型发展模式受到挑战的事实，日渐成为进行产业发展模式调整的助推力，但这并不表明中国必然要放弃外需，未来的世界经济，竞争与合作肯定并存，全球的贸易摩擦将成为常态，中国必须适应这种常态。

社会与环境的"双赤字"问题同样也困扰着中国。社会赤字是指世界经济增长的成果只被一小部分人享受，而非普遍共享，即财富在富人与穷人之间的分配不均衡。世界经济的现实是，在社会福利普遍提高的同时，收入差距却越来越大。2013 年，中国的基尼系数为 0.473，十年来几乎一直没有太大的变化，有学者认为中国现已成为收入分配差距极大的国家。中国百姓所关心经济、教育、医疗、文化等方面的一流资源仍集中于北京、上海、广州、深圳等一线城市。很多人认为，现在的这种收入分配是不公平的。而如果说公平等同于共享世界经济和中国经济发展的成果，不公平则说明了放任自流的经济发展模式是不可持续的。因此，"共享型增长"才体现了经济发展成果全世界共享的内涵。

环境赤字也在威胁着世界的明天，如中国目前除了青藏高原，大部分地表水都已不能直接饮用，酸雨区范围呈扩大趋势，中国面临着环境上的极大压力。2010 年，中国有 124 万人因空气污染而过早死亡。2013 年以来，中国出现了多次全国性的空气雾霾污染，如果考虑到涉及人口之多、范围之广、时间之长和污染物之有害程度，这恐怕是全球范围内最严重的空气污染灾难，造成了巨大的生命与健康损失。北京市卫生局 2013 年披露，2002 年，每 10 万北京居民中的肺癌发病人数为 39.56，而到了 2011 年，这一数据已激增至 60.09。

社会与环境的"双赤字"是中国经济前行道路上不论如何也绕不开的暗礁，稍有不慎，中国的经济巨轮便会触礁搁浅。可以说，中国要想继续前行，就不得不开始反思如何减少世界经济的社会与环境"双赤字"，开始关注生态、关注环境、关注贫富差距的缩减，共享型经济增长模式可能是最好的解决途径。社会赤字、环境赤字的偿还，实际就是增加生活、生产的成本，进而也就是必须改变经济增长模式和结构，改变人们的生活方式。世界经济的未来需要资源最优配置、福利的共享与可持续的增长。据此，经济政策可以在促进社会生产力提高，即实现经济发展模式升级和转型的基础上，逐步建立起一种可以共享社会财富的机制，从而提高人们的生活水平。

"可持续"从本质上来讲，不仅仅是同时代、不同地域的横向包容，更是当代人和后代人能够实现资源共享的历史性的纵向包容。所谓的可持续发展，不仅是生产方式，更是生活方式、工作方式和行为方式的可持续。人类，尤其是"富人"，只有改变生活方式，才能够减缓和遏制生态环境恶化，实现人与自然界的和谐、人与人的和谐、人与人代际之间的和谐。

从全世界的角度看，有的国家是靠"卖东西"发展，如澳大利亚卖铁矿石，沙特阿拉伯、科威特卖石油；有的国家主要靠"卖力气"发展，比如说中国。中国外贸的50％都是在做加工贸易，实际上就是在"卖力气"。

卖资源密集型产品与卖劳动密集型产品的区别在于，许多物质资源要素越用越少，早晚有彻底用完的一天。自然资源如石油、树木、矿产等，都有被抽干、砍光和挖光的一天，金钱也有通过金融渠道流入他人钱包的可能，因此，卖资源是不可再生、不可持续的。唯独中国具有优势的经济要素——人力，是可再生、可持续的。人累了、困了或者饥饿，通过休息或饮食的补充便可很快恢复，并且，使用劳动力的过程并不会使力气越用越少，反而是越使用，在人身上所积累的劳动熟练程度就越高，非熟练工会逐渐转变成熟练工，实际上就是人力资本在增值，而且"子子孙孙无穷匮也"，具有可持续性。中国高性价比的劳动力将始终是中国经济发展的重要基础，"卖力气"就是中国的比较优势。

如果在"干中学"的过程中，中国人逐渐把智慧加进去，与此同时，再把绿色经济、循环经济、低碳经济等内容融入传统模式的话，中国的经济发展模式其实是可持续的。中国在改革开放30多年中所显现出来的巨大能量，就与中国人选择正确的要素优势、正确的要素结合方式有密切关系。中国工业化的历史证明，"卖力气"是中国最重要的比较优势，是改革不可忽视的起点与基础，是中国经济发展获得更大利润的重要途径，也是中国屹立于世界之林的根本。

## 市场取向的"目标" 与"条件"

中国的成功，在于劳动力从传统部门进入现代化部门，在于不断深化开放，在于动态地引进世界的先进生产力。

中国较富裕的长江三角洲、珠江三角洲，都是劳动力的净输入地区和对外开放的表率。它们今天的产业结构，也并非依托独立自主的研发，而是动态地引进先进生产能力并加以本土化改造。

中国的增长模式没有深厚的高科技基础却获得了巨大成功！生产能力令世界瞠目！中国承接世界工业的转移，加以革新，利用经济全球化，融入了中国人的智慧，形成了自己特有的产业体系，并以深化改革保证了劳动力转移的流畅和对外开放的持续。在这样的条件下，经过经济增长模式的变革，中国总有一天会与发达工业化国家并驾齐驱。

为实现中国市场取向的经济发展目标要解决三个问题：第一，资源的最优配置（人与自然界之间的和谐）；第二，福利水平的普遍提高（人与人之间的和谐）；第三，经济社会发展的可持续性（代际和谐），这是指导中国经济发展的基本原则。

在总结中国经济发展的规律时，可以将它具体概括为四大基本要素：一是中国经济发展的必要条件——劳动力从传统部门向现代化部门的转移；二是中国经济发展的充分条件——不断深化的对外开放；三是中国经济发展的产业条件——不断承接世界产业的转移，进行产业的高端切入；四是中国经济发展的制度条件——体制创新对于上述三大过程提供必要的保证。

经济全球化、国际高科技与金融化大发展条件下的世界产业结构调整、跨国公司大发展、世界资源短缺冲击等给中国带来了机遇与挑战。

中国经济增长模式与结构改革的调整重点在于定位中国在世界经济中的地位，从经济大国向经济强国迈进。为此，中国在经济增长模式与结构改革调整的过程中，不断深化改革开放，平衡对外贸易，把握金融体制、投资体制变革的方向，进行发展模式的选择与产业的调整。

目前中国改革开放的发展趋势，符合中国在世界经济失衡中寻求更为有效的资源配置、福利提高和发展的可持续性的目标。立足于国内外需求变化，后危机时代中国的产业发展模式和经济结构的调整，本着先求生存、再着手调整的根本，不断承接世界产业的转移，进行产业的高端切入与本土化创新，避免了中国经济发展之路陷于盲目。

中国正努力适应全球竞合的外部环境，积极介入国际规则制定，以期在全球贸易体系中占据有利位置，在充分认识自身的产业弹性、优势、劣势的基础上，打造产业结构调整的高端平台。

此外，中国经济发展模式的调整是动态的，是一个永远持续的过程，它是手段，是达到生产目的的手段，而不是孜孜追求的目标。经济发展模式的调整没有终结，过去没有，今天和明天也不会存在这种终结。应该把它看作一个动态的过程，使之长久化。

## 结构调整的"方向"与"规则"

中国的经济结构调整始终立足于把握世界经济需求的变化趋势，这可以说是中国经济模式变革的基本条件。

因此，当前中国的经济结构改革调整，可以套用交通规则中的一句话："一停、二看、三通过"，即先求生存，其次站稳，最后看准，然后再下手调整。而不是在尚未看准未来需求的变化方向时，就盲目调整经济产出的结构。

20世纪的最后10年，美国出现了所谓的"新经济"，它主要是指在经济全球化背景下，信息技术革命以及由信息技术革命带动的、以高新科技产业为龙头的经济，主要体现在以信息工程技术为主的IT产业和网络经济的发展。据2000年美国商务部发布的《数字经济2000年度报告》的统计，1995—1999年美国实际GDP的30％来自IT产业。

出现"新经济"的时候，人们纷纷把眼光投向以工程技术为主的IT和网络，却忽略了一个问题，那就是美国的另外一项伟大发明：金融衍生工具。至2005年美国金融服务业占GDP的比重已达20.4％。技术工程和金融工程这两大创新成为支撑美国新经济的"车之两轮"、"鸟之两翼"：前者将经济增长的物质基础放到了高科技之上，后者则使得金融从以中介业务为主的商业银行体系，转向了以金融创新为主的投行体系。

凭借着全球化,这两个"工程"又向全世界进行了相当规模的扩散。全球化其实就是市场的统一和市场游戏规则的统一,这两个统一,从技术角度帮助 IT 业走向世界,而从金融角度帮助金融衍生品在全球推广,使得一切都被证券化了。

然而,恰恰就是金融工程方面的创新出了问题,使整个世界经济进入了失衡的状态,财富的生产和财富的分配都被扭曲了,造成财富的灰飞烟灭。问题是,虚拟经济的风险无法被消除,只能转移。美国虚拟经济产生的种种风险,借着经济全球化这条大船,很快地通过贸易、金融、投资等多条途径转移到了全世界。

现在,美国经济危机已在"二次探底"声中远去,但过度消费的生活模式在新一代美国人身上是否依然如故?如果答案几乎是肯定的,那么中国的产业结构还是现在这个样子恐怕没有问题,世界经济的失衡仍可持续。但如果美国的消费模式发生了根本性的转折,情况就会完全不同,中国的经济结构也就必然"被"调整了。

## 国际分工的"对手" VS"策略"

新世纪以来,随着国际分工从产业间分工向产业内分工,再向产品内分工的转变,亚洲地区的垂直、水平分工体系和区域内生产供应网络逐步形成。

2001 年以后,以美国 IT 产业的泡沫破灭为重要转折点,国际产业转移过程出现了新的变化,美国等发达国家在 20 世纪 80 年代以后,高速发展的高端制造业开始了加快对外转移和投资的步伐。

在这一阶段,国际分工体系的调整进一步深化和细化,温特制在全球范围迅速流行,制造业分工调整和产业转移过程深入到产业内部或产品内部,根据同一产品内部不同生产环节和工序的要素投入要求,把不同生产环节和工序配置到具有不同区位优势的国家或地区。

国际分工的基础从一国在最终产品生产上的比较优势演变为一国在生产价值

链条的特定环节上的比较优势，由此形成了"全球制造"和"全球价值链"。

国际分工的细化，意味着有更多的产业或生产环节进入了国际产业转移过程。欧美、日本、中国香港、新加坡、韩国和中国台湾等经济体日益转向高附加值的资本和技术密集型产品的生产或加工环节，大规模向外转移低附加值的劳动密集型生产和加工环节。

中国的劳动成本优势、经济规模优势、20世纪90年代改革开放所形成的制度和政策优势，以及2001年加入WTO带来的全方位影响，使得中国成为新一轮国际产业转移的最大流入地。

中国经济在21世纪头十年的高速增长，主要得益于亚洲地区垂直分工体系以及服务于这一分工体系的区域内贸易关系和东亚—中国—欧美"三角贸易模式"。在国际分工体系新一轮的调整过程中，亚洲地区逐步成为全球经济中一个统一的供应网络，中国在这个网络中充当最终产品的加工和组装中心，日本、亚洲新兴工业化经济体（Newly Industrialized Asian Economies，NIAE）以及其他东盟国家（ASEAN）成为资本品和中间产品的供给方（见图3—5）。

面对后危机时代，中国产业结构的调整和升级如果是以劳动密集型为出发点，以低端产业链切入为基础的话，中国的竞争对手就是新型工业化经济体，比如印度尼西亚、泰国、马来西亚等东南亚国家，或者拉美、北非的国家。当产业结构真正调整到以高精尖产品的生产为主，以高端技术形成产业集群的时候，中国真正需要注意的就是，自己的竞争对手就远不是发展中国家而是发达经济体了。

在低劳动力成本模式下的新兴经济体中，中国知己知彼，知道如何以低成本扩张和规模经济来应对，但面对美国等发达经济体在高、精、尖行业的竞争时，中国就会面临一定的困难，可能很难清楚地知道对方经常使用的手段和竞争路径。发达国家运用产品标准、技术壁垒、绿色壁垒发动贸易战时，中国很难再用低成本扩张来应对，因为到以高、精、尖产业为主的时候，竞争中的价格因素已

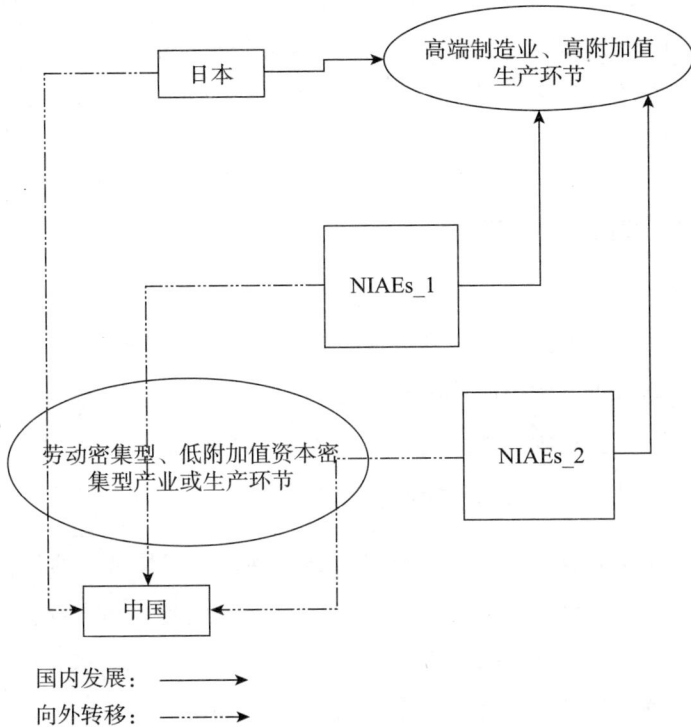

**图 3—5　新世纪以来劳动密集型生产环节的国际转移**

注：NIAE$_s$_1 和 NIAE$_s$_2 表示不同的 NIAE 国家群。

经退居第二位了。

　　因此，中国的经济模式变革和产业结构的调整，在应对发达国家的竞争时，可以说是"摸着石头过河"。中国在应对发达国家日益突出的反倾销、反补贴和保障措施时，需要不断摸索和学习，从中吸取经验和教训。同时，《实施卫生与植物卫生措施协定》（《SPS协定》）、《技术性贸易壁垒协定》（《TBT协定》）等也是中国改革中面对的新课题。

　　竞争对手的转换、竞争方式的不同，是中国改革的动力，同时也是改革的挑战。产业结构越高，竞争的层次就越高，对手就越强硬。

依靠劳动力成本，中国过去可以和越南、菲律宾等东盟国家竞争，但当产业结构提高到与美国、德国、日本等发达经济体竞争时，竞争的平台和外部环境就会发生根本性的变化。可以说，中国调整产业结构的方向是正确的，但未来的竞争之路却注定是艰苦的。

## 出口产品的"弹性"与"选择"

经济学原理表明，任何产业、产品都有两个弹性：一个是需求的价格弹性；一个是需求的收入弹性。价格弹性表现的是价格变化与需求量或销售量的关系，价格稍变则销量大变，则说明价格弹性大；价格大变时销量也仅是稍变，则说明价格弹性小。收入弹性则反映的是收入变化与需求量或销售量的关系，同样，收入稍变则销量大变，说明收入弹性大，反之则小。

有的产品价格弹性高，但有的产品价格弹性低。例如米饭的价格弹性就较低，一元钱一碗，大家吃一碗会饱，降到五毛大家也是吃一碗，涨到一元五角大家还是吃一碗就会饱，这样的产品没有太大的弹性。反过来，越是高、精、尖的技术产品，其弹性就越大，价格弹性大，收入弹性也大。

中国对外贸易顺差主要是由最终消费品加工贸易得到的，产品弹性高的高技术产品所占比重并不是十分大。有研究结果认为，中国入世以后出口商品的国内含量为50％，而高技术产品的国内含量仅为30％。

有学者发现，加工贸易和外商投资企业并非中国出口产品复杂度提高的重要驱动因素，而人力资本累积和政府给予高新技术区的税收优惠是出口结构升级的最重要原因。

如果将全部制成品按其技术密集度分为劳动和资源密集型产品，低、中、高技术密集型产品等四类，则由表3—1可见中国2000—2010年这10年间的贸易顺差情况，劳动和资源密集型产品、低技术密集型产品总体处于顺差状态，而且顺差额持续快速增长（除2009年因金融危机影响顺差增速减少）。2010年劳动和资源密集型产品的顺差额高达3 362亿美元，而低技术密集型产品的顺差额也达到了 1 240 亿美元。

| 表3—1 | 中国制成品的贸易差额结构 | | | | | 单位：10亿美元 | |
|---|---|---|---|---|---|---|---|
| | 2000 | 2005 | 2006 | 2007 | 2008 | 2009 | 2010 |
| 劳动和资源密集型 | 64.9 | 171.9 | 217.8 | 264.3 | 299.7 | 269.5 | 336.2 |
| 低技术密集型 | 9.4 | 36.3 | 66.7 | 101.6 | 136.9 | 74.5 | 124.0 |
| 中技术密集型 | −8.3 | −2.6 | 13.1 | 42.2 | 71.6 | 41.3 | 35.7 |
| 高技术密集型 | −20.8 | −7.4 | 7.7 | 34.5 | 69.6 | 46.6 | 62.8 |

资料来源：根据 UNCTAD 贸易数据库中的数据计算而得。

由表3—1可见，劳动和资源密集型产品、低技术密集型产品是中国对外贸易顺差的主要来源，这些产品主要依靠国内的劳动力和原材料进行生产，大多产品弹性较小；而中、高技术密集型产品大多产品弹性较大，中国企业承担了高技术密集型产品生产链条中的劳动密集型生产环节。

从中国出口商品的技术构成可以得出一个结论：当欧美国家收入受到影响时，人们首先放弃的一定不是低弹性的生活必需品，如必须吃的大米饭，而一定首先会放弃弹性很大的、那些所谓的高端产品或奢侈品。

比如人总是要穿鞋的，当人们有钱的时候，可以去穿意大利名牌皮鞋，而当人们没钱的时候，恐怕就得换一双物美价廉的中国制造的鞋了。

在这样的情况下，越是高端的产品，弹性越大，受到冲击的影响就越大。自全球金融危机以来，广东省的很多玩具厂倒闭，但调研数据发现，科技含量高的玩具厂反而先倒闭，生产塑料、长毛绒玩具的玩具厂虽然受到冲击但并没有倒闭。这是什么原因？是因为小孩子的天性就是要玩玩具的，这是没有弹性的，但是玩高、精、尖玩具还是玩长毛绒低端玩具，则取决于家长的收入。

产品弹性，不可不察，对于变革中的中国经济更是如此。可以说，中国过去经济成就的取得，离不开对于产业和产品弹性的深刻理解。而在经济模式变革和产业结构调整中，时刻保持对产业弹性的清醒认识，更是非常必要的。

## 要素禀赋的"劣势"与"优势"

经济学上的"木桶理论"认为，一个木桶能装多少水，不取决于木桶的长板而取决于其短板。因此，不是比较优势能够拉动产业走多远，恰恰是"比较劣势"决定、限制了产业的未来发展。有时候，"比较劣势"才是硬道理。因此，练好内功，补足短板才是最重要的。

长期以来，以中国为代表的亚洲供应网络整体的出口增长与欧美市场需求的增长状况呈正相关。进入新世纪以来，美国对外部产品的需求大幅增长。2000—2008年，美国的进口需求占GDP的平均比重为15.4%，远大于20世纪90年代的11.9%。欧美市场需求的增加使得整个亚洲供应网络的出口增长具有更大的空间。

随着中国逐步在亚洲供应网络中成为最终产品的加工和组装中心，中国事实上也就成为亚洲对欧美市场出口最终产品的重要平台。这导致中国逐步替代亚洲其他经济体成为欧美市场上最终产品的主要供给者，包括最终消费品和投资品的供给。

以美国市场为例，在1991年以来美国的消费品进口中，亚洲所占份额维持在40%左右。在这当中，中国所占份额从1991年的8.2%上升到2009年的27.1%。亚洲其他经济体对美国的消费品出口份额稳步下降。欧美市场需求的上升和中国在欧美市场上对其他亚洲经济体的替代，共同推动了中国出口在2000年以后的迅猛增长。

中国在商业模式上和世界上其他国家的公司有所不同：西方世界企业追求的是利润最大化，而中国人做产业时最大的特点就是以低利润为手段，甚至可以把利润做成零，去追求最大的世界市场份额。这条路虽是不可持续的，却将最终改变中国的生产模式。

高科技领域可能是中国的短板，但在产品生命周期内，不要以为高科技就是为了抬高价格，其实高科技有时候能够赋予中国的产业另外一个竞争的武器，就是低成本。

中国经济模式改革和产业结构调整给予了高科技领域更多的关注，让高科技这一中国的"比较劣势"发挥作用，低成本加高科技将成为中国产业升级后所向披靡的武器。与别的国家不同，中国在一条价值链上可以同时向上游和下游发展，也可以把价值链向高抬，有望在全球范围内占有更广阔的市场。

2014 年 10 月，中国拥有的作为世界第一贸易顺差国的"桂冠"被德国摘走，这于中国经济发展的外部环境而言，无疑是一件好事。但关键在于，中国应如何从德国基于其制造业非凡实力的出口加速中，看清自己的优劣势，并为自己找好下一步的定位。德国超过中国成为世界第一贸易顺差国，不仅仅是数据和排名那么简单。德国出口的产品、技术、设备等，往往要比中国质量好、档次高、科技含量高、品牌竞争力强。"输"给这样的"实力派"对手，我们不仅应当心服口服，更应当深刻思考。中国再也不能仅止步于享受出口产品的最低端利益，中国也应当有更多的自主技术和品牌的产品和服务的出口。上亿双皮鞋换取一架飞机的出口战略，不应再周而复始。如果真到了这一天，纵使中国继续被别国批评与指责，也大可以置之不理，甚至偷着乐。

## 社会福利的"分配" VS"增长"

当前，全球经济产业结构调整的趋势之一是：增长依然存在，但就业未必会因此而提升。

在产业结构调整趋于高级化、资本密集度不断提高的条件下，产业的有机构成越来越高，单位资本所能容纳的劳动却越来越少。自 20 世纪 90 年代以来，中国就业增长远远滞后于经济总量的扩张，这意味着经济总量扩张的就业创造效应不断下降（见图 3—6）。

随着中国劳动力市场的完善以及劳动力议价能力的提高，实际工资不断上升，与劳动生产率之间的差距逐步缩小，这导致了"熟练工人"对低端劳动的替代。分行业来看，中国第二产业总量增长的就业创造效应要小于第三产业。

一个经济体的全部劳动力中究竟有多少人能够适应高、精、尖产业？如果是

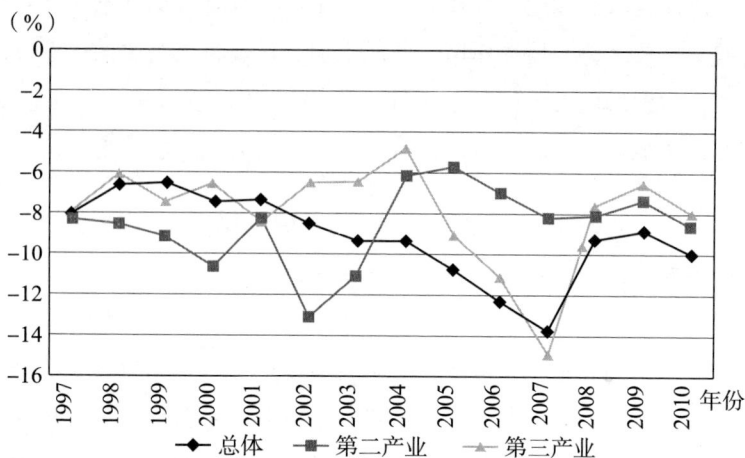

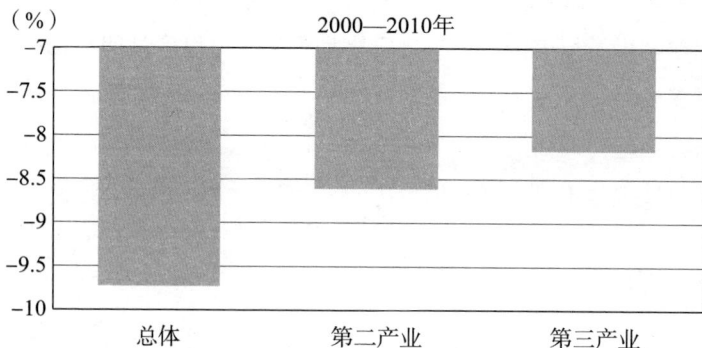

图3—6　就业增长速度与GDP增长速度的差额（2000—2010年）

资料来源：根据《中国宏观经济分析与预测报告》（2012年第一季度）统计而得。

较小比重的劳动力适应高、精、尖产业，就会产生这样的现象：在就业不出现大规模增长的前提下，劳动者总体的收入仍可能增长。相应地，人数并不众多、适应产业结构调整的劳动者的收入将大幅度提高，而不适应变化的大多数劳动者的收入将"被"提高。

在不完善的劳动力市场上，结构性就业矛盾日益显现：有活没人干，有人没活干。就业机会的缺乏使得劳动力的谈判能力无法有效提高，市场有很强的动力推动产业结构调整，但是这种调整不可能通过市场形成收入的平均分配，它只会加剧收入分配的差距，使得就业和家庭收入增长问题恶化，并带来较为严重的社会问题。这就是结构调整的社会成本，有人称其为"结构调整社会代价的天花板"。

这便是中国改革面临的现实，有经济增长，却无市场主导就业的增长，伴随而生的是日益严重的收入分配差距带来的社会问题，这是中国经济模式变革与产业结构调整绕不开的问题。

产业结构调整过程中那些不适应调整的多数劳动力的安置问题，已经得到了中国政府的充分重视。实际上，中国政府在改革的社会成本上，也必须有所筹谋、有所作为才行，否则，对于加足马力、全速航行，进行城镇化的中国经济来说，便是高悬在头上的一把"达摩克利斯之剑"。

## 全球资源的"流向" 与"结局"

在经济全球化时代，如果一个国家能够真正地控制住全球资源的流向以及控制住全球经济产出的流向，那么这个国家就能够在资源、产出双流向控制的基础上，在世界经济游戏规则的制定中，拥有更大的话语权，其利益才能得到更根本的保障。

21世纪具有决定性意义的资源是决定未来生产力趋势的人才资源和金融资源，而全球经济产出则更趋向于有关国计民生的重要基础产品和对未来有重要主导作用的高科技产品。

1997—1998年亚洲金融危机搞乱了世界金融外围地区，而世界金融中心，例如华尔街、伦敦城等，在全球配置资源的功能并没有受到伤害，它的需求仍然在增长，在整个东南亚生产体系混乱的情况下，它的需求就只能从中国得到满足。而中国当时政治、经济稳定，世界的需求和大量直接投资都来到中国，于是中国变成了"世界工厂"，这实际上是华尔街配置资源的一个结果。简单地说，需求是欧美的，FDI是世界的，在华尔街手中结合，中国便成为"世界工厂"了。

2008年的美国次贷危机使得世界金融中心陷入混乱，它在全球配置资源的功能一定程度上受到了损害，这给了中国机会，可以在全球以中国的利益为出发点来配置资源，打造产业结构调整的高端平台。

仅仅是商品"走出去"，只能算是大国，只有资本真正开始"走出去"，才称得上是强国的开端。

在资本"走出去"方面，中国人刚刚迈出第一步。近年来中国积极与非洲、南美洲国家合作，以中国人的方式，以中国的特色形成自身资源配置的进程，为国内经济的强劲增长提供后续保障。

近年来，中国对外直接投资增长很快（见表3—2）。2009年之后，中国企业的对外直接投资每年的增长率都保持在20％～30％。2010年对外直接投资流量占当年全球流量的5.1％，名列全球第五位，超过了日本和英国，列发展中国家首位。因此，中国也成为在"中等收入水平"阶段对外直接投资超过500亿美元的国家。

表3—2　　　**2000—2008年发展中经济体对外直接投资流出量**　　　单位：10亿美元,％

| 区域/国家 | 2000 | 2001 | 2002 | 2003 | 2004 | 2005 | 2006 | 2007 | 2008 |
|---|---|---|---|---|---|---|---|---|---|
| 非洲 | 1.5 | −2.7 | 0.3 | 1.2 | 1.9 | 1.1 | 7.1 | 10.6 | 9.3 |
| 拉美和加勒比 | 60.0 | 32.2 | 14.7 | 15.4 | 27.5 | 32.8 | 63.6 | 51.7 | 63.2 |
| 亚洲 | 82.2 | 47.1 | 34.7 | 19.0 | 83.4 | 83.6 | 144.4 | 223.1 | 220.1 |
| 西亚 | 1.5 | −1.2 | 0.9 | −2.2 | 7.4 | 15.9 | 23.9 | 48.3 | 33.7 |
| 东亚 | 72.0 | 26.1 | 27.6 | 14.4 | 59.2 | 54.2 | 82.3 | 111.2 | 136.1 |
| 中国 | 0.9 | 6.9 | 2.5 | −0.2 | 1.8 | 11.3 | 21.2 | 22.5 | 52.2 |
| 南亚 | 0.5 | 1.4 | 1.7 | 1.4 | 2.1 | 1.5 | 14.9 | 17.8 | 18.2 |
| 东南亚 | 8.2 | 20.8 | 4.6 | 5.4 | 14.7 | 12.0 | 23.3 | 45.8 | 32.1 |
| 发展中经济体 | 143.8 | 76.7 | 49.7 | 35.6 | 112.8 | 117.5 | 215.3 | 285.5 | 292.7 |
| 世界 | 1 244.5 | 764.2 | 539.5 | 561.1 | 813.1 | 778.7 | 1 396.9 | 2 146.5 | 1 857.7 |
| 发展中经济体的比重 | 11.6 | 10.0 | 9.2 | 6.3 | 13.9 | 15.1 | 15.4 | 13.3 | 15.7 |

资料来源：联合国贸发会议《2009年世界投资报告》。

中国对外直接投资的快速增长实际上源于中国经济发展的内生动力。根据世界银行经济顾问、哈佛大学钱纳里教授（Hollis B. Chenery）的"两缺口"理论，由于中国在改革开放之初，面临着投资缺口和外汇缺口的"两缺口"问题，吸收对外投资可以比较有效地一举两得，防止这两个缺口的扩大。而随着中国经济发展和外汇储备的增加，国内储蓄过剩和外汇储备过剩的"双过剩"格局则要求政府进行必要的外资政策调整，逐步引导对外直接投资朝着有利于中国经济结构调整和产业升级的方向发展，并鼓励中国企业进行形式多样的国际化经营。

近年来，中国企业"走出去"最吸引目光的是对海外油气、矿产企业的并购，国内各类能源、资源类会议每年都会吸引大量来自非洲、北美、澳大利亚等国家和地区的推介项目。随着中国国内形势的变化，现在"走出去"的资本已经扩展至各个行业和领域，其中对"走出去"表现急迫的是那些在国内产能严重过剩、短期内难以开拓新市场的行业。

2013 年，中国已经成为继美国、日本之后的世界第三大对外投资国，对外投资额超过 1 000 亿美元。截至 2013 年年底，中国对外投资存量达 6 136 亿美元，全球排名从 2011 年的第 17 位上升至 2013 年的第 11 位。在未来的几年内，中国的对外投资总量将有望超过吸引外资总量。

目前，在爱尔兰投资的众多企业中已然出现了越来越多中国企业的身影。在金融服务业，自 2010 年成立爱尔兰分公司以来，中国工商银行全资子公司工银国际租赁有限公司的资产已翻番达 30 亿欧元。而在信息通讯技术行业，华为公司 2013 年也宣布将加大在爱尔兰的研发投资，以满足华为日益增长的全球业务需求。此外，腾讯、联想、中软国际、国家开发银行以及奇龙航空租赁等中国企业均已在爱尔兰有了业务足迹。

2014 年 10 月，由中国商务部发布的新修订的《境外投资管理办法》正式开始实施。中国企业"走出去"的门槛大幅降低，未来企业对外投资 99% 的项目只需要备案，仅 1% 需要核准。

中国继续深化改革开放为中国融入全球经济游戏规则制定活动奠定了基础。中国遵循和执行世界经济游戏规则，并利用各种国际经济组织赋予的权利，保护经济全球化游戏规则赋予中国的利益。适应世界"游戏"规则固然重要，但若能参与制定规则，利用规则，并在规则中体现出中国在世界经济中的自身利益，才更加可取。因为"游戏"怎么玩，规则说了算，谁制定规则，谁便掌握了话语权。

中国在经济模式变革的过程中将逐渐积极关心、介入、参与世界经济游戏规则的制定，在规则制定中反映出中国的利益，加大话语权，并与世界其他国家共同合作克服世界经济失衡的负面影响，进一步获得融入经济全球化的收益。

# 04

# 中国经济发展的难点与焦点

世界潮流浩浩荡荡，国际风云瞬息万变。回首百年世界经济的发展历史，波折是常态，螺旋式上升是趋势。但是，全球经济的螺旋式上升并不等于每个国家的经济均呈螺旋式上升。有的呈螺旋式上升，有的呈水平式螺旋式徘徊，甚至有的呈螺旋式下跌。按照"20-50俱乐部"这个衡量有一定规模发达国家水平的标准，即"人均GDP 2万美元，人口5 000万人以上"，环顾全球，第二次世界大战以来跻身发达国家行列的只有日本与韩国。

虽然中国距离"20-50俱乐部"标准尚有距离，但是，中国的发展震惊了世界。中国的和平崛起取得了举世瞩目的成绩。170多年前鸦片战争前后的中国是列强宰割的羔羊，当今中国已经是维护世界和平与发展不可忽略的重要力量。中国持续增长的经济实力正改变着世界经济格局，影响着人类文明进程。如今，中国已经跃升为世界第二大经济体，第一大商品出口国。2013年全球GDP总量超过万亿美元的国家总共16个，其中，美国经济总量达16.19万亿美元位居榜首；中国GDP总量为9.03万亿美元位居次席；其后，依次为日本5.99万亿美元、德国3.37万亿美元、法国2.56万亿美元、英国2.53万亿美元。金砖国家巴西、印度、俄罗斯则分别位列第 7、8、9 位。

新加坡资政李光耀认为，"中国通过经济奇迹把一个贫穷的国家转变成了当今世界第二大经济体。今天，中国是世界上发展速度最快的发展中国家，其速度在 50 年前是无法想象的，这是一个无人预料到的巨大转变"。

但是，应该清醒地认识到，中国今日的进步主要是相对于昔日的落后。当下，还有许多事要做；未来，更有很长路要走。中国经济的发展轨迹也摆脱不了经济发展轨迹的世界普遍规律。

经济发展普遍规律之一是绝对发展容易而相对发展困难。经济的绝对发展与相对发展不是同一概念，绝对发展是指本国的现在与过去比较，相对发展是指本国与他国比较。相对发展远较绝对发展困难，这是因为自身在发展，别国也在发展。相对发展实非易事，发展中国家要跻身发达国家行列更是堪称"蜀道难，难于上青天"。

经济发展普遍规律之二是经济发展速度与经济规模成反比。经济发展初期，发展速度快；经济发展到了成熟期，发展速度呈边际递减。小规模经济体，发展速度快；大规模经济体，发展速度慢。

当前，中国经济增长逐步告别改革开放以来的黄金周期。在全球产业转移红利趋减与中国人口红利消退的背景下，在全球经济不确定因素不断聚集的形势下，从过往高速发展转入经济增长新常态是中国经济符合历史与逻辑的选择，这不仅有助于保持平稳健康发展，而且有助于推动结构调整。

中国，在 19 世纪拿破仑的眼中是一头睡狮！中国，在 21 世纪的全世界眼中是一头醒狮！中国这头醒狮何去何从吸引着全球的目光。站在走向复兴之路新起点的中国经济，在迈出新的步伐之前，第一是认清形势，第二是确定定位，第三是明确目标，第四是方法科学，重点是遵循规律，抓住发展中的难点与焦点。

# 发展瓶颈的"内因"与"外因"

从党的十一届三中全会开始计算，中国经济已经持续发展了30多年；从邓小平南方考察开始计算，中国经济已经高速发展了20多年；从中国入世开始计算，中国经济进入快车道已经10多年。

高速发展的中国经济创造了历史，打破了周期性经济危机的宿命。但是，经济危机可以避开，经济规律不能摆脱。法国经济学家朱格拉（C. Juglar）1862年在其《论法国、英国和美国的商业危机以及发生周期》一书中提出"朱格拉周期"的概念，指一国经济每隔大约9～10年出现一次周期波动。同样道理，避开了经济危机的中国经济摆脱不了经济规律的约束。笼罩在中国经济头上的朱格拉周期阴影每隔大约十年就会重新浮现。

站在500年超长周期观察，中国经济处于复兴之路的起点。站在30年周期观察，当前中国经济处于新的调整时期。循环周期中所累积的矛盾集中爆发出来，经济结构处于"不平衡"状态。

## 唱衰中国的三次高潮

尽管基辛格、李光耀、蒙代尔、斯蒂格利茨、萨金特……无论政治明星，还是诺贝尔经济学家，看好中国经济发展的大有人在，但是，质疑中国经济发展的声音却也从未消停过。唱衰中国是有历史渊源的。鸦片战争的枪炮声敲开了古老帝国的大门，却没有敲醒中国这头沉睡的狮子。"封闭与开放，守旧与维新，割地与赔款"一直伴随着中国近代的变迁。谁都没有想到这头梦游了一百多年的睡狮会站起来，谁都无法料到这头睡狮用短短36年的时间从农业社会的田野登上了建立在工业文明基础上当今世界经济的高峰。

### 第一次唱衰：中国社会崩溃论

第一次唱衰中国论出现在 20 世纪 80 年代末 90 年代初，主要观点是认为中国社会结构即将崩溃。当时中国经济的内部局势严峻，投资过热，物价飞涨，通胀率超过 18％，"官倒"猖獗，民怨四起，双轨制经济体制已经陷入泥潭。中国经济所处的国际环境险恶，东欧剧变、苏联解体，社会主义国家如多米诺骨牌相继倒下。

第二次世界大战以来，西方阵营对社会主义阵营的"和平演变"大功告成，里根政府的星球大战计划成为拖垮苏联的最后一根稻草，"华盛顿共识"享誉世界。社会主义终结，计划经济终结……整个西方世界沉浸在"历史终结"的欢宴中。自然，中国被认定是下一个必定崩溃的国家。

### 第二次唱衰：中国经济崩溃论

第二次唱衰中国论出现在 1997—1998 年亚洲金融风暴前后，主要观点是认为中国经济即将崩溃。这场源自东南亚的金融危机横扫亚洲新兴经济体，亚洲"四小龙"、"五小虎"不是倒下，就是重伤。中国出口增幅锐减，GDP 增长速度下滑；加之，国企效率低下，银行呆坏账严重，出口导向型的中国经济面临生死抉择。国际金融大鳄索罗斯乘机冲击香港股市，冲击港元联系汇率，不少人预测中国将成为亚洲多米诺骨牌最后一个倒下的经济体。

恰在此时，迎合西方世界的《中国即将崩溃》一书走俏欧美市场。这部 2001 年出版的书断言"中国的经济正在衰退，并开始崩溃，时间会在 2008 年北京奥运会之前"，"中国现行的经济制度最多只能维持 5 年"。经济学家保罗·克鲁格曼对中国经济提出质疑。他表示，中国经济数据是一堆不可置信的符号体系，看中国的经济增长数据，就像看一部科幻小说。

然而，历史再次开了唱衰者玩笑。时任中国总理朱镕基高超的宏观调控手法成功化解了亚洲金融危机，外汇管理制度与保持人民币坚挺这两个撒手锏，不仅顶住了亚洲金融风暴对中国经济的冲击，而且起到了稳定亚洲经济的作用。中国政府在危机面前彰显了中国负责任大国的风范，赢得了东南亚国家的赞赏，开启了中国与东盟合作的"黄金十年"。

**第三次唱衰：中国全面崩溃论**

2008年美国次贷危机演变为全球金融危机。中国经济再度受到强烈冲击。中国经济内部的结构性问题总爆发，A股狂泻，出口困难，产品积压，企业倒闭，失业增加，各种社会矛盾层出不穷。国际上，日本衰退、欧债危机此起彼伏，席卷突尼斯、埃及、利比亚等北非国家的"阿拉伯之春"令唱衰中国者想入非非，所谓中国即将爆发"茉莉花革命"的喧声四起。第三次唱衰中国的主要观点是中国即将全面崩溃论。

华尔街投资者詹姆斯·查诺斯2010年在接受CNBC访问时表示，中国房地产市场比迪拜更糟，在过度的刺激政策下，中国的经济增长难以持续，隐含崩溃危机，在中国靓丽的增长数字背后，存在着严重过度借贷及资产泡沫问题。

美籍华裔律师章家敦2001年在《中国即将崩溃》一书开列了一大堆中国崩溃的理由。十年过去了他的所谓预言变成了笑谈。2011年他又在美国《外交政策》杂志刊发《中国即将崩溃：2012年版》，断言中国经济繁荣是虚假的，中国经济将陷入日本式持久经济衰退，甚至经济崩溃。

美国《新闻周刊》将查诺斯的中国经济崩溃论列为"2010年十大世界预测"第二位。美国《外交政策》杂志网站列举了"2012年十个最糟糕的预测"，其中"玛雅人预测12月21日是世界末日"位列榜首，章家敦的"中国崩溃论"名列榜单。

其实，"中国崩溃论"不是什么新鲜玩意儿。"中国崩溃论"与"中国威胁论"的论调伴随着中国经济发展已有30多年历史了。改革开放30多年来，中国经济与三次危机擦肩而过，与之相伴的是三次唱衰高潮。唱衰言论恰与中国经济的下行周期重合。唱衰者认为中国经济的下行周期是直线下跌，是衰退与崩溃，而实际中国经济的走势只是下跌而不是下泻。如同每次跳高前最后的动作是下蹲，中国经济在每次"下蹲"之后，总是迎来更长周期的持续增长，唱衰中国的说法从未得到过验证。

这三次唱衰中国论既没有理论依据，又缺乏数据支撑。中国 GDP（1987—2013 年）数据的变化显示了如下两个特点：特点之一，在三次唱衰中国论盛行期间，中国经济 GDP 增速均较上一年出现回落；特点之二，尽管 GDP 增速有所回落，但是 GDP 总量依然较上一年有所增加。在 1989 年唱衰中国论盛行期间，1989 年中国 GDP（16 992.32 亿元）仍然较 1988 年 GDP（15 042.82 亿元）为高。在 2008 年唱衰中国论盛行期间，1998 年中国 GDP（84 402.28 亿元）仍然较 1997 年 GDP（78 973.03 亿元）为高。在 2008 年唱衰中国论盛行期间，2008 年中国 GDP（314 045.43 亿元）较 2007 年 GDP（265 810.31 亿元）为高。

由此可见，唱衰者误读了中国经济增长数据，错把 GDP 增速放缓看成经济崩溃。1987—2013 年，即便经济增速有所放缓，GDP 总量依然保持连续 26 年的增长（见图 4—1），GDP 与 GDP 增速数据充分显示中国经济依然充满活力，中国经济的自我调节与修复能力极强。另外，即便中国经济增速同比有所下降，但是与其他经济体进行环比，数据依然值得乐观。中国崩溃论是忽视经济数据的一厢情愿。

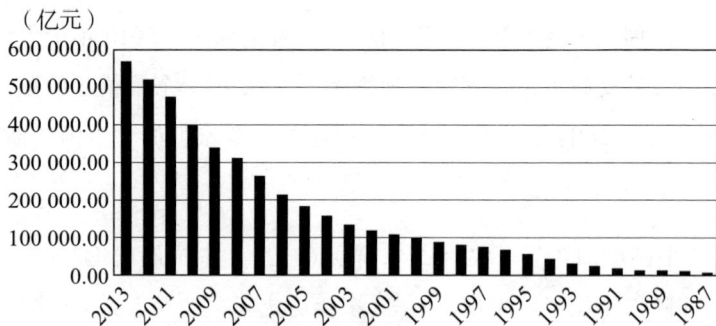

图 4—1　中国 GDP 走势（1987—2013 年）

资料来源：中国国家统计局。

　　尽管中国经济一次又一次击破了唱衰言论，然而，旧的唱衰理论销声匿迹，新的唱衰理论又粉墨登场。对于中国经济的前景，看好的言论往往"波澜不惊"；看衰的言论反而"一石激起千层浪"。对于唱衰中国的言论，一方面要冷静剖析；另一方面不妨善于使用。美国就是擅用危机的高手。奥巴马总统经常在国情咨文中高唱危机。2009 年奥巴马在国情咨文中提到四次"挑战"、四次"威胁"；2010 年提到三次"挑战"、一次"威胁"；2011 年提到三次"挑战"；2012 年提到四次"挑战"、四次"威胁"。

　　确实，一个没有危机感的民族，是一个没有希望的民族；同样，一个充满恐惧与负能量的民族，也是一个没有前途的民族。信奉危机意识还是扼守"信心比黄金更重要"信条，本身没有对错之分，问题的关键是实事求是，判断形势，认清局势。

　　改革开放 30 多年的发展历史证明，中国经济发展不仅从未受"中国崩溃论"与"中国威胁论"干扰，而且巧妙地将其转变为鞭策与自勉的动力，始终坚持发展才是硬道理，中国经济既没有崩溃，也不造成威胁。以中国经济持续发展为主线的中国复兴是世界的潮流，这一过程不仅体现为 GDP 增长，而且也伴随着以忠、孝、仁、爱、信义与和平为核心元素的中华文化的复兴。中国国家主席习近平 2014 年在出席全球孔子学院建立十周年暨首个全球"孔子学院日"时表示，世界各国人民创造的灿烂文化，是人类共同的宝贵财富，孔子学院属于中国，也属于世界。

　　中华民族的复兴之梦已经做了 100 多年了。从梁启超的《少年中国说》，到孙中山等辛亥革命党人"振兴中华"的呐喊，到几代中国人的"强国梦"，再到今天的"中国梦"，一代又一代仁人志士和老百姓，无不期望自己的祖国繁荣昌盛，这也是中国不衰的脊梁与力量。

　　500 年前，欧洲因文艺复兴与工业革命而崛起；500 年后，中华民族的复兴同样是经济与文化的双轮并进。

## 中国经济的四次抉择

中国经济发展的历程并非一帆风顺。中国经济也曾面临崩溃的边缘，也曾出现硬着陆的风险，也曾有过严重的通货膨胀。但是，中国经济总是有惊无险，这不是运气，而是得益于每次处于十字路口的中国经济最终选择了正确的方向，得益于领导中国经济的核心中国共产党始终代表广大中国人民的根本利益，始终代表中国先进生产力与文化的前进方向。

改革开放以来，围绕中国经济的发展方向，有过四次较广泛影响的思想交锋与战略选择。

### 第一个拐点：阶级斗争 VS 经济建设

1977 年十一大宣告"文化大革命"胜利结束。但是，以阶级斗争为纲依然是各项工作的重点，深刻地影响着每个中国人的生活与命运。在从十一大结束后到十一届三中全会召开之前这段时期，中国掀起了一场围绕真理检验标准的全民大辩论。1978 年 5 月 11 日，《光明日报》以"特约评论员"名义发表了题为《实践是检验真理的唯一标准》的文章。有的给它扣上"砍旗"等帽子，有的赞誉它是"重磅炸弹"。这一讨论受到邓小平、叶剑英、李先念、陈云、胡耀邦等人的积极支持。这是一场围绕真理检验标准的讨论，也是一场围绕中国发展方向的辩论，为十一届三中全会的召开准备了思想条件。

1978 年，十一届三中全会抛弃了"以阶级斗争为纲"这个不适用于社会主义社会的口号，决定把全党工作的重点转移到社会主义现代化建设上来，指出党在新时期的历史任务是把中国建设成为社会主义现代化强国。以十一届三中全会为起点，中国进入了改革开放和社会主义现代化建设的新时期，开始实行对内改革、对外开放的政策。1982 年，邓小平在十二大上首次提出了"建设有中国特色社会主义"的崭新命题。邓小平明确指出，"马克思主义的普遍真理同中国的具体实际结合起来，走自己的路，建设有中国特色的社会主义，这就是中国总结长期历史经验得出的基本结论。"1983 年初，农村家庭联产承包责任制在全国范围内全面推广。1984 年 10 月，十二届三中全会确认中国社会主义经济是公有制基础上的有计划的商品经济。1984 年 4 月，进一步开放大连、秦皇岛、天津等 14 个沿海港口城市。从 1985 年起，又相继在长三角、珠三角、闽东南地区和环渤海地区开辟经济开放区。改革从农村扩展到城市，从经济领域扩展到教科文领域。对外开放向广度和深度发展，初步形成了"经济特区——对外开放城市——经济开放区——内地"有层次、有重点的开放格局，封闭的中国一百多年以来首次向世界打开了大门，中国经济呈现前所未有的良好发展势头。

中国经济以十一届三中全会为拐点踏上了改革开放的康庄大道。

**第二个拐点：防和平演变 VS 发展经济**

20 世纪 80 年代末至 90 年代初，苏联、东欧发生剧变。苏联、南斯拉夫、罗马尼亚、波兰、民主德国、捷克斯洛伐克等国的工人阶级政党纷纷倒台，社会主义制度被资本主义制度所代替，社会主义阵营轰然倒塌，华沙条约组织正式解散。其中，民主德国被纳入联邦德国，苏联、南斯拉夫作为独立主权的国家不复存在。西方针对苏东的和平演变战略取得全盘胜利。面对风雨突变的国际大环境，一些人对改革开放提出疑问，一些人对社会主义前途缺乏信心。20 世纪 90年代初中国改革开放的步伐放慢了，中国经济第二次站在十字路口。

中国经济何去何从的问题，实质上是中国未来发展方向性问题。1992 年初，中国改革开放的总设计师——邓小平，凭着对祖国、对人民的无限热爱，以 87岁高龄，先后赴武昌、深圳、珠海和上海考察，沿途发表了一系列重要谈话。《深圳特区报》于 1992 年 3 月 26 日率先发表了题为《东方风来满眼春——邓小平同志在深圳纪实》长篇纪实报道，首次披露了邓小平南方考察，明确阐述了邓小平"南方谈话"的要点。邓小平"南方谈话"回答了中国经济发展过程中的三个具有争议性的方向性问题。

方向性问题之一：关于改革开放的速度。邓小平在南方考察中反复强调改革开放胆子要大一些，要敢于试验。淡化了姓"资"还是姓"社"问题的争论，提出了"三个有利于"标准，即是否有利于发展社会主义社会的生产力，是否有利于增强社会主义国家的综合国力，是否有利于提高人民的生活水平。

方向性问题之二：关于计划与市场的关系问题。邓小平明确指出，计划和市场都是经济手段。计划经济不等于社会主义，资本主义也有计划，市场经济不等于资本主义，社会主义也有市场。

方向性问题之三：关于社会主义的本质问题。邓小平明确指出，社会主义的本质是解放生产力，最终达到共同富裕。要坚持十一届三中全会以来的路线、方针、政策，关键是坚持"一个中心、两个基本点"。不坚持社会主义，不改革开放，不发展经济，不改善人民生活，只能是死路一条。

1992 年十四大确立了邓小平建设有中国特色社会主义理论在全党的指导地位，明确了经济体制改革的目标是建立社会主义市场经济体制，再次强调把经济建设搞上去才是硬道理。

1992 年成了中国经济转折之年，当年中国经济一举扭转 1988 年以来的颓势，GDP 总量同比增长 14％。之后中国经济更以每年 10％以上增长速度令世界震惊。邓小平"南方谈话"也成为 1992 年度中国乃至全球最重要的新闻。邓小平"南方谈话"是中国改革开放的宣言，为十字路口上的中国经济指明了前进的方向。

**第三个拐点：裹足不前 VS 坚决入世**

中国自 1986 年申请重返关贸总协定以来，为复关和加入世界贸易组织（WTO）已进行了长达 15 年的努力。2001 年 12 月 11 日，中国正式加入世界贸易组织，成为其第 143 个成员。

在中国是否应该入世这个问题上的分歧不大，但是，对于中国入世是否冲击民族工业这个问题，却存在严重的分歧。一派意见认为，中国脆弱的汽车工业在入世后将面临毁灭性打击，中国金融银行业将遭到瓜分与侵蚀。另一派意见认为，中国入世对各方都有利，中国民族工业不仅不会受到冲击，低谷切入反而会有更大的发展。

在 WTO 的大门前，中国是勇敢跨入，还是裹足不前，中国经济站在了第三个十字路口上。

时任国务院总理的朱镕基是中国加入 WTO 的大力推手。《朱镕基讲话实录》首次披露了这样一个重要的细节。1999 年 11 月，在中美代表团就中国入世进行最后一次谈判时，朱镕基两次接见美国代表，直接参加谈判，在中美世贸谈判最后一刻促成双方达成协议。朱镕基多次强调，不能夸大入世的冲击，要准确掌握世界贸易组织规则，把挑战变为机遇，压力变为动力，确保国民经济持续快速健康发展和社会稳定。

事实胜于雄辩。回顾中国加入 WTO 的发展历程，中国经济的第三次抉择是正确的。在 21 世纪第一个 10 年，中国经济取得了持续的发展。10 年前中国GDP 在世界排名第六，在加入 WTO 的 10 年期间，中国 GDP 先后超越德日，接近美国的 60%。中国的国际贸易不断扩大，外汇储备跃身全球第一，贫困人口继续下降到 1.2 亿人，人均 GDP 从 2002 年的 1 000 美元达到 2011 年的 5 414 美元，跻身中等收入国家行列。中国加入 WTO 锁定了中国融入世界的进程，中国再也不可能回到闭关自守的过去，改革开放以一股不可逆转的世界潮流推动着中国的发展与进步，推动中国在全球化的时代与世界携手共荣。

**第四个拐点：政府主导 VS 市场主导**

2008 年美国次贷危机开始浮现，投资者开始对按揭证券的价值失去信心，房利美（Fannie Mae）与房地美（Freddie Mac）的债券变为垃圾债券，引发资本市场的流动性危机。2008 年这场金融危机开始失控，多家大型的全球金融机构倒闭或被政府接管。2008 年 9 月 15 日，美国四大投行之一的雷曼兄弟最终丢盔弃甲，宣布总债务 6 130 亿美元，申请破产保护。

中国经济增长主要靠出口和投资拉动，内需辅助。中国 2008 年第三季度国民生产总值按年增长率已跌穿双位数增幅，下滑至 9%，前三季度 GDP 增长仅

9.9％，为 2003 年第二季度以来的新低，也是连续五个季度下跌。2008 年前 9 个月工业增加值较上年同期增长 15.2％，增速远低于 2007 年头 9 个月的 18.5％。中国国家统计局的各项数据表明，中国经济在全球金融海啸冲击、出口增速下滑、需求不足的严峻形势下，工业增长放缓，经济增长失速，经济下行压力较大，形势严峻不容乐观，经济面临硬着陆的风险。

为了应对危机，2008 年 11 月国务院迅速推出被称为"四万亿"的政府计划，实行积极的财政政策和适度宽松的货币政策，出台更加有力的扩大国内需求措施，加快民生工程、基础设施、生态环境建设和灾后重建，提高城乡居民特别是低收入群体的收入水平，促进经济平稳较快增长。

支持"四万亿"计划的观点认为，"四万亿"计划运用财政与货币手段，通过重大基建拉动了内需，使得中国经济有效地避开了 2008 年全球金融海啸的冲击，避免了企业倒闭、工人失业、农民返乡潮，继续保持了中国经济发展的好势头，维护了社会和谐稳定，防止了现代化进程出现大的波折，中央投资的引导和带动作用持续显现，取得了明显成效。经济学家李稻葵表示，"四万亿"计划的历史功绩必须肯定。

批评者认为，"四万亿"计划制造的问题比成绩多。质疑"四万亿"计划的理由可以概括为四个方面：

第一，关于结构调整。"四万亿"经济刺激计划打乱了中国经济正常的调整过程，中国失去了进行经济结构调整的最佳时机，导致随后出现严重的产能过剩。经济学家许小年认为，"四万亿"计划会使中国的经济结构更加扭曲。

第二，关于扩大内需。"四万亿"计划不仅未能刺激有效需求，反而由于大批没有效益、投资周期长的基建项目匆忙上马造成了财富积淀。经济学家郎咸平指出，"四万亿"投资带来财政、滞胀、民企三大危机。

第三，关于经济泡沫。2009 年存款准备金率为 14％，货币乘数达到 4.6，"四万亿"计划落实期间的社会融资规模远远超过了 4 万亿元。货币超发吹大了房地产泡沫，中国经济滑到了危险的边缘。同时，政府主导投资埋下了两个祸根：其一是地方政府债务快速膨胀，高杠杆风险随时爆发；其二是官商勾结的"寻租"现象成为常态，腐败问题导致的民怨此起彼伏。

持"中立"的观点认为，"四万亿"经济刺激计划具有一定的必要性，但是，该方案存在严重缺陷，在经济开始复苏之后又不愿意承担由其产生的成本是不现实的。

在建设中国特色的社会主义市场经济体制的过程中，市场"无形之手"与政府"有形之手"的博弈从来没有像今天这样激烈，因为参加博弈的不仅是思想，而且是背后代表的利益。

无论支持、反对、还是中立意见，"四万亿"计划之于中国经济只是权宜之计，它远没有解决中国经济的方向性问题。围绕"四万亿"计划的得失之辩，不仅涉及中国经济的方向性问题，而且涉及市场与政府在中国经济中扮演的角色问题。

## 发展瓶颈的五大内因

中国经济发展瓶颈，其实就是处于收缩周期中的中国经济面对的矛盾。突破瓶颈，必须抓住主要矛盾，解决次要矛盾。当前，存在制约中国经济发展的五大内部瓶颈。

### 瓶颈之一：供需瓶颈

当前，中国的供需矛盾，表面是供应大于需求，实质是相对供应大于相对需求，而不是绝对供应大于绝对需求。中国的绝对需求是存在，但是因为收入分配不均、货币超发贬值、社会保障不足、就业形势严峻等因素，导致了中国的相对需求不足，社会有效需求疲软。

在市场经济状况下，经济危机本质上是失衡的结果，经济失衡主要表现为供需失衡。马克思认为，经济危机就是供需失衡的危机。《马克思恩格斯全集》第

26 卷第二册第 17 章中批判了否认经济危机的观点和对生产过剩的辩护。

在市场经济中，供需失衡不独为资本主义的专利，中国社会主义市场经济体制也存在供需失衡问题。供需失衡又具有特殊性，如果把资本主义的供需失衡比喻为一匹脱缰的野马，那么这匹野马在社会主义体制下虽然也是野马，也会脱缰，但是最终能被驯服。

### 瓶颈之二：能源瓶颈

能源瓶颈是指不断增长的能源消耗与能源禀赋不足之间的矛盾。中国常说自己"地大物博"。事实上，中国的"地大物博"是以农业社会标准衡量的结果。以工业社会标准衡量，中国的"物"并不"博"，大工业生产所必需的铁矿石、石油等资源都不是中国的禀赋。

中国是全球资源消耗第一大国。自 1993 年中国首次成为石油净进口国以来，中国的石油对外依存度便由 6％一路攀升，2009 年中国的石油对外依存度超过了 50％的心理防线，也超过了石油消耗大国美国的对外依存度。2008 年中国石油进口/石油生产比率为 94％，2012 年这一比率已经上升为 131％（见表 4 — 1）。鉴于如此高比率的石油进口，中国的能源安全问题实在堪忧。中国在 2013 年石油消费增长已经占到世界石油消费增长的一半，全球能源消费的 22％。

表 4—1　　　　中国石油进口/石油生产比率（2008—2012 年）

| 指标 | 2012 年 | 2011 年 | 2010 年 | 2009 年 | 2008 年 |
|---|---|---|---|---|---|
| 石油进口数量（万吨） | 27 103 | 25 378 | 23 768 | 20 365 | 17 888 |
| 石油生产量（万吨） | 20 700 | 20 288 | 20 301 | 18 949 | 19 044 |
| 石油进口/石油生产比率 | 131％ | 125％ | 117％ | 107％ | 94％ |

资料来源：根据中国国家统计局数据整理。

中国变成了车轮上的国家。2013 年中国社科院《中国汽车社会发展报告 2012—2013 年》显示，2012 年中国每百户家庭私人汽车拥有量超过了 20 辆。2014 年中国国家统计局最新数据显示，继 2012 年中国民用汽车拥有量破一亿辆大关后，2013 年私人汽车拥有总量首次突破一亿辆。随着城市化进程及家庭汽车拥有量的增加，中国的石油对外依存度只会增加不会降低，能源供需矛盾将更加突出。

**瓶颈之三：环保瓶颈**

中国是全球环境污染第一大国。二氧化碳排放正以"中国速度"令全球侧目。二氧化碳排放产生于化石燃料燃烧和水泥的生产过程，主要是固态、液态和气态燃料以及天然气燃烧时产生的。

2006年，中国二氧化碳排放量为61亿吨，取代美国成为全球二氧化碳排放第一大国。2009年在哥本哈根全球气候大会上，激增的二氧化碳排放成了西方攻击中国的把柄（见图4—2）。2013年中国经济规模占世界12%左右，但二氧化碳排放占世界总排放的比重高达27%。

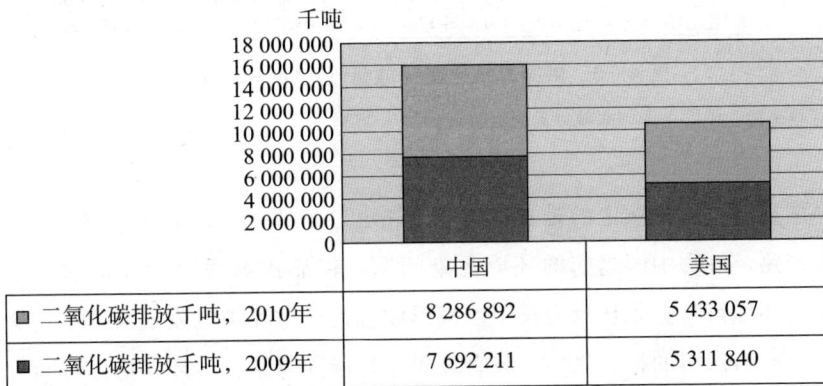

千吨

| | 中国 | 美国 |
|---|---|---|
| ■ 二氧化碳排放千吨，2010年 | 8 286 892 | 5 433 057 |
| ■ 二氧化碳排放千吨，2009年 | 7 692 211 | 5 311 840 |

**图4—2　中美二氧化碳排放量比较（2009—2010年）**

资料来源：根据世界银行数据整理。

中国经济粗放式增长是以牺牲环境为代价的。各地上马的大批高耗能、高污染项目致使环境全面恶化，江河污染、土壤污染、空气污染无处不在。2012年华北地区爆发的大面积雾霾天气，终于将治污问题推上了风口浪尖。另外，因环境问题和环境事件引发的社会矛盾、群体性事件也呈上升趋势。

应该承认，中国对于环境保护是重视的。但是，过往环保欠债太多，解决环保问题不能一蹴而就。以治理二氧化硫排放量（工业 $SO_2$ 排放量与生活 $SO_2$ 排放量之和）为案例，在政府加大治理力度的推动下，中国的二氧化硫排放量从2008年开始逐年下降（见图4—3）。虽然趋势是下降的，但是排放总量仍然居高不下，令人担忧。

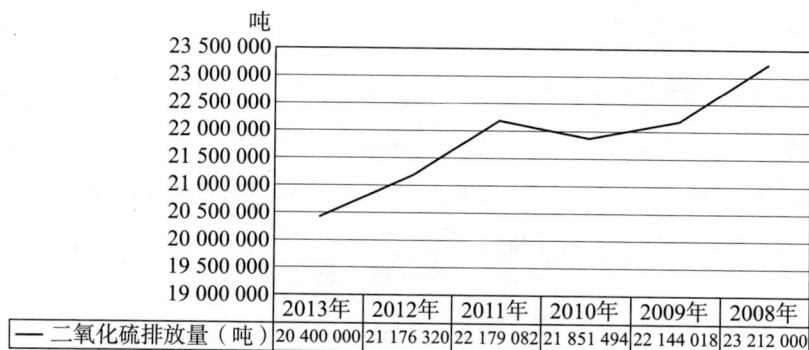

| 吨 | 2013年 | 2012年 | 2011年 | 2010年 | 2009年 | 2008年 |
|---|---|---|---|---|---|---|
| —— 二氧化硫排放量（吨） | 20 400 000 | 21 176 320 | 22 179 082 | 21 851 494 | 22 144 018 | 23 212 000 |

图4—3　中国二氧化硫排放量（2008—2013年）

资料来源：根据中国国家统计局数据整理。

中国经济发展依然走的是发达国家过往走过的那条"发展——污染——再治理"的老路，解决中国当前的环境污染问题，仅靠提高民众的环保意识是不够的，根治环境污染必须从改变长期以来形成轻视环境保护的发展观入手，必须从重新配置政府部门的权力入手。只有环保与发展同等重要，环保指标等同于GDP指标，从根本上解决中国的环境污染问题才有希望。

**瓶颈之四：粮食瓶颈**

中国的粮食安全问题似乎得以解决，粮食生产年年报喜，18亿亩耕地红线固若金汤。然而，表面风平浪静的中国粮食安全却存在两大隐患。

隐患之一：粮食生产效率低下。

中国的粮食丰收，不是有赖农业生产率的提高而获得的，而是依靠政府对农产品收购价的补贴而保障的。2008—2012 年，中央财政累计安排拨付现代农业生产发展资金 381 亿元，2013 年中央财政提前下达 2013 年现代农业生产发展资金预算指标 69.3 亿元。

中央财政支持农业发展是必要的，但是，中国农业发展最终要在市场经济中经历考验。目前，中国农业单位亩产的资金投入率、化肥使用率均高过全球主要的农业生产大国，农业生产效率低，农产品价格缺乏竞争力。尤其是当前农药化肥过量施用导致土壤及生态环境问题日益显现。

联合国粮农组织数据显示，中国湖北籼稻价格在 2012 年前 9 个月达到每吨 625 美元；与此相比，越南出口的最贵大米品种 5％碎米率大米的价格仅为每吨 451 美元，泰国此类品种价格为每吨 598 美元，均低于中国国内价格。当前这种依靠政府补贴而获得的农业丰收是经不起风雨吹打的。一旦粮食市场价格开放，缺乏竞争力的中国的粮食生产在竞争中败下阵来是大概率事件。

隐患之二：主粮进口依存度高。

美国农业部的数据显示，中国 2012 年进口精米 260 万吨，进口量创出历史新高，较 2011 年的 57.5 万吨大幅增长。然而放眼过去 50 年里，大多数年份中国大米的出口量都超过进口量，仅有四年是大米净进口国。

为何中国近来连续十年丰收，而主粮进口量却屡创新高？造成这一现象的原因是多方面的：首先，这是由于大米的国内外价差所致，进口大米可以从中获得差价；其次，种业基本被外资控制。2013 年国家信息中心在分析报告中就承认了粮食丰收与种业被外资控制并存的现状。《关于近期粮食形势的分析报告》显示，小麦、玉米、大米等主要粮食长期以来并不存在明显的缺口，国内主要粮食基本能够自给自足；但是，主要种业被外资控制，未来粮食产量仍然存在很大的不确定性。

粮食生产的核心是种业，种业被控也就是说粮食种子的价格不在掌控之中。一旦"种子战争"爆发，对中国经济的威胁与危害远在"货币战争"之上，因为没有一个国家能够养活 13 亿人口。粮食瓶颈不仅仅是农业发展的自身问题，而且是经济社会可持续发展面临的重要问题，也是国家战略安全的重要组成部分。一个国家如果粮食自给率低于 90%，就很难讲饭碗端在自己手里，人均耕地少于0.8 亩，将陷于危机状态。因此，不能由于年年粮食丰收而麻痹大意，要把粮食安全与农业安全放在整个国家的战略安全角度去考虑。中国的粮食安全一旦完全与国际粮价捆绑在了一起，安全问题就不是自己可以掌控的了。

曾经蜚声中外的东北大豆几乎已经消失，图 4—4 显示中国的大豆进口逐年增多，东北大豆的今天是否是主粮生产的明天？这既是一个严肃的农业话题，也是一个严肃的经济话题。

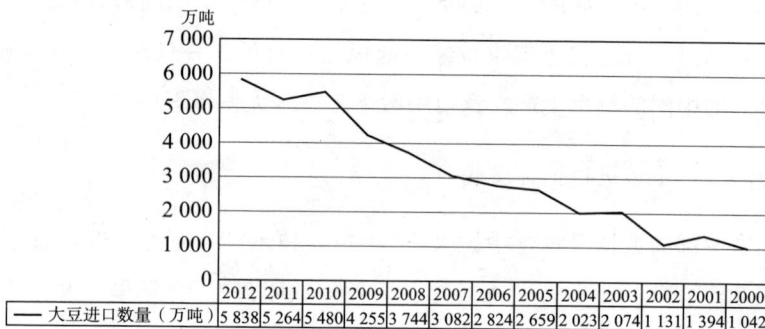

| 万吨 | 2012 | 2011 | 2010 | 2009 | 2008 | 2007 | 2006 | 2005 | 2004 | 2003 | 2002 | 2001 | 2000 |
|---|---|---|---|---|---|---|---|---|---|---|---|---|---|
| 大豆进口数量（万吨） | 5 838 | 5 264 | 5 480 | 4 255 | 3 744 | 3 082 | 2 824 | 2 659 | 2 023 | 2 074 | 1 131 | 1 394 | 1 042 |

**图 4—4　中国大豆进口量（2000—2012 年）**

资料来源：根据中国国家统计局数据整理。

### 瓶颈之五：区域失衡

中国经济发展的不平衡是一个历史问题。新中国成立以来，中国就有所谓"三大差别"。"三大差别"是指工农差别、城乡差别、脑力劳动与体力劳动的差别。经过改革开放 30 多年的发展，个人收入的绝对值是上升的，但是，"三大差别"并未获得根本性解决，反而以新的形式继续存在。区域差别、贫富差别、城乡差别共同构成了新的"三大差别"。

所谓区域差别是指经济发展过程中的区域不平衡。区域不平衡主要体现为三种不平衡：

第一，同一区域内不同地区之间的差别。以广东省为例，改革开放 30 多年以来，珠三角地区与粤东、粤北地区的差别不是缩小了，反而扩大了。

第二，大城市与中小城市的不平衡发展。以北上广深为代表的中国大城市与中小城市的差距在扩大，这种差别不仅表现为房价差别，户籍差别，而且表现为文化差别、社保制度差别等多个方面。

第三，东部与中西部的不平衡发展。广东与四川 1999 年与 2013 年 GDP 的数据对比分析显示（见图 4—5），1999 年中国提出了西部大开发战略，当年，四川 GDP 是广东 GDP 的 39％，到了 2013 年，四川 GDP 仅为广东 GDP 的 42％，西部大开发战略代表性省份四川与沿海地区代表性省份广东之间的这一 GDP 比率仅缩小了 3 个百分点，由此可见，中国中西部差距依然巨大，并没有因为西部大开发战略的实施而得到根本性扭转。

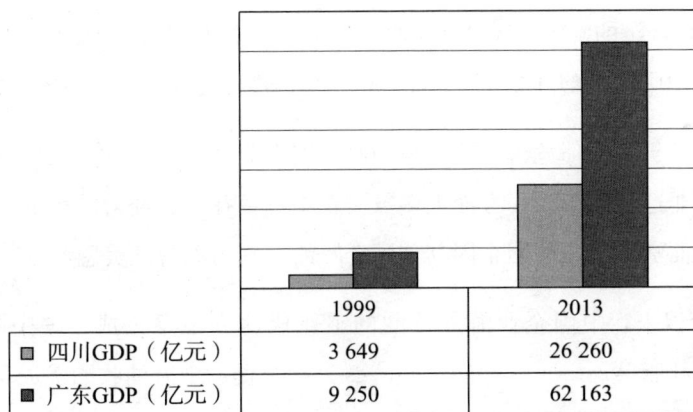

| | 1999 | 2013 |
|---|---|---|
| 四川GDP（亿元） | 3 649 | 26 260 |
| 广东GDP（亿元） | 9 250 | 62 163 |

**图 4—5  广东与四川 GDP 比较（1999 年和 2013 年）**

资料来源：根据中国国家统计局数据整理。

中国区域经济发展的不平衡本身是发展的必要条件，只有先经过不平衡的区域发展，才能实现整体平衡的区域发展。目前的主要问题不是区域不平衡的存在，而是没有显示出从不平衡发展转向平衡发展的契机与希望。

## 发展瓶颈的六大外因

改革开放改变了中国，也改变了世界。全球格局因中国力量的崛起而发生着改变，这种改变势不可当。但是，在奉行利益至上的国际舞台上，国际格局中任何新生力量的崛起势必招致现有势力的阻挠。

中国奉行"和平共处五项原则"，坚持和平崛起的发展道路，然而，随着中国 GDP 成为世界老二，羡慕嫉妒恨的各类反应都有。一方面中国要坚持包容发展，主张包容不同社会制度、不同经济制度、不同意识形态、不同宗教信仰的共同发展；另一方面要认清中国经济面临的挑战与压力，准确诊断中国经济发展的外部瓶颈从而有的放矢。当前，存在制约中国经济发展的六大外部瓶颈。

### 瓶颈之一：中国"走出去"海外收购遭遇滑铁卢

随着中国经济的发展，从"引进外资"到"对外投资"的转变是发展的必然趋势。与中国对国外投资开放态度迥异的是，发达国家对于来自中国的投资如临大敌。

从金融危机到欧债危机，很多人预测中国企业"抄底"欧美的时刻到了，但实际情况并非这么简单。一方面大多数民企不具备吞并、经营欧美成熟企业的实力，另一方面资本雄厚的国企因其"国企"的标签而深为欧美忌惮。

2008 年以来，中国企业海外并购的整体成功率不足三成。腾中收购悍马，武钢与澳大利亚 Western Plains Resources 公司合资，中海油收购优尼科，鞍钢集团在美合资建厂，中铝收购力拓，中国企业海外收购均以失败告终。

2009 年中铝与力拓双方宣布并购，中铝认购可转债以及在铁矿石、铜和铝资产层面与力拓成立合资公司，向力拓注资 195 亿美元。收购看似两厢情愿。一来力拓是世界三大铁矿石巨头之一，在全球金融危机下，铁矿石价格下跌，公司已经负债 387 亿美元，急需外部资金补备；二来中国经济高速增长，需要拥有稳定的优质铁矿石资源。收购进程最初似乎也一帆风顺。2009 年 6 月风云突变，力拓集团董事会撤销了对中铝交易的推荐，中铝收购失败。交易的失败除了力拓因铁矿石涨价而快速摆脱了困境之外，隐藏着更深层次的原因。

诚然，中国的海外并购也不乏成功案例，例如，吉利成功收购沃尔沃，万向集团被批准收购美国破产的豪华混合动力车制造商菲斯克公司，联想宣布收购 IBM X86 服务器业务，金叶珠宝公司计划进入美国油气领域……但是，仔细分析便会发现，中国海外收购的均是非资源性资产。

中国海外收购不断遭遇滑铁卢，不仅折射出东道国政府对中国资源及其加工类企业的戒心，而且暴露出一只"无形的手"阻止中国的海外收购。凡是非高科技与非资源性资产，中国海外收购的成功大于失败；凡是高科技与石油、铁矿石等资源性资产，中国海外收购的成功率几乎为零。

中国企业走出国门是中国经济发展的必然趋势，中国的海外投资与收购刚刚起步。中国跨国企业的建立首先是需要建立一支国际化、专业化的团队，需要根据国外的文化聘请一批当地的顾问团队与游说团队，减少中国企业海外并购的障碍。在中国企业走出国门的过程中，政府护航为中国企业海外收购提供制度保障显得尤为重要，与相关国家签订互惠与对等的投资协议是保障中国海外收购的主要措施之一。

**瓶颈之二：中国对外贸易面临 TPP 封堵**

为了走出 2008 年经济危机的阴影，美国在经济上采取了三大措施：第一，在货币政策方面，采取了定向量化宽松政策；第二，在产业政策方面，提出了重整制造业；第三，在国际经济方面，提出了重返亚洲计划。美国的重返亚洲计划并不是一个纯粹自我发展的计划，而是一个以牵制中国经济发展为前提的计划。美国以 TPP 网络亚太地区国家主导亚太区域经济合作，稀释中、日在亚太区域的影响力，阻止亚洲形成统一的贸易集团，确保美国在亚太的地缘政治、经济和安全利益。

TPP原本只是文莱、智利、新西兰和新加坡4国2005年签署的自由贸易协定（FTA），2009年演变成美国重返亚洲、掌控"太平洋世纪"的贸易载体。TPP首轮谈判2010年3月15日在澳大利亚举行。参与谈判的包括美国、智利、秘鲁、越南、新加坡、新西兰、文莱和澳大利亚在内的8个国家。2011年日本正式决定加入TPP谈判。2013年韩国宣布加入TPP谈判。

美国在TPP谈判中强调美国的优势产业，包括清洁能源、知识产权，以及农业与服务业的开放。中国一直未获邀请参与TPP谈判，美国在亚太区域遏制中国的意图昭然若揭。TPP放在亚太的视角是针对中国，放到全球的视角是对付德国与俄罗斯。美国建立以自己为主导的TPP主要是为了打击中国的对外贸易与投资，从如下两个方面对中国施加压力。

首先，在资源上遏制中国的进口。通过TPP控制亚太地区的铁矿石、橡胶、石油等资源性产品，从而实现控制中国这个"世界工厂"的目的。其次，在市场上遏制中国的出口。TPP的核心内容是关税减免，免除成员国90%的货物关税，所有产品的关税将在12年内全部免除。TPP按照美国标准制定的知识产权保护、劳工、环保，以及其他相应的服务贸易条款，对中国扩大在亚太地区的贸易与合作形成压力。

其实，TPP的终极目标不是打垮中国而是遏制中国。美国也明白TPP还没有强大到具有摧毁中国经济的实力，庞大的中国市场与中国经济的快速修复能力都是不容忽视的。另外，虽然出口导向的中国经济易遭外部经济冲击，但是外贸毕竟只是"三驾马车"之一。因此，美国只是企图通过TPP把中国出口产品价格压在低位，降低中国出口产品附加值，让中国始终作为低端制造业的"世界工厂"，继续为美国打工，这才是21世纪美国对外贸易战略的真实目的。

**瓶颈之三：中国高科技产品出口受限**

发达国家限制对发展中国家出口高科技产品是保持科技领先的惯用手法。近几年来，作为世界高新技术贸易的龙头老大，美国对华技术出口一直排在欧盟和日本之后，而且在整个对华技术出口贸易中，敏感技术和高新技术的出口量更是少得可怜。美国将中美贸易失衡归咎为人民币汇率，这是一种走极端。造成中美贸易逆差最主要的原因是美国限制对华出口，美国对华出口管制是冷战思维在作怪。

美国不仅限制对华技术贸易出口，而且在贸易保护主义作祟下限制中国对美出口高科技产品。2010年美国以所谓国家安全为由，拒绝中国的中兴通讯公司竞标美国电信运营商斯普林特公司的一份价值数十亿美元的合同。2011年中兴通讯向美国电信运营商出售设备，也因政治干预而流产。美国众议院2012年针对所谓"中国通信公司给美国带来国家安全威胁"进行调查，质询中兴通讯等中国公司有"间谍"嫌疑。中国高科技企业华为与中兴通讯有着同样的遭遇。2011年华为在致美国政府公开信中表示，华为始终尊崇美国是一个伟大的国家，尊重美国的民主、自由、法制和人权的价值观，邀请美国政府进行全面的公开调查。华为在公开信中引用林肯总统的名言"品格像是一棵树，名誉就像是树的影子"以正视听。2013年美国继续以所谓网络安全为借口对中国高科技公司采取歧视政策。美国总统奥巴马签署了长达240页的法案，明确规定除非得到联邦法律执行办公室的许可，否则美国国家航空航天局、司法部门、商务部门等不得随意购买任何信息技术系统。

英国《经济学人》杂志的评论一针见血地指出，如果说华为等中国公司对西方国家有什么威胁的话，那真正的威胁不是别的，正是华为在同西方本土企业竞争时已经开始在创新方面领先了。

中国高科技产品的出口踏实了一条漫长而曲折的道路。高科技产品的出口不仅要有高科技，不仅要有价格竞争力，而且最为重要的是突破封堵的瓶颈。

**瓶颈之四：中国海外能源及进口渠道处于"不设防"状态**

首先，中国进口的石油大多数在欧美控制之中。中国从中东和非洲进口的石油占中国石油进口总量的80%以上，这些国家及地区的油田早已被由美国等西方国家主导的世界排名前20位的大石油公司瓜分，这些公司垄断了探明优质石油储量的81%以上。

其次，中国海上运油通道易被封锁。中国石油进口的主要渠道是海上运输，霍尔木兹海峡和马六甲海峡是中东和非洲输出石油的必经之路。2011年末伊朗核危机升级，美伊两国在海上剑拔弩张，霍尔木兹海峡屡次面临被封锁的风险，一旦海峡被封锁，从中东到中国的石油运输线将被完全切断。马六甲海峡的情况也不容乐观，中国约80%的能源进口需经过马六甲海峡，此海峡水路狭窄，最窄处仅3公里，一挺机枪就可以封锁。美国在新加坡的樟宜建立海军基地，扼守马六甲海峡，控制由中东到东亚的海上石油运输航道，战略意义不在苏比克湾军事基地之下。樟宜基地在自然条件和军事设施上均远逊于苏比克湾基地，但近年来美军不断投入，加以改造，同时积极与马来西亚、菲律宾、文莱、泰国等东南亚国家协商，争取使美舰艇可进入这些国家的港口补给、维护，因而该基地的重要性不断得到提升。另外，美军在印度洋迪戈加西亚岛的军事基地位于印度洋中部，迪戈加西亚基地是美军战略轰炸机唯一不需通过空中加油便能对东、西半球进行军事干预的军事基地，可支援中东和波斯湾，监视和控制印度洋海域。

再次，中国能源企业的生产布局偏向东南沿海。大型石化及炼油基地多数设在广东、福建、浙江沿海地区。即便中俄输油管道贯通，中国开辟了陆上输油通道，能源布局依赖海上石油通道的现状也无法得到根本性改变。

**瓶颈之五：中国经济面临金融危机冲击**

金融是现代经济的命脉。全球化时代的经济危机具有两大特点：第一个特点是地区危机往往扩大为全球危机，全球危机往往从地区危机开始；第二个特点便是经济危机往往表现为货币危机与金融危机，货币危机与金融危机的解决与否往往决定能否最终摆脱经济危机。

从1997—1998年亚洲金融风暴到2008年全球金融海啸，金融危机的破坏性越来越大，波及面越来越广，发生的频率越来越快。2012 年，英国女王伊丽莎白感叹为何没有一位经济学家准确预测全球金融危机。确实，全球金融危机的预测与地震的预测同等困难，迄今尚未有一个经济理论与模型能够准确预见金融危机发生的日期，故而对于金融危机，重点不是在预测而是在掌控，何时爆发危机并不重要，重要的是能够掌控危机的进程。

美国历来是制造、掌握与利用金融危机的高手。这首先得益于美元依然堪称全球最具影响力与适用范围广泛的货币，其次得益于华尔街、美联储是全球金融的中枢，再次与美国经济理论领先全球关系重大。这些优势综合在一起就决定了美国在货币战争中的胜算概率。无论金融危机何时爆发，无论危机缘自何因，执全球经济与金融牛耳的美国都能化"危"为"机"。2008 年源自美国的次贷危机最终演变成了欧洲的主权债务危机就充分证明，美国一方面具备将自己危机转化为他国危机的能力，另一方面具有"损敌一千，自伤一百"的实力。美国在经济危机中虽然难免不被冲击，但是美国每次都能够通过危机取得对他国相对领先的优势。

中国经济躲过了亚洲金融风暴的冲击，避开了全球金融海啸的冲击，但是这并不能说明中国经济一定能在下一波冲击中安然无恙。

当前，巨额外汇储备已成为中国经济发展的负担。中国曾是外汇短缺国家。从新中国成立到 1978 年改革开放之前，外汇储备大多数年份都在 2 亿美元以下，最多时不到 10 亿美元。改革开放后中国的外汇储备呈跳跃式上升，分别于 1990年、1996 年、2006 年相继突破百亿、千亿和万亿美元大关。2014 年一季度末外汇储备高达 3.95 万亿美元，2014 年底突破 4 万亿美元似无悬念。外汇储备 10 年增长 10 倍，其急速膨胀令央行货币投放量也不得不相应增长，造成中国的通胀压力与资产膨胀压力。

**瓶颈之六：地缘冲突干扰中国经济发展**

亚欧由于历史悠久，民族众多，以及文化差异，是地缘冲突集中爆发的地区。地缘冲突的扩大导致了两次世界大战。以巴冲突也导致了中东地缘冲突不断。地缘冲突是随意的，几乎所有地缘冲突尽管有其内在逻辑但往往总是因一次偶然的事件而点燃。地缘冲突又是可控的，第二次世界大战后几乎所有地缘冲突背后都有大国操控的影子。

通过挑起地缘冲突从而干扰他国经济发展，在经济上取得"不战而屈人之兵"的效果，这是当今霸权主义惯用的手法。科索沃战争在欧元诞生不久就在欧洲爆发，这是偶然的吗？1947年中国完成了南海划界确定了"十一段线"，后由于中越之间的友好关系，1953年撤销彼此之间两段，于是形成中国南海疆界的"九段线"。美国重返亚太战略公布后，部分国家就开始在中国南海挑战中国的底线，这绝不是独立事件。

中国的和平外交政策无法消除地缘冲突对中国经济发展的干扰。潜在的地缘冲突随时成为中国经济发展的潜在风险与瓶颈。

综上所述，面对内外瓶颈，中国经济需要尽快挥出"三板斧"：第一板斧是调整外向型经济结构，在出口与进口、商品贸易与服务贸易，"引进来"和"走出去"之间建立新的均衡；第二板斧是调整不平衡发展战略，推动从"先富"转为"共富"，推动沿海与内地，经济与政治、社会、文化和生态全面协调发展；第三板斧是调整经济结构，推动以低成本为基础的产业结构转向高增值结构。

## 发展缺位的"热点"与"亮点"

美国历史学家斯塔夫里阿诺斯在《全球通史》中将1500年视为西方近代文明的起点，东西文明升跌的分水岭。16世纪以来，启蒙运动、探索新大陆、发明蒸汽机、宗教改革开启了西方文明崛起之旅，西方文明的复苏以意大利为起点，沿着顺时针方向转向，席卷西班牙、葡萄牙、英国、德国。与此同时，东方的中国，明末战乱，民不聊生，其后虽经历康乾盛世，始终摆脱不了盛极而衰的宿命。乾隆皇帝热衷于四处落墨、六下江南、十全武功。嘉庆皇帝放弃了亲政初期大刀阔斧整顿吏治的决心，最终成为了悲剧皇帝。中国与西方早在鸦片战争之前就拉开了差距。

从华夏文明到明清工商业萌芽，中国建立了人类农业文明最成功的典范，为什么中国的农业文明未能转化为工业文明？这就是著名的李约瑟难题。

英国历史学家尼尔·弗格森在《文明》一书中，将西方在1500年后领先于包括中国在内的世界其他地区归功于六大因素。其中，科学革命与消费社会功不可没。科学革命使得西方获得了改造自然界的新方法，能够制造新的工具、新的产品、新的武器，具备了优于世界其他地区的经济优势与军事优势。消费社会的出现，代表的是消费领域的不断扩大与消费能力的不断提高，生产与消费互为配合，使得西方的社会财富与经济实力不断扩张，最终形成了压倒世界其他地区的全面优势。

科学革命是经济发展的拉力，消费社会就是经济发展的推力。改革开放开启的科技革命与建立的消费社会是中国经济发展的"亮点"；消费失速拉力不足与创新乏力推力不够成为中国经济发展的"热点"。

## 消费从增速变为失速

改革开放以来，随着社会主义市场经济体制的建立，消费对于中国经济的推动作用是非常明显的。马克思指出，如果没有消费，生产就没有目的。英国经济学家马歇尔认为，一切需要的最终调节者是消费者的需要。消费对中国经济的推动作用主要体现在如下三个方面。

首先，消费就是生产力。消费热点的形成既可以扩大再生产，又可以推动新兴产业的形成。在"十二五"规划纲要中，提出了建立扩大消费需求的长效机制。其次，消费就是经济的动力。消费本质上是满足劳动者需求，可以提高劳动者的生产积极性，提高劳动力的质量，为生产创造出新的劳动力。消费是生产的目的，消费是人的消费，人的消费是人的发展，人的发展是经济发展的动力。再次，消费化解经济危机。进行扩大内需的经济结构调整，可减少中国经济受冲击的风险，熨平国际经济危机冲击的波动，推动实现保增长、调结构的目标。

改革开放 30 多年以来，在不同的历史时期，消费热点不同，可以串联成一组繁荣昌盛消费社会的画卷。

## 消费热此伏彼起成过去

改革开放初期的消费热点是"三转一响"。"三转"是指自行车、缝纫机、手表，"一响"是指收音机。"三转一响"是"文化大革命"时期中国家庭梦寐以求的"奢侈品"。这个中国梦成为了引领 20 世纪 70 年代末中国消费的热点。1978 年法国服装设计师皮尔·卡丹举办了中国有史以来第一个时装秀。身材高挑的中国姑娘第一次走上了服装秀的 T 台。被惊呆的不仅是在中国的外国人，中国老百姓也被他们眼前穿戴一新的女模特惊呆了，中国人长期被压抑的服饰消费热情及追求美好生活的热情被激活了。张瑜在电影《庐山恋》中更换了 30 多件连衣裙，刘晓庆在电影《瞧这一家子》中也是穿得花枝招展。皮尔·卡丹、梦特娇、鳄鱼、老人头、花花公子、金利来等品牌成为当时所有大城市商场里热销的品牌，"服饰消费"成为 20 世纪 80 年代初中国的消费热点。

20 世纪 80 年代以来，"三转一响"被"新三件"所取代。电视机、冰箱、洗衣机成为了中国家庭的消费热点。当时一台普通的 12 寸黑白电视价格大约 300 元人民币，相当于普通中国人一年的工资，拥有一台这样的黑白电视机堪称名副其实的高消费。1983 年中国各地掀起了大规模的家电技术引进热潮，大约有 40 多个厂家从日本、英国、法国、意大利引进先进的家电技术与设备。1984 年国家计划定点生产家电。1985 年颁发了冰箱、洗衣机定点生产许可证。白兰、白菊、小天鹅、小鸭等都是那时候的定点生产厂家。1985 年中国电视机产量已达 1 663 万台，仅次于日本成为世界第二的电视机生产大国。1987 年中国电视机产量已达 1 934 万台，超过了日本成为世界最大的电视机生产国。长虹、创维、

TCL、海信、康佳、熊猫、海尔成为中国彩电知名品牌。20 世纪 90 年代以来，"新三件"被空调、照相机、音响消费热所取代。华宝和春兰生产的空调成为家喻户晓的品牌。

进入 21 世纪以来，房地产、汽车、手机成为新的消费热点。早在 1990 年十三届七中全会《关于十年规划和"八五"计划的建议》就部署了汽车工业发展蓝图，指出"汽车制造业在整个经济发展中占有重要地位，应当在全国范围内统筹规划、合理布局，促使其健康发展"。10 年后，中国的汽车消费热终于爆发了。2014 年中国汽车工业协会发布的数据显示，中国汽车销售持续增长，2013 年汽车产销分别为 2 211.68 万辆和 2 198.41 万辆，同比增长 14.76% 和 13.87%，比 2012 年分别提高 10.2 个和 9.6 个百分点，这是中国连续五年蝉联全球汽车销量第一（见图 4—6）。英国《金融时报》称，2013 年中国汽车产量首次超过欧洲。2000 年中国在全球汽车制造业的市场份额仅为 3.5%，而 2013 年达到 23.8%。中国 2013 年的汽车产量比 2000 年高出约 10 倍。中国，已经成了车轮上的国家。

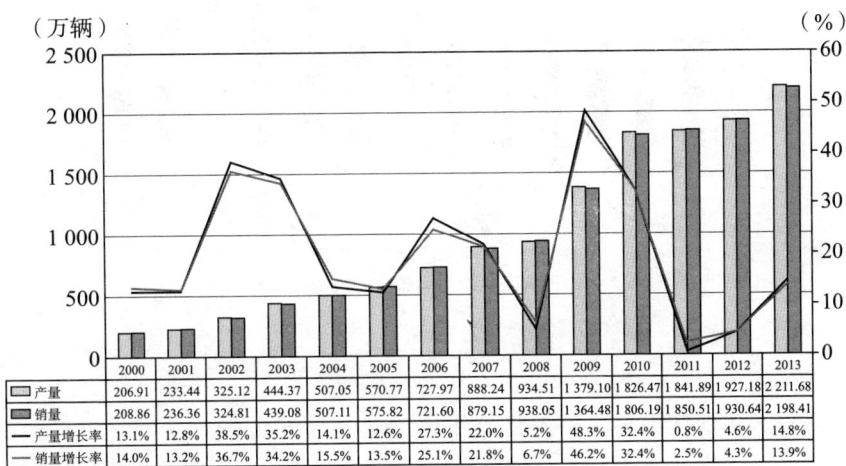

| （万辆） | 2000 | 2001 | 2002 | 2003 | 2004 | 2005 | 2006 | 2007 | 2008 | 2009 | 2010 | 2011 | 2012 | 2013 |
|---|---|---|---|---|---|---|---|---|---|---|---|---|---|---|
| 产量 | 206.91 | 233.44 | 325.12 | 444.37 | 507.05 | 570.77 | 727.97 | 888.24 | 934.51 | 1 379.10 | 1 826.47 | 1 841.89 | 1 927.18 | 2 211.68 |
| 销量 | 208.86 | 236.36 | 324.81 | 439.08 | 507.11 | 575.82 | 721.60 | 879.15 | 938.05 | 1 364.48 | 1 806.19 | 1 850.51 | 1 930.64 | 2 198.41 |
| 产量增长率 | 13.1% | 12.8% | 38.5% | 35.2% | 14.1% | 12.6% | 27.3% | 22.0% | 5.2% | 48.3% | 32.4% | 0.8% | 4.6% | 14.8% |
| 销量增长率 | 14.0% | 13.2% | 36.7% | 34.2% | 15.5% | 13.5% | 25.1% | 21.8% | 6.7% | 46.2% | 32.4% | 2.5% | 4.3% | 13.9% |

图 4—6 中国汽车产销量（2000—2013 年）

资料来源：根据中国汽车工业协会数据整理。

中国家庭大规模房地产消费是从 2000 年之后开始的。自住商品房房地产的消费是指购房自住或者购房投资的消费。1999 年中国人民银行下发《关于鼓励消费贷款的若干意见》，将住房贷款与房价款比例从 70％提高到 80％，鼓励商业银行提供全方位优质金融服务。2000 年中国人民银行延长个人住房贷款的期限和下调房贷利率，将个人住房贷款最长期限从 20 年延长到 30 年。2002 年中国人民银行降低个人住房公积金贷款利率水平，5 年以下（含 5 年）由现行的 4.14％下调为 3.6％，5 年以上由现行的 4.59％下调为 4.05％。在银行体系的全面配合与支持下，购房成了中国家庭的主要消费，房地产业成了带动中国经济发展与居民消费的"火车头"，商品房价格几乎逐年攀升（见图 4—7）。

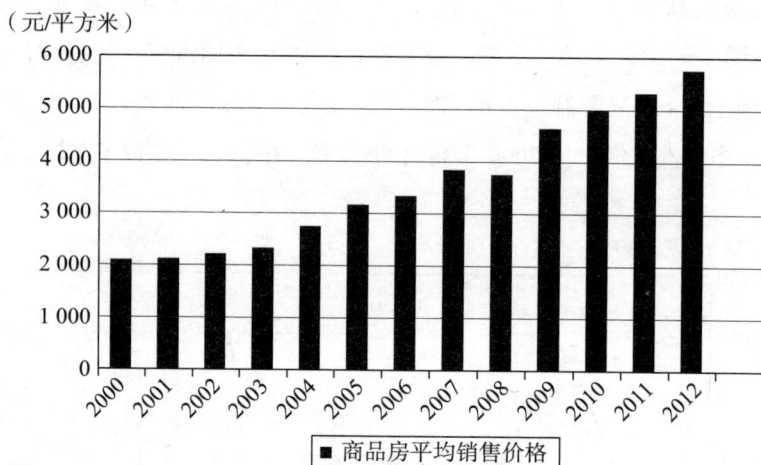

**图 4—7 中国商品房价格走势（2000—2012 年）**

资料来源：根据中国国家统计局数据整理。

中国加入 WTO 以来，中国信息工业取得了长足发展，中国移动、中国电信、中国联通的"三国演义"打破了行业垄断，带动了通讯消费。不足十年时间，手机从贵族化向平民化华丽转身，成为中国居民的消费热点。截至 2014 年 1 月底中国移动通讯用户达到 12.35 亿，移动通讯用户数占全国人口的 90.8％。其中 4.19 亿（33.94％）为 3G 用户，8.38 亿（67.80％）为移动互联网接入用户。

中国移动通讯用户的绝对数与密度均居世界前列。

## "三驾马车"　失速内需乏力

中国居民消费的趋势是恩格尔系数不断下降，即食品占家庭总消费的比重不断降低。从"三转一响"到汽车、房地产、手机消费热，在中国经济发展的不同阶段都会有某几样商品成为中国消费的领头羊，也即在不同的阶段都有一股消费热。

2008年全球金融危机令中国经济的"三驾马车"（见图4—8）失速，对外贸易受到的冲击最大，为此，内需被寄予了拉动中国经济增长的厚望。

2009年"四万亿"计划出台后，"家电下乡"等一系列刺激内需政策配套推出。可惜，此时的家电消费早已不是中国居民的消费热点了，中国消费的热点早已从20世纪90年代的家电消费热转移到了房地产消费热与汽车消费热。通过刺激家电消费从而刺激内需的措施效果不大。与此同时，大城市限制购车，全国限制购房，房地产与汽车消费无法启动，启动内需政策失望大于希望，中国整体内需并未被启动。2008年以来中国居民消费缺乏热点，多项测试消费水平的经济指标显示内需疲弱。

### 指标之一，居民消费占GDP的比重低于世界平均水平

中国入世以来，经济保持了高速增长，但是，这种高速增长主要不是依靠制度创新与技术创新，而是依靠政府高投入与民众卖劳力。这样的增长已经扭曲了中国经济结构，并必将最终被扭曲的经济结构所终止。中国经济结构的扭曲在经济指标上表现为GDP的连续增长与居民消费占GDP比重的持续下降。这十年以来中国GDP保持年均10％以上的增速，居民消费占GDP比重远低于国际60％的一般水平。中国居民消费占GDP比重连年下降说明两层含义。

第一，说明国民收入分配体制严重失衡。劳动者报酬占GDP的比重世界平均水平为60％。在日本、韩国工业化进程中的重化工时期，劳动者报酬占GDP的比重也出现过低于40％的年份，但从未出现过类似中国当前持续性的下降。中

图 4—8　中国经济的"三驾马车"（冯婷　绘）

国劳动者报酬占 GDP 的比重由 2004 年的 50.7％下降到 2011 年的 44.9％，中国劳动者报酬占 GDP 的比重不仅偏低，而且呈持续下降趋势，内需不振与各种社会矛盾激化都能从数据中找到答案。

第二，说明城乡居民收入增速与经济发展增速不同步。1979—2011 年中国人均 GDP 年均增长 8.8％，城镇居民人均可支配收入和农村居民人均纯收入年均增长均为 7.4％，比人均 GDP 增速低 1.4 个百分点。2011 年，虽然农村居民人均纯收入增速比 GDP 高 2.6 个百分点，但城镇居民人均可支配收入增速仍比 GDP 增速低 0.4 个百分点。国强未能转变为民富，普通居民未能享受经济增长带来的福利。

**指标之二，居民储蓄占 GDP 的比重超过世界平均水平**

世界银行关于居民储蓄占 GDP 的比重的数据显示，2012 年，消费主义盛行的美国为 17%，居民储蓄意识强的日本为 22%，消费稳健的德国为 24%，中国远远抛离这些国家，以 51% 高居榜首（见图 4—9）。居民储蓄率占 GDP 的比重已经高达 51%，远远抛离其他国家。

中国一方面是居民消费占 GDP 的比重下降，另一方面是居民储蓄占 GDP 的比重上升。第一个指标说明中国消费不振。第二个指标说明不是中国人没有钱消费，而是不愿意消费。

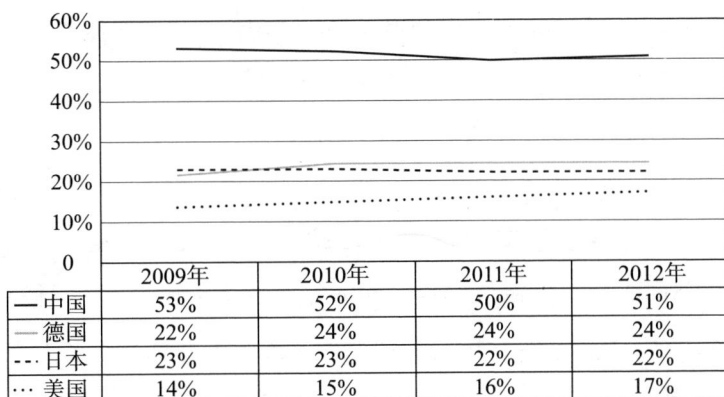

| | 2009年 | 2010年 | 2011年 | 2012年 |
|---|---|---|---|---|
| —— 中国 | 53% | 52% | 50% | 51% |
| —— 德国 | 22% | 24% | 24% | 24% |
| --- 日本 | 23% | 23% | 22% | 22% |
| … 美国 | 14% | 15% | 16% | 17% |

图 4—9　中国国内储蓄占 GDP 的比重（2009—2012 年）

资料来源：根据世界银行数据整理。

2013 年中国社会科学院《社会蓝皮书》称，中国居民的平均消费倾向由 2000 年的 79.6% 下降到 2011 年的 69.5%。2010 年和 2011 年农村居民平均消费倾向分别为 74.0% 和 74.8%，比 2005—2009 年有所下降。为什么中国人不愿意消费？为什么中国的高储蓄率转换不成高消费？

其实，是否愿意消费是由多重因素决定的。消费当然需要钱，但是有钱不是最重要的。最重要的要有消费信心。消费信心是指对未来经济的发展充满信心，对个人稳定的收入充满信心，对社会保障制度充满信心。近年来，内需疲软，其实不是居民不愿意消费，而是居民不敢消费。近年来，由于受收入水平、收入差距、社会保障制度不健全等因素的影响，城镇居民消费倾向呈下降趋势实不足怪。

没有消费的经济增长可以为继吗？我们还能够通过鼓励消费拉动经济吗？

## 创新从澎湃转为乏力

早在 1995 年的全国科学技术大会，创新就被提升到"一个国家兴旺发达的不竭动力"的高度。一个没有创新能力的民族，难以屹立于世界先进民族之林。创新是人类社会进步的核心动力和源泉，是人类所特有的创造性劳动的体现。长期以来，创新仅被理解为科学技术的创新。固然，科学技术创新非常重要，但是，要实现科学技术的创新，也必须实现制度创新。

英国工业革命的最强推力，不仅是瓦特的蒸汽机，还有亚当·斯密的《国富论》。中国经济腾飞的最强推力，不仅是依靠"三驾马车"，而是有赖制度创新。改革就是当代中国最大的制度创新。从包产到户的农业改革到建立现代企业制度的工业改革，创新贯穿着中国经济发展始终。改革本身就是生产力，就是创造力，就是原始推动力。

但是随着中国经济的发展，不断膨胀的 GDP 逐步消磨了推进体制改革的激情，当前中国经济最大的隐患就是创新不足。近十年以来，中国经济体制改革相对滞后，各项社会体制改革原地踏步。改革的彷徨注定了创新的乏力，创新乏力主要体现在如下两个方面。

**第一，科教体制呼唤改革。**

2005 年中国著名物理学家钱学森向前来探望的领导感慨说："这么多年培养的学生，还没有哪一个的学术成就，能够跟民国时期培养的大师相比。"为什么中国的学校总是培养不出杰出的人才？钱学森之问，虽然只是钱老的临终遗言，却是民族的沉重感叹。

科教体制改革虽已推行多年，但中国的科技创新基础不牢，自主创新特别是原创力不强，关键领域核心技术受制于人的格局没有从根本上得到改变，科技成果向现实生产力转化不力的痼疾仍然存在。

作为人才培养摇篮与基础科学研究基地的大学问题多多。"教育改革"喊了几十年，旧的痼疾未除，新的矛盾又浮现。中国高等教育三大歪风盛行：其一，在规模上"做大做强"之风盛行；其二，在学术上"言必称欧美"之风盛行；其三，在教师队伍上"用必要洋博士"之风盛行。大学生最大愿望是考取公务员，大学校园内最多的广告是国考的辅导班广告，几万个大学生抢一个公务员饭碗屡见不鲜……在这种"学而优则仕"价值观盛行的中国大学校园中很难培养出创新人才。

衡量一个国家经济发展水平的高低，除了看经济总量之外，还要看经济的技术含量，看经济增长质量，看投入产出效益，看人均经济增加值等更体现一个国家经济发展水平的指标。很显然，中国在这方面还是与世界先进国家有不小的差距的。钱学森在生命的最后阶段讲："现在中国没有完全发展起来，一个重要原因是没有一所大学能够按照培养科学技术发明人才的模式去办学，没有自己独特的创新的东西，老是冒不出杰出人才。这是很大的问题。"过去很多年来中国总是眼睁睁地看着其他国家的科学家、经济学家拿走诺贝尔奖，也从一个侧面反映了中国在科学研究和教育水平等领域的真实差距，折射出中国科教体制存在的问题，这种科教体制与过去的国企一样，存在"高投入，高浪费，低效率，低产出"的弊病。

应当说，经过几十年的不懈努力，中国在各个领域都已经取得了巨大进步和重大突破，很多技术也进入了世界顶尖行列，有的则处于世界领先水平。但是，关键在于，中国在科技、经济领域，尚缺少具有能够弥补某个领域空白、具有颠覆性影响的研究成果。因此，也就极少有人能够登上诺贝尔奖这样的世界最高平台。所以，当2015年屠呦呦成为首位新中国成立后获得诺贝尔奖的中国籍科学家之后，打破了所谓的"新中国培养不出大师"的魔咒，其所带来的震动，毫无疑问是非常巨大的。如果有一天，中国人能够登上社会科学的最高领奖台，同样也能带给中国人极大的喜悦与欢快。

**第二，企业创新机制缺失。**

印度工业总会与欧洲工商管理学院公布"2010 年全球创新指数"（GII，Global Innovation Index）排行，中国排名第 43 名，较 2009 年第 37 名有所下降。福布斯公布"2014 年全球最具创新力企业排名榜"，前 20 名没有一家中国企业。彭博社发表"2014 年创新力研究报告"，中国排在 20 名之外。美国科技评论杂志《麻省理工科技评论》（*MIT Technology Review*）评出了"2014 年度全球创新企业 50 强"，共有 8 家生物科技公司上榜，基因测序仪器公司 Illumina 更是高居榜首，但却没有一家中国企业。

一个国家创新力的价值，包括两个层面，一个方面是基础科研的创新，另一个层面是应用科研的创新。应用科研创新的载体就是企业。中国不乏华为、腾讯、中兴、比亚迪这类具有创新能力的知名企业，但是，中国具有创新力的知名企业所占的比重太小。尤其值得注意的是国企中具有创新能力的企业太少。"微信"不是中移动、中联通、中电信三大电信企业的专利，北上广深"地王"的举牌者却都是国企。国企"绝对热衷扩大规模，相对忽视创新发展"是内部考核机制与外部支撑机制综合作用的结果。

创新力是生产力，创新是一项持续的马拉松。企业是推动科研成果转化为生产力的桥梁，企业的创新是一个国家创新力的重要组成部分。创新需要强大的企业家精神，未来经济增长潜力要靠企业家精神。


# 主要价格的"现象"与"本质"

从企业的层面看，主要价格可以被理解为决定企业生产成本的关键因素，从家庭层面看，主要价格可以理解为决定家庭生活成本的主要因素。用要素禀赋论分析中国经济，找出经济要素的"短板"与"长板"，就抓到了中国经济要素配置的要点。对于中国企业而言，石油是"短板"，石油的价格就是主要价格。对于中国家庭而言，房地产是"短板"，房地产价格就是中国家庭的主要价格。石油价格与房地产价格构成了中国经济的主要价格。

中国经济的发展不是由"长板"而是由"短板"决定的。中国经济的"短板"决定了中国经济的发展。中国经济的主要价格是经济发展过程中潜在的危险。

经济的发展是在要素有效配置基础上的均衡发展。一个国家经济均衡可以通过三张表进行评估。第一张是国民收支平衡表，第二张是企业收支平衡表，第三张是家庭收支平衡表。在亚洲金融风暴前，泰国、印度尼西亚等国家的国际收支平衡表已经显示严重失衡，过低的外汇储备与开放的汇率制度提供了危机爆发的温床，最终金融风暴爆发了。在美国次贷危机前，美国家庭收支平衡表显示严重失衡，大批没有购房能力的人用来购房的信贷资产被包装成"有毒资产"从美国流入欧洲，侵蚀着金融体制，危机的爆发只是时间问题。

## 高油价控制企业生产成本

中国是制造业大国，无论重化工业、炼油工业、汽车工业，还是纺织化纤工业、塑料轻工业，几乎所有现代工业门类都离不开石油，对石油的需求量大。中国自身的石油供应无法满足石油的需求，需要大量进口石油，但是，中国却一直没有掌控海外油田资源，国际石油定价权不在自己手中。

在和平年代，油价也不仅受制于市场的供求关系，而且经常受到政治、军事等因素的直接影响。在战争年代，石油是战略物资，是战争的工具。石油，就是中国经济的"阿喀琉斯之踵"。

在 2001 年美国"9·11"事件之后，美国针对阿富汗、伊拉克等地总共发动了 5 场局部战争。战争的旗帜是"反恐"，每次战争的发生地或者周边地区都有着丰富的油气资源。在美国发动的这 5 场局部战争中，国际油价不断创出新高的其中一个原因就是 80％的亚非油田的实际控制人是以美国为首的西方资本，油价上涨最大的受益人就是这些油田的实际控制人。另外，美国也可以通过升降美元汇率影响国际油价的走势。正如伊朗石油部长努扎里所说："问题不是油贵，而是美元太便宜了。"总之，国际油价的升跌已经成为美国针对其他国家的武器，"石油武器"将在未来的经济战中扮演更为重要的角色。

中国经济要避免被油价牵着鼻子走，其中一条出路就是收购境外的油气资产。可惜，中国购买美债畅通无阻，购买境外油气资产迄今尚未有成功的先例。中国在利比亚的百多亿石油投资，也因卡扎菲政权倒台而成为被清算的负资产。中国的资源破冰之旅并不容易。

## 高房价控制居民消费成本

2014 年世界银行和国务院发展研究中心发布联合研究成果《中国：推进高效、包容和可持续的城镇化》预测，2030 年中国的城市人口将达到 10 亿，城镇化率将达到 70％。房地产开支构成了中国城镇家庭生活的主要成本。

房地产行业在宏观经济中的地位举足轻重，房地产业直接或间接影响 60 余个行业，能够拉动钢铁、机械、化工、建材、纺织、家电、陶瓷等一系列上下游产业的发展。房地产行业对地方政府财政的贡献也是巨大的。

随着居民收入的增长，购房已经成为中国家庭消费的主要开支，因此，房地产与中国家庭的消费关系密切；同时，随着房贷业务的增长，开发商与个人购房者的资金中有相当一部分为银行贷款，实际的房地产开发投资中至少超过 40％的资金来自于银行贷款，房地产与中国银行体系的关系密切。

因此，房地产与中国经济关系密切，房地产泡沫是中国经济发展过程中必须消除的隐患。当前，消除房地产泡沫与避免重蹈日本房地产悲剧的覆辙同样重要。保持房地产开发投资与消费的平稳升跌对国民经济持续稳定发展也具有重要意义。

## 制造业廉价"阳谋"　背后的阴谋

中国是制造业大国，被喻为"世界工厂"。在经济学文献中，对世界工厂还没有确切的定义，世界工厂可以理解为为世界市场提供大规模工业品的生产制造基地。世界工厂掌握着世界经济的话语权、资源与产品的定价权，世界工厂是一个时期世界最强经济体的代名词。

近现代工业发展的历程显示世界工厂经历了一个变迁过程。19世纪英国是世界工厂。英国在其完成工业革命以后，手工工业的生产方式被机器大工业代替了，工业生产效率大幅度提高，新的工业生产门类日渐齐全，在殖民主义炮舰政策的配合下，英国的工业品输往世界各地，英国既是当时的世界工厂，又是国际贸易大国。19世纪后期到20世纪中叶，美国取代了英国成为世界工厂。美国在机器设备、飞机制造、电气产品、化工、医药、钢铁、汽车以及军事装备等领域，无论产值还是产量均遥遥领先于世界其他国家。20世纪60年代到80年代，日本取代美国成为世界工厂。日本经济从20世纪60年代开始起飞，以东京奥运会为标志，日本的机电设备、汽车、家用电器、半导体等产品，以质优价廉横扫全球。

然而，当中国戴上"世界工厂"这顶桂冠，肩负了世界工厂之"劳"，却没有享受世界工厂之"福"，昔日的价高物稀的制成品今日成了"白菜价"。制造业变成了"老鼠钻风箱——两头受气"，一方面要看原材料价格的脸色，另一方面还得看消费者的脸色。究其原因如下。

**其一是"微笑曲线"两端失控。**

第二次世界大战之后，包括研发、生产、销售三大环节在内的全产业链代替了原有世界经济分工体系。最终产品需要经过技术研发、市场调研、知识产权、生产过程、市场营销、售后服务等环节，这形成了一条完整的产业链条，生产与制作只是其中一个环节。实业家施振荣提出的"微笑曲线"形象地描述了全产业链。"微笑曲线"是指一条两端翘起的微笑的嘴型："微笑曲线"的中间是制造；

右边是营销，主要是本地性的竞争；左边是研发，属于全球性的竞争。处于中间环节的制造附加值最低，全产业链中高附加值在两端。产业升级，从"微笑曲线"看就是从中间向两端演进，也即从低附加值的生产环节转向高附加值的研发与营销环节。在右边加强客户导向的营销与服务，在左边加强研发与创造智慧财产权。

中国的世界工厂仅表示中国拥有全产业链的生产环节，作为世界工厂的中国处于"微笑曲线"的底部，未能控制"微笑曲线"的两端，由于中国生产要素，尤其是劳动力要素的特点，话事权仅在生产环节，远未控制全产业链的核心环节。在全球全产业链分工体系中，位于"微笑曲线"底端的世界工厂是微笑曲线两端的"打工仔"。

**其二是"供过于求"制造业失宠。**

中国在融入世界经济体系的过程中，发挥劳动力资源的比较优势，引进外资建立三资企业，快速形成了两头在外的生产体系，成功挤进了世界经济体系中。

然而，不断追加的投资，增加的生产线，扩大的生产规模，虽然获得了规模经济效应，但是，制造业的供求关系被打破了，随着供应的增加，以制造业为核心的中国经济丧失了主动权：一要看能源、原材料价格的脸色；二要看消费市场的脸色。在中国成为世界工厂的今天，制成品与原材料的地位发生颠覆。这与其说是阴谋，不如说是"技不如人"，在经济理论与经济管理上被西方"技术"击倒。

早在"四万亿"经济刺激计划出台之前，中国重工业即已出现产能过剩的苗头。在1999—2008年这十年间，中国的钢铁产量复合增长率超过20%。

"四万亿"计划就像一支兴奋剂，使得供求矛盾进一步恶化。"四万亿"计划最主要的特征就是大规模的投资和基础设施建设。2009年中国固定资产投资增速高达30%，钢材、水泥、玻璃等行业趁机扩大产能。2010年7月，中国钢铁产能达7.3亿吨，而实际需求只有4.7亿吨，过剩2.5亿吨；2011年中国挖掘机销量 18 万台，而同时期的产能已经超过 30 万台，其中差不多一半的产能在 2008 年以后建成。2009—2011 年，中国制造业固定资产投资分别增长 26.8%、27% 和 31.8%，全社会产能过剩。

2012 年国际货币基金组织发布的国别报告就关注到了中国的产能过剩问题。国际货币基金组织的报告显示，即便在全球金融危机波及中国以前，中国的产能利用率最高时也只有 80%，"四万亿"大规模的刺激计划退潮后，中国的产能利用率在 2011 年下降到仅有 60%，而美国 2012 年全工业利用率为 78.9%，金融危机高峰期这个比率为 66.8%。中美数据之差意味着中国生产能力的利用率尚不及美国危机高峰期的水平，中国产业结构失衡已经滑到了危机的边缘。

产能过剩不仅阻碍了产业结构及经济结构的调整，而且绑架了中国金融业，削弱了国企竞争力。中国的国有大银行沉浸在给国企大额放贷的喜悦中，国企把轻而易举获得的贷款用于扩大生产规模或者投资房地产，从而使得产能严重过剩，房地产泡沫被不断吹大。

## 结构调整的"加法"与"减法"

改革开放的历程就是中国经济从计划经济体制向市场经济体制转变的过程。中国经济并不是在所有条件都具备的前提下才开始改革开放的，改革开放也未采用"休克疗法"这类极端做法。中国经济遵循着渐进式发展的节奏。失衡与均衡并存，乐观与悲观同在，这就是中国经济走过的不平坦历程。

中国经济是不均衡发展的经济，但是，不均衡发展的中国经济发展的方向是趋向均衡，中国经济发展的过程实质也是资源配置从不均衡到均衡的过程。

中国经济演绎了均衡经济理论与不均衡经济理论的包容发展。事实上，均衡理论在经济学中经历了从一般均衡理论到非均衡理论的演变。1874 年法国经济学家瓦尔拉斯建立了一般均衡理论，该理论经过希克斯、阿罗、德布鲁等人进一步完善，通过严谨的数学模型表述了通过价格调整使得市场这个有机体自动实现供求均衡的过程。1965年经济学家克洛尔在《凯恩斯的反革命》一书中提出非均衡理论。非均衡理论也被称为非瓦尔拉斯均衡理论，该理论认为在市场不完善和价格难以发挥自行调节供求关系的前提下，各种经济力量将按照各自的实际情况而被调整到相互适应的地位，从而实现均衡。

### 淘汰落后产能是"减法"

雾霾天气的频繁出现和持续蔓延，使得"结构调整"这一经济术语变得与每个人的生活息息相关，成为极为紧迫的现实需求。淘汰落后产能与高污染行业，从来没有像今天这样成为从上到下的一致共识和坚决行动。淘汰落后产能就是中国经济结构调整的减法。

落后产能是指建立在高耗能、高污染、高投入基础上的低效率产业。2014年工业和信息化部（工信部）进一步调高了淘汰落后和过剩产能的指标。其中，钢铁行业淘汰落后产能共计4 770万吨，水泥行业淘汰5 050万吨。淘汰落后和过剩产能的任务具体为：炼铁1 900万吨，炼钢2 870万吨，焦炭1 200万吨，铁合金234.3万吨，电石170万吨，电解铝42万吨，铜（含再生铜）冶炼51.2万吨，铅（含再生铅）冶炼11.5万吨，水泥（熟料及磨机）5 050万吨，平板玻璃3 500万重量箱，造纸265万吨，制革360万标张，印染10.84亿米，化纤3万吨，铅蓄电池（极板及组装）2 360万千伏安时，稀土（氧化物）10.24万吨。所有行业的任务量与2013年相比均有较大幅度增加。

当前这种通过政府发文"自上而下"淘汰落后产能的做法虽然不失为解决燃眉之急的果断措施，然而，彻底淘汰落后产能及结构调整最终有待通过市场经济而实现。在完全市场经济体制下，按照瓦尔拉斯均衡理论落后产能会被市场自动淘汰。制定行业标准与环保标准，用制度建设引导中国经济的结构调整，这才是"减法"之道。

## 打造新增长点是"加法"

中国经济一方面要做"减法",另一方面要做"加法"。中国经济的"加法"是指推动产业结构升级转型,打造高附加值、具有国际竞争力的新型产业。中国经济的"加法"体现在两个方面。

首先在产业结构方面,推动高新技术产业、信息消费与电子商务产业的发展。工信部公布的数据显示,2014 年一季度中国高新技术产业增加值同比增长11.8%,快于工业平均增速 3.1 个百分点;在工业投资增速整体放缓的情况下,工业技术改造投资增速反而达到 17.7%,快于工业整体投资增速 2.7 个百分点。其中,一季度中国信息消费规模达到 6 910 亿元,同比增长 22.3%;网络零售额达 5 572 亿元,增长 46%,占社会消费品零售总额的 9%;移动通信用户升级加速,3G 电话用户达 4.45 亿户。

其次在经济结构方面,推动逐步向服务业与消费主导型经济转型。中国国家统计局数据显示,2013 年第三产业占 GDP 的比重首度超过第二产业之后,2014年一季度延续了这一势头,第三产业的增速比第二产业的增速高 0.5 个百分点,第三产业占 GDP 的比重高出第二产业 4.1 个百分点。消费拉动力明显增强,最终消费支出占 GDP 的比重比 2013 年同期提高 1.1 个百分点。

随着中国市场环境和成本水平的变化,产业结构必然由"低水平、低成本"的外延式扩张转向追求"高质量、高效益"的内涵式发展,这种转变的显著特征是第三产业比重逐步提高。欧美发达国家第三产业比重超过了 GDP 的 80%,中国第三产业比重为 46.1%。这一方面说明中国第三产业尚有继续提升的空间,另一方面也说明中国产业结构升级与经济结构转型正在起步中。

# 经济增长的"魔咒"与"契机"

中国经济发展的道路是不平坦的。当前，中国经济面临贸易顺差继续扩大、内部消费不断萎缩、产能严重过剩、结构矛盾突出等一系列问题。中国经济是否深陷"中等收入危机"？中国能否打破"劳伦斯魔咒"？失衡的中国巨龙命运如何？这不仅是中国关心的热点话题，也是世界关注的焦点议题。发展中国家在看中国，全世界在看中国。

## "劳伦斯魔咒"显灵的概率

1999 年经济学家劳伦斯发现摩天大楼与经济周期之间的某种规律，即世界最高大楼的开工建设与经济周期的剧烈波动高度关联。摩天大楼的兴建往往是经济衰退的前兆，摩天大楼建成之时就是经济衰退开始之时，这被称为"劳伦斯魔咒"。兴建摩天大楼需要巨额投资，存在由于过度投资、投机以及随之而来的货币紧缩政策而造成经济崩盘的概率，盛极而衰的经济周期便是"劳伦斯魔咒"背后的经济学原理。

美国是全球摩天大楼第一大国，拥有 533 座摩天大楼。中国目前有 470 座摩天大楼，如果计算在建的 332 座摩天大楼，以及 516 座已经完成土地拍卖、设计招标即将开工的摩天大楼，这就意味着中国将在未来十年内以 1 318 座超过 152 米的摩天大楼数量取代美国跃居世界第一。未来十年中全世界最高的 20 幢建筑中将有一半在中国。现在的世界第一高楼——828 米高的迪拜哈利法塔不久就将被中国超越。设计高度为 838 米的远大天空之城已在规划之中。

在过去一百年"劳伦斯魔咒"频频显灵。1908 年美国纽约胜家大厦和大都会人寿大厦落成，随后金融危机席卷全美，数百家中小银行倒闭。1913 年伍尔沃斯大厦落成，美国经济出现收缩。20 世纪 20 年代末至 30 年代初克莱斯勒大厦和帝国大厦相继落成，之后纽约股市崩盘，资本主义世界的第一次全球经济大萧条爆发。20世纪70年代中期纽约世贸中心和芝加哥西尔斯大厦再夺全球最高的荣誉，旋即爆发的石油危机令美国经济陷入全面衰退。1997年马来西亚吉隆坡双子塔楼取代美国西尔斯大厦成为世界最高摩天楼，当年东南亚爆发金融危机。事实上，1998年中国上海金茂大厦封顶时，中国经济也遭遇了东南亚金融风暴的冲击。

"劳伦斯魔咒"不是规律只是"魔咒"，是"魔咒"就并非百试百灵。2004年世界第一高楼台北101大厦正式启用时"劳伦斯魔咒"并未显灵，当年中国台湾经济平稳发展，全球经济高歌猛进。

其实，摩天大楼在存在隐患的同时对经济具有正面推动作用。兴建摩天大楼有助于提高土地使用率，有助于城市产生聚集效应，有助于推动与摩天大楼有关的建筑材料及新技术的发展与运用。从人类文明史角度观察，世界最高建筑是世界文明的标志，是生产力、经济实力、技术水平的综合实力的体现。世界最高建筑经历了从非洲到欧洲，再从欧洲到美洲的演变过程。公元前2575年146米高的埃及吉萨大金字塔是非洲作为世界文明发源地的象征。埃及吉萨大金字塔占据世界最高建筑的时间长达4 000年，直到1880年德国科隆大教堂才以157米的高度夺取了世界最高建筑的桂冠。1853年美国人伊莱沙·格雷夫斯·奥蒂斯在纽约世界博览会展示了其电梯安全系统。电梯的发明打开了建筑向上的空间。20世纪以来，摩天大楼在美国如雨后春笋拔地而起，这不仅反映着"以汽车代表更快，以摩天大楼代表更高"的美国创业精神，而且反映了世界经济重心从欧洲转向美国。

对于中国的摩天大楼热，既不能仅从悲观的角度观察，也不能仅从乐观的角度认识。摩天大楼热固然反映了信贷宽松以及对房地产市场的乐观预期，其实本质上是中国经济持续发展的结果。简单地以在建摩天大楼数量和高度来预言中国经济并不可取。当然，唱念"劳伦斯魔咒"对于中国经济并不是一件坏事，反而有助于提醒注意控制信贷规模，提防房地产泡沫，将摩天大楼向上的动力变为推动中国经济向前的动力。

据估算，中国在建及规划的摩天大楼投资总额将超过 1.7 万亿元，"劳伦斯魔咒"是否会在中国显灵将拭目以待。

## 如何跨越"中等收入陷阱"

2006 年世界银行在《东亚经济发展报告》中称，新兴市场国家人均 GDP 突破 1 000 美元的"贫困陷阱"后，很快会奔向 3 000 美元，一旦挤进中等收入行列，快速发展中的矛盾会集中爆发，从而陷入"中等收入陷阱"，人均 GDP 要突破 1.1 万美元进入高收入国家行列实非易事。所谓"中等收入陷阱"就是指一些国家和地区从低收入阶段跨越到中等收入阶段后，再也无法实现从中等收入向高收入阶段的跨越，经济与社会发展陷入了"中等收入陷阱"，主要表现为如下十大特征：（1）GDP停滞；（2）民主乱象；（3）贫富分化；（4）腐败现象；（5）过度城市化；（6）公共服务短缺；（7）就业困难；（8）社会动荡；（9）信仰缺失；（10）金融体系脆弱。见图 4—10。

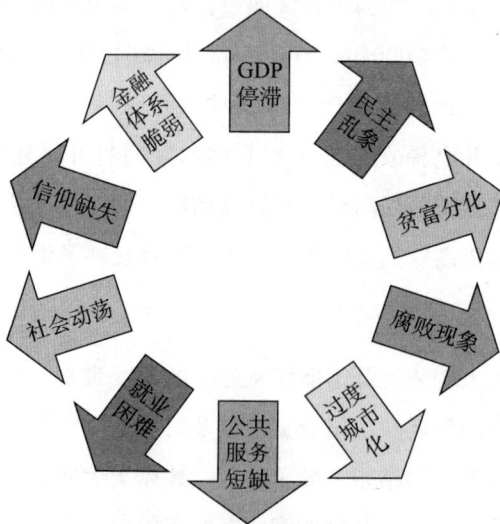

**图 4—10 中等收入陷阱的十大特征**

　　拉美地区和东南亚一些国家是陷入"中等收入陷阱"的典型代表。菲律宾1980 年人均 GDP 为 671 美元，2006 年仍停留在 1 123 美元，考虑到通货膨胀因素，人均收入基本没有太大变化。阿根廷在 1964 年时人均 GDP 就超过 1 000 美元，在 20 世纪 90 年代末上升到了 8 000 多美元，可惜 2002 年又下降到 2 000 多美元。拉美地区还有许多类似的国家，虽然经过了几十年的努力，一直未能跨过 1 万美元的门槛。这些国家的经济往往陷入滞胀，既无法在工资方面与低收入国家竞争，又无法在尖端技术研制方面与富裕国家竞争。在这一时期，经济快速发展积累的矛盾集中爆发，原有的增长机制和发展模式无法有效应对由此形成的系统性风险，很多发展中国家在这一阶段由于经济发展自身矛盾难以克服、发展战略失误或受外部冲击，经济长期陷入"中等收入陷阱"。

　　目前国际上公认的成功跨越"中等收入陷阱"的国家和地区有日本和"亚洲四小龙"。按照比较大规模的经济体而言，仅有日本和韩国成功实现了从中等收入阶段跃升到高收入行列。日本人均 GDP 在 1972 年接近 3 000 美元，到 1984 年突破 1 万美元。韩国人均 GDP 在 1987 年超过 3 000 美元，1995 年达到了 11 469 美元。从中等收入国家跨入高收入国家，日本花了大约 12 年时间，韩国则用了 8 年。研究表明它们突破中等收入陷阱的基础是高投资率、强生产力的形成，世界上还没有靠发展低端服务业突破陷阱的先例。

　　中国人均 GDP 在 2010 年达到 4 000 美元，在 2012 年达到 6 100 美元。按照国际标准，中国已经进入了中等收入国家。但是，中国也浮现出"中等收入陷阱"的阴影。从收入分配看，中国人勤劳但不富有，农民收入偏低，贫富分化严重；从贪污腐败现象看，资源垄断与行业垄断严重，权钱交易普遍，反腐败任务艰巨；从城市化进程看，大城市入学难、就医难、购房难问题长期未得到妥善解决，过度城市化导致严重的空气污染、水污染以及环境污染，中国成为全球能源消耗第一大国，碳排放第一大国；从就业等其他方面看，大学生就业形势十分严峻，转型社会信仰严重缺失，金融体系被房地产绑架抗风险能力脆弱。

　　"这是一个最坏的时代，这是一个最好的时代；这是一个令人绝望的冬天，这是一个充满希望的春天；我们面前什么都没有，我们面前什么都有……"英国作家狄更斯《双城记》对工业革命时期的英国的描述也同样适用于描述当今的中国经济。面对当前中国经济发展的难点与焦点，我们哀叹这是一个令人失望的冬天！中国现有经济增长模式已经束手无策。以投资、外贸、内需为"三驾马车"拉动中国经济的增长模式暴露出疲态；以政府主导结合市场调节的增长模式陷入困境。在中国经济"旧矛盾尚未解决，新问题层出不穷"的状况下，中国经济的再平衡势在必行，经济结构调整刻不容缓，中国经济必将选择发展的"新常态"。

# 05

## 中国全面深化改革的辩证法

中国是一本复杂的书，处于调整期的中国经济让人看到了失望，也让人看到了希望。十八大及十八届三中全会以来，中国迎来了全面深化改革的新时代，我们欣慰这是一个充满希望的春天！国家的竞争不仅是经济实力的竞争，也是信念与理想、文化与价值观的竞争。在新的全球竞争中，中华民族伟大复兴中国梦是既定方向，全面深化改革是既定手段。中国经济的车轮正朝着"国家富强、民族振兴、人民幸福"的目标滚滚向前，这就是中国经济发展的辩证法。

60余年前中国人民站起来了。1949年中国的粗钢产量是美国的1/500；1960年中国的GDP是美国的1/10；1980年中国的铁路里程是美国的1/5。65年后中国跻身世界民族强者之列。中国改革开放取得了举世瞩目的成就。但是，改革开放以来中国经济的发展不是直线的，而是遵循"蛇形路线"——向左前进一段时间，再向右前进一段时间，然后，再左，再右……中国经济的"蛇形路线"有三层含义：第一层含义是经济只有在发展中才能保持平衡；第二层含义是经济发展到一定阶段必然会出现拐点；第三层含义是经济一旦进入拐点必然要求另起炉灶全面改革。

经过 36 年高速发展的中国经济站在新的十字路口。处于"蛇形路线"拐点上的中国经济呼唤改革！中国的改革开放的路还很长，建成小康社会，实现中华民族伟大复兴，任重而道远。

改革开放如同"涉水"，刚刚入水时还可以"摸着石头过河"。当前中国经济进入了"深水区"，水已深，浪更大，石头难以摸到，因此，仅靠"摸着石头过河"是不够的。在中国经济的"深水区"，既要继续发挥敢于"摸着石头过河"的勇气，又要站在更高处瞭望中国经济的方向，重视"顶层设计"。

所谓"顶层设计"是指统筹考虑项目各层次和各要素，追根溯源，统揽全局，在最高层次上寻求解决问题之道。"不谋万世者，不足谋一时；不谋全局者，不足谋一域。"重视"顶层设计"有两层含义：第一层含义是统筹规划与改革，从源头上化解积弊，在重点领域取得突破，避免"头痛医头、脚痛医脚"；第二层含义是注重各项改革的协同配合，统筹协调推进经济体制、文化体制、社会体制、生态文明体制等改革。

"顶层设计"一词首次出现在中共中央关于"十二五"规划的建议中。十八届三中全会公报提出"必须更加注重改革的系统性、整体性、协同性"，强调"坚持正确处理改革发展稳定关系，胆子要大、步子要稳，加强顶层设计和摸着石头过河相结合，整体推进和重点突破相促进，提高改革决策科学性，广泛凝聚共识，形成改革合力"。同时，十八届三中全会决定成立全面深化改革领导小组，负责改革总体设计、统筹协调、整体推进、督促落实。深化改革领导小组彰显了中央推动改革的决心，体现了对"顶层设计"的重视。

如果说十八大是中国的政治"顶层设计"，那么十八届三中全会就是中国经济的"顶层设计"。"顶层设计"这个源自工程学的术语正成为中国新的政治名词。

# 经济结构的"宏观"与"微观"

当前中国经济面临的主要问题是结构调整问题。现有的经济结构是建立在粗放发展基础上的，这样的发展模式无法抵御外部经济危机的冲击，必须推动经济结构从过度依赖出口、投资和资源消耗转向在创新基础上建立消费主导型的经济发展模式，解决经济内部的再平衡问题以及经济与社会发展之间的再平衡问题。

其实，经济结构调整问题早已不是中国经济的新话题，而是老生常谈。结构调整问题从中央到地方"天天讲，月月讲，年年讲"，因此不可谓不重视，然而实际效果不可谓不让人失望。此问题仍未解决本身就说明过往结构调整思路未能对症下药。"跳出结构调整，解决结构调整"——这或许是破解中国经济结构调整难题的新思路。

从全球经济看，结构调整问题不只是中国经济面临的问题，全世界主要经济体都在进行结构调整，因此，中国的结构调整问题应该置放在全球化的开放经济体系中，在兼顾中国国情与顺应全球经济结构调整趋势的基础上，全面推进中国经济的结构调整。当前全球经济缓慢复苏及其不确定性所带来的挑战与风险，使得金融危机以来各国普遍实施的非常规危机管理开始转向常规的宏观管理，结构性改革的全球竞争已经全面铺开，世界经济复苏开始走向非线性之路，中国经济机遇与风险并存。

十八大提出全面提高开放型经济水平，2014年是全面落实十八届三中全会精神的开局之年，也是中国推进全面深化改革的起步之年。中国国家主席习近平多次强调，要更好地统筹国内国际两个大局，坚持开放的发展、合作的发展、共赢的发展，以更加积极的姿态参与国际事务，共同应对全球性的挑战，努力为全球发展做出贡献。

如何应对全球结构调整的"倒逼"效应？如何推动中国经济新一轮结构调整？确定经济转型的宏观方向与重视宏观经济下的微观基础同等重要。

## 选准经济转型的宏观方向

近 20 年以来，全球出现了两次大范围的经济转型。第一次经济转型是在 20 世纪 90 年代，这次转型的主要特点是从收入型储蓄转为资产增值型积蓄，这次转型反映了希望通过资产增值迅速积累财富的愿望。遗憾的是，2008 年全球金融危机的爆发宣告了这次转型的失败，转型不但没有带来财富，反而造成了全球经济的困境。第二次经济转型是在 2008 年全球金融海啸之后，这次转型的主要特点是从资产增值型发展模式转向再工业化发展模式，美国、欧盟和日本等发达国家都在寻求重振制造业的利器，再工业化、再产业化、再制造业化成为各经济体媒体的头条。制造业"回流"与"回归"形成趋势，欧美不少跨国大型制造企业开始把海外的生产线迁移回国。

第一次转型的失败提醒人们金融的基本功能是有效配置资源。以资本市场为例，其主体有三：一是投资者，其看准的是股市的财富效应，要"赚钱"；二是企业，其看准的是资本市场的集资效应，要进去"圈钱"融资；三是国家，主要是要利用资本市场使企业的运行更加规范化。三个主体的立足点都是有效配置资源但是目标却各不相同。第二次转型是否成功有待观察，近年来全球制造业 PMI 指数有所回升显示这次转型有一个良好的开端。

全球经济转型的成功对中国经济转型的影响利大于弊。然而，全球经济成功转型对于中国经济的理论的利好只有在中国经济抓住机遇而奋力推进结构调整之后才能成为现实的利好。汲取近 20 年全球两次经济转型的经验教训，中国经济成功转型有赖于资源有效配置，资源有效配置在经济学中最有效的手段就是市场"无形之手"。

《中共中央关于全面深化改革若干重大问题的决定》（简称《决定》）提出要紧紧围绕使市场在资源配置中起决定性作用来深化经济体制改革。十八届三中全会关于中国经济改革的"顶层设计"一开始就展示了在"道路自信、理论自信、制度自信"基础上"面向世界，面向未来，面向现代化"的高度与气势。

基于十八届三中全会确定的全面深化改革总路线，经济转型的宏观方向有两个轨迹：第一个轨迹是从"政府主导型经济"向"市场主导型经济"转变；第二个轨迹是从"国进民退"向"国民共进"转变。

## 使市场在资源配置中起决定性作用

在十八届三中全会之前，几乎所有关于中国经济的重要文告都少不了"政府主导"这个词。改革初期"政企分开"被遗忘，主张"政府主导"理论大行其道，"政府主导"被提升到中国模式的高度。长期以来，中国经济发展主要是政府主导配置资源型经济模式。政府主导配置资源有积极的一面，尤其在经济发展初期，政府统筹，集中资金，往往能够取得跨越式发展的效果。但是，政府主导配置资源不是灵丹妙药。随着经济规模的扩大，各种情况的复杂，政府主导配置资源的正面效应逐渐被负面效应抵消。它可能更适合从低收入向中等收入阶段过渡的阶段，不适合中等收入向高收入过渡的阶段。在中国经济从低收入转入中等收入阶段之后，固守政府主导配置资源的经济发展模式，就值得思考了。

对于市场与政府的关系，十五大提出"使市场在国家宏观调控下对资源配置起基础性作用"，十六大提出"在更大程度上发挥市场在资源配置中的基础性作用"，十七大提出"从制度上更好发挥市场在资源配置中的基础性作用"，十八大提出"更大程度更广范围发挥市场在资源配置中的基础性作用"。十八届三中全会公报是这样描述的，"要紧紧围绕使市场在资源配置中起决定性作用深化经济体制改革，坚持和完善基本经济制度，加快完善现代市场体系、宏观调控体系、开放型经济体系，加快转变经济发展方式，加快建设创新型国家，推动经济更有效率、更加公平、更可持续发展"。回顾历次重要会议对于市场作用的表述，可以看出在十八届三中全会上对于市场的作用在表述上有了一个质的变化，市场的作用从"基础性作用"上升到了"决定性作用"。

经济体制改革是全面深化改革的重点，处理好政府和市场的关系是经济体制改革的核心，也是结构调整的核心。使市场在资源配置中起决定性作用和更好发挥政府作用——就是十八届三中全会对政府与市场关系的定位。为了进一步强调市场作用的重要性，全会公报要求"建设统一开放、竞争有序的市场体系，是使市场在资源配置中起决定性作用的基础"。发挥市场重要作用的另一方面就是要转变政府职能，管住政府"有形的手"，全会公报进一步要求"科学的宏观调控，有效的政府治理，是发挥社会主义市场经济体制优势的内在要求"。

任何成功的经济改革必定是市场取向的。十八届三中全会决定政府退出经济活动，限制政府主导配置资源并参与投资活动，发挥市场的决定性作用，使市场在资源配置中起决定性作用，推动中国经济正由政府主导的投资驱动型转向市场需求引导的新常态增长型，这种"自上而下"的全面深化改革，既是中国经济转型的方向，也是突破长期以来结构调整困局的方向。经济转型与结构调整终于选准了正确方向，注入了内生动力，长期困扰中国经济发展的结构性痼疾被根治已经为时不远了。

## 增强各类所有制经济活力

中国现阶段经济发展的主要矛盾集中在国企，尤其集中在垄断行业的国企。国企的主要问题是：国有资产管理中政企不分、政资不分的问题长期存在；出资人职责和政府公共管理职能不清，责权不明；国有资产监管体系不健全，监管体制不顺畅；大型国企高管与政府主管部门官员利益捆绑，官商结合格局固化；国企缺乏自觉压缩产能与升级产业结构的动力，这种通过政策扶持保护企业与产能的惯用做法，不仅造成资源浪费，而且导致一系列问题涌现。这些问题导致非公有制经济发展滞后，对民间投资产生"挤出效应"，阻碍了中国经济的结构调整。

中国产业结构与经济结构失衡的本质是产权结构的失衡。抓住国企改革，就抓住了中国经济改革的"牛鼻子"。

回归中国改革开放的历程，凡是增长阶段，必定伴随着所有制及与所有制相关的制度创新与改革；凡是滞胀阶段，根源就在改革停滞不前。中国改革开放是从农村家庭联产承包责任制开始的。农村家庭承包制开创性地将土地使用权与所有权区分开来，发挥了土地使用权对于调动农民生产积极性的功效。20世纪80年代，中国农村改革的成功实质上是所有制改革与产权制度创新。20世纪90年代中国工业改革也是从国企产权制度创新入手，朱镕基时代"抓大放小"的国企改革成功卸掉了国企亏损的包袱，解决了银行大面积坏账，打造了多家实力雄厚、收支平衡的银行集团，为中国加入WTO奠定了稳健的经济运行基础。中国加入WTO之后，对外贸易的快速增长主要得益于大批中国民营企业进入对外贸易行列，在激烈的国际贸易竞争环境中，充分发挥民营经济产权清晰、责权利结合、"船小好掉头"的经营优势，民营经济的发展不仅抵消了中国加入WTO之后来自外部的冲击，而且推动中国对外贸易迈上了新的台阶。民营经济对于中国经济的贡献还体现在，民营经济创造了大量就业机会，推动了中国经济向服务型经济转型。民企与国企相比较各自有如下两大特点。

第一，大凡民营经济发达的地方，下岗的人就少；大凡民营经济发达的行业，收费就低。

第二，大凡国企垄断的行业，商品价格与服务价格就居高不下。

综上所述，故意回避产权制度改革的倾向其实就是放弃改革。需要强调的是，产权制度的改革并不是改变公有制在国民经济中占主导地位的格局，而是在现有所有制基础上结合中国农村联产承包制改革的成功经验继续探索中国产权制度的创新发展。结构调整的实质是产权结构调整。中国结构调整的破冰之旅从十八届三中全会开始。

十八届三中全会强调了"两个重要基础"。公报指出"公有制为主体、多种所有制经济共同发展的基本经济制度，是中国特色社会主义制度的重要支柱，也是社会主义市场经济体制的根基。公有制经济和非公有制经济都是社会主义市场经济的重要组成部分，都是中国经济社会发展的重要基础"。

同时，公报强调了"两个毫不动摇"。公报指出"必须毫不动摇巩固和发展公有制经济，坚持公有制主体地位，发挥国有经济主导作用，不断增强国有经济活力、控制力、影响力。必须毫不动摇鼓励、支持、引导非公有制经济发展，激发非公有制经济活力和创造力。要完善产权保护制度，积极发展混合所有制经济，推动国有企业完善现代企业制度，支持非公有制经济健康发展"。

中国国务院总理李克强在 2014 年《政府工作报告》中提出的九项重点工作的第一项就是推动重要领域改革取得新突破，并强调要增强各类所有制经济活力，优化国有经济布局结构。以建立市场经济为目标的中国经济，应该给民企与国企营造公平竞争的条件，打破行业垄断的"玻璃门"与"弹簧门"。按照国务院"新 36 条"决定，抓住垄断国企的产权制度改革，推动混合经济发展，积极引导和支持民间资本进入垄断行业，与国企合作，改善国企产权结构，促进国企运行机制向市场化转变，带动非公有制经济发展。打造这种多种所有制经济平等竞争、共同发展的新局面是从根本推动结构调整的必要条件。

## 重视宏观调控的微观基础

在开放经济的全球化进程中，把握中国经济的脉络有必要环顾主要经济体的发展。对比中美两国的宏微观数据，可以发现一个有趣而重要的现象，那就是宏观与微观的"背反"。2013 年美国的宏观经济仅增长 1.9％，甚至比 2012 年放缓了 0.9 个百分点，但反映股市情况的道琼斯指数却从 2013 年初的 13 100 点一路爬升至 2013 年底的 16 360 点，涨幅高达 25％，成为全球金融市场的引领者，道琼斯指数比 2007 年上一轮周期顶点还要高出 16％。反观中国经济，2013 年中国宏观增长达到 7.8％，但反映微观经济的股市却一直徘徊在 2 000 多点，这在一定程度上说明中国企业的活力不够。如上数据显示，美国宏观经济看似不好，但是美国经济的微观基础较为活跃，企业微观主体去杠杆化比较成功，消费和企业投资逐步恢复，资产价格升值带来了财富效应。而中国经济的宏观面虽然向好，但处在转型过程中间，微观企业按照传统的轨道运行遇到很多困难。

盘活中国经济的要点在微观，深化改革一定要重视夯实微观和实体经济的基础。在传统动力失效的现状下，果断重新寻找微观经济增长新动力就显得非常必要。重视中国经济发展的微观基础主要措施包括，引导资金投放从房地产转向实体经济，从减税入手降低企业运营成本，推动企业发展创新型产业与生产型服务业。

2013 年 12 月的中央经济工作会议提出在增长中消费起基础作用，投资起关键作用，外需起支撑作用。这标志着当前中国调整了 2008 年以需求推动结构调整与经济增长的发展思路，正从需求推动逐步转向供给推动，正从重视宏观调控转向重视宏微观结合的调控。重视宏微观结合的调控的落脚点是重视宏观调控的微观基础。这种重视主要体现在两个方面：第一，要求用好市场"无形的手"；第二，管住政府"爱动的手"。

## 用好市场"无形的手"

过往结构调整的思路是研究"加法"与"减法"，由政府制定支持哪些产业，限制哪些产业，鼓励哪些产能，淘汰哪些产能。政府能够掌握详细而全面的经济数据，在制定产业发展政策方面得天独厚。政府制定产业发展政策原本无可厚非，但是，一定将政府制定产业发展政策从指导性变为指挥性，一旦由政府主导产业结构与经济结构的调整，那么，这样的调整永远都是无法调整到位的调整。

2013 年世界最大的光伏企业——无锡尚德太阳能电力有限公司倒闭破产。共欠 9 家银行 71 亿元人民币贷款的无锡尚德的破产留下了太多的启示。

首先，地方政府直接介入企业投资与发展违背了经济规律，最终导致产能过剩、无序竞争以及地方债务的快速增加。在过去 10 年时间里，不只是无锡市政府，许多地方政府都出钱扶持新能源、高科技企业。2011 年底中国光伏生产企业多达 500 余家，光伏产能占到全球光伏产能的 80% 以上，全球前十大光伏组件生产商中国包揽了前五名。

其次，这种"自上而下"由政府主导的新兴产业发展模式行不通。战略性新兴产业是指以重大技术突破和重大发展需求为基础，对经济社会全局和长远发展具有重大引领带动作用，知识技术密集、物质资源消耗少、成长潜力大、综合效益好的产业。虽然战略型新兴产业代表着未来科技和产业发展的新方向，但是政府不是市场的主体，政府无法甄别新兴产业的真伪。硅片、电池片这些看似高科技的企业，其实不过是门槛很低的组装线而已。披着高科技外衣的产能过剩与其他产能过剩本质是相同的。

无论经济增长，还是结构调整，首先必须弄明白两个问题，第一是方向问题，第二是动力问题。关于动力问题，发挥决定性作用的不是来自政府外部的推力，而是政府通过健全与完善市场经济制度，通过市场经济制度形成的内生性动力推动经济增长与结构调整。在中国宏观经济形势与管理模式正发生重大变化的大环境下，中国经济的"微观"要点就是给"无形的手"松绑，发挥市场力量驱使经济增长与结构调整。坚定不移地推动宏观调控体制改革，充分发挥市场经济功能，让市场这只"无形的手"自动调节产业结构与经济结构，这是搞活中国微观经济的重中之重。

在现代市场经济中，市场是把政府同各类微观经济运营主体连接起来的桥梁，政府是涉及发展全局的重大利益协调主体。政府和市场关系的定位决定着市场经济体制的走向和经济运行的质量。

加大"促改革、调结构、惠民生"的力度，必须充分释放市场与社会活力，必须"自上而下"清楚定位政府的角色。经济结构调整的本质是政府职能的调整，只有准确界定政府与市场的关系，才能最终解决中国的结构性问题，因此，"促改革、调结构"的核心问题是处理好政府和市场的关系。

用好市场"无形的手"，就是要管住政府"爱动的手"。政府不要总让人觉得"政府的手"闲不住。在市场经济中，政府应该当好"裁判员"，而不是亲自"赤膊上阵"。如果管不住，"爱动的手"必然演变为"乱动的手"。

那么，如何管好政府"爱动的手"？只有简政放权。简政放权从削减政府行政审批权入手。中国国务院总理李克强在 2013 年夏季达沃斯论坛上表示："本届政府成立以后，开门第一件事就是改革行政审批制度，取消和下放中央政府若干部门审批的事项，放给市场或放给地方，半年之内已经取消和下放了 200 项行政审批事项。"削减行政审批权主要具有三方面的意义：

第一，削减行政审批权就是减少政府对微观事务的直接参与。

第二，削减行政审批权就是让民众办企业更加快捷，让企业增加创收更加顺畅，从而降低生产经营成本，解放生产力。

第三，削减行政审批权就是减少"权力寻租"的机会。长期以来，行政审批部门通过审批权寻租，国企通过垄断地位获得超额利润，不仅被社会各界广为诟病，而且成为滋生腐败的温床。

截至 2014 年 8 月，中国先后取消和下放 7 批共 632 项行政审批等事项，一批涉及企业投资项目核准、企业生产经营活动许可以及对企业、社会组织和个人的资质资格认定事项被取消或下放，其中包括：取消基础电信和跨地区增值电信业务经营许可证备案核准，国内通用航空企业承担境外通用航空业务审批，煤炭生产许可证核发和设立煤炭经营企业审批，享受小微企业所得税优惠核准等；下放省际普通货物水路运输许可，下放城市轨道交通审批权，由省级政府按照国家批准的规划予以核准。修订了政府核准的投资项目目录，需报国务院部门核准的企业投资项目减少 60% 左右。另外，将 31 类点多、面广、量大、单项资金少的中央预算内投资补助项目下放地方安排。同时，改革工商登记制度，放宽市场准入，推进工商注册制度便利化。

管住政府"爱动的手"需要拿出三份施政"清单"：

第一份清单是"权力清单"，体现"法无授权不可为"的精神；

第二份清单是"负面清单"，体现"法无禁止皆可为"的精神；

第三份清单是"责任清单"，体现"法定责任必须为"及"全心全意为人民服务"的精神。

这三份清单确定了政府与企业的责与权，保障了按照"要紧紧围绕使市场在资源配置中起决定性作用"和"更好发挥政府作用"的要求转变政府职能，从短期看，这是解决当前经济运行中各种复杂问题的切实可行措施，从长期看，这是"推进国家治理体系和治理能力现代化"的基本方向。

## 政策选择的"精准"与"模糊"

政策的选择实质上是目标的选择，如何选择目标关键是对局势做出准确的判断。政策选择的核心是：形势、定位、目标、任务（见图 5—1）。

**图 5—1 政策与形势、定位、目标、任务的关系**

政策选择的辩证法是目标一定要"精准"，措施一定要"模糊"。所谓政策选择的"模糊"不是指糊涂，而是强调政策要因地制宜，反对"教条主义"；要与时俱进，反对"刻舟求剑"。政策的"模糊"是在政策"精准"基础上的"灵活"与"变通"。政策选择的"精准"就是指，精准判断当前的形势与定位，就是精准确定发展的目标与任务。政策选择的"模糊"就是指，根据中国经济形势与国际形势而做出适时调整与变化。

对中国经济形势的判断，既需要考虑国内因素，也需要考虑国际因素，这是因为当前的中国经济已经高度全球化，一个主要国家的国内货币政策往往会造成全球化的影响。中央经济工作会议对 2014 年经济工作的主基调突出"底线思维"和"风险思维"，就是对美国量化宽松 QE 退出有可能导致中国被动去杠杆化引发风险的高度认识，将化解过剩产能和严控债务风险列为重中之重。积极推进资本项目开放和人民币国际化，抓紧时机整顿银行体系的呆坏账，逐步调整外汇储备的资产结构等等，都是中国宏观政策选择关注的重点。

## 中国当前的形势与定位

"面对十分复杂的国际形势和艰巨繁重的国内改革发展稳定任务"及"长期处于社会主义初级阶段"，这是十八届三中全会对中国当前形势与定位的总体判断。中国地域辽阔，人口众多，地区发展不平衡，具体情况较复杂。同时，工业化、信息化、城镇化、市场化、国际化步伐同步并进，处在这样形势下的中国经济，既有广阔的增长空间与巨大的发展潜力，又长期存在复杂性与艰巨性。中国经济发展，第一步是精准认清当前形势，拒绝被贴上世界第一的标签，扼守发展中国家的定位。

中国经济的崛起是一百年以来世界经济史中里程碑式的事件。专家学者纷纷对中国经济增长前景做出预测。英国著名跨界学者尼尔·弗格森在《文明》一书中预言："若以国内购买力计算，中国的经济将在 2014 年超越美国；若以当前美元汇率计算，中国则将在 2020 年超越美国。" 2003 年高盛预测，中国 GDP 总量将在 2041 年超过美国。经济学家邹至庄认为，2019 年中国 GDP 将赶超美国。《泰晤士报》预测，中国经济规模将在 2019 年超美。法国巴黎证券的欧文预测，中国 GDP 在 2020 年可以超越美国。美国中央情报局（CIA）认为，中国最早在 2020 年将成为全球最大的经济体。《西雅图时报》预测，中国将在 2030 年超过美国。

2008 年成了分水岭。全球金融海啸之后，国际投行、经济学家纷纷改口，预言中国经济将提前赶超美国，美国会把世界第一大经济体的宝座让给中国，中国领导世界的时代指日可待。2014 年 4 月世界银行主办的国际比较项目（International Comparison Program）在报告中预测，中国马上就可以赶超美国。国际货币基金组织预测，2016 年中国的经济总产量将让美国黯然失色。经济合作与发展组织（OECD）以 2005 年购买力平价为基准预测，中国最早会在 2016 年就取代美国。

但是，中国明确拒绝戴上"世界老大"的桂冠，这是实事求是的态度。

首先，中国经济虽然 GDP 总量大，但是中国人均 GDP 不到 6 700 美元，低于世界平均水平，在 2013 年国际货币基金组织公布排名中名列 86 位（见表 5—1）。中国广大的中西部地区人均 GDP 刚刚达到 5 000 美元。目前，中国还有 1 亿人在城市的棚户区里生活，2 亿人生活在贫困线以下，6、7 亿人生活在农村。另外，中国存在严重的"二元结构"，中国的城市与农村、东部与西部的这种不平衡的"二元结构"构成了约束中国经济发展的瓶颈，能源、资源和环境瓶颈也有待突破。综合数据表明中国依然是发展中国家。

表 5—1 2013 年世界各国人均 GDP 排名

| 排名 | 国家和地区 | 2013 年人均 GDP（美元） |
|---|---|---|
| 1 | 卢森堡 | 112 135 |
| 2 | 挪威 | 105 478 |
| 3 | 卡塔尔 | 98 737 |
| 4 | 瑞士 | 80 473 |
| 5 | 澳大利亚 | 68 939 |
| 6 | 阿拉伯联合酋长国 | 64 780 |
| 7 | 瑞典 | 60 020 |
| 8 | 丹麦 | 58 668 |
| 9 | 加拿大 | 52 364 |
| 10 | 新加坡 | 52 179 |
| 11 | 美国 | 51 248 |
| 25 | 英国 | 38 002 |
| 26 | 意大利 | 34 034 |
| 86 | 中国 | 6 629 |

资料来源：国际货币基金组织官方网站。

其次，中国仍然是一个发展中国家，距离发达国家还有很长的路要走。从国际货币基金组织公布的 2011—2013 年中美人均 GDP 数据就可以看到中美之间的差距不是短时期可以缩小的（见图 5—2）。这三年美国人均 GDP 平均高达 49 833 美元，中国仅为 6 046 美元，中国人均 GDP 仅及美国的 12%。

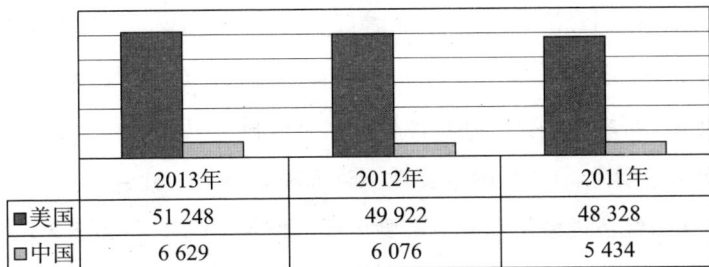

| | 2013年 | 2012年 | 2011年 |
|---|---|---|---|
| ■ 美国 | 51 248 | 49 922 | 48 328 |
| □ 中国 | 6 629 | 6 076 | 5 434 |

图 5—2　2011—2013 年中美人均 GDP 比较（单位：美元）

资料来源：国际货币基金组织官方网站。

## 中国发展的目标与任务

世界正处在大变革时期，中国正站在新的十字路口。十八大以及十八届三中全会确定了中国发展的总目标与总任务。这个总目标与总任务是"中华民族伟大复兴"，在这个总目标与总任务的下面有两个重要任务，第一个任务是"两个一百年"，第二个任务是"两个十年翻番"。

"两个一百年"是指：在中国共产党成立 100 年时全面建成小康社会，在新中国成立 100 年时建成富强、民主、文明、和谐的社会主义现代化国家。

"两个十年翻番"是指在发展平衡性、协调性、可持续性明显增强的基础上，实现国内生产总值和城乡居民人均收入比 2010 年翻一番。"十年翻番"包含着人均 GNI 与 GDP 总量两个翻番。

"两个一百年"与"两个十年翻番"概括了中国发展的长期与中短期目标与任务，两者互为交叉与衔接。"两个十年翻番"目标的实现，就是在中国共产党成立 100 年时全面建成小康社会，实现"两个一百年"的第一个目标。

确定中国发展的目标与任务，对内要纠正 GDP 崇拜的错误倾向，对外要强调谋求共赢的发展理念。

首先是科学认识 GDP，向 GDP 崇拜说"不"。

长期以来，中国经济有一股 GDP 崇拜热，GDP 也成为了考核选拔领导干部的标准。GDP 崇拜是指片面追求 GDP 绝对值的增长，热衷于搞大基建、大工程、大建设，轻视经济结构调整、环境保护、社会福利。GDP 崇拜引发了 GDP 造假、GDP 注水等丑恶现象。GDP 的重要性不言而喻，是一个社会一定时期的新增总财富，它是衡量经济规模与发展的重要指标。但是，GDP 高并不表示就是强国，GDP 增长并不表示人民的生活水平提高，GDP 发展模式并非唯一的发展模式。约瑟夫·斯蒂格利茨在《对我们生活的误测：为什么 GDP 增长不等于社会进步》中指出，GDP 增长不等于社会进步，为此建议在 GDP 指标之外增加其他衡量指标，例如，增加对关键性生产活动的实证衡量，特别是在提供公共医疗卫生服务和教育方面，把收入、消费和财富分布的信息加进评估体系中。

前事不忘，后事之师。鸦片战争前，中国 GDP 是全球的 1/3，但是中国在鸦片战争中却是连战连败。甲午战争前，中国比日本的 GDP 高出甚远，但是北洋舰队还是全军覆没。1900 年签订《辛丑条约》赔款九亿八千万两白银的时候，中国的 GDP 也是世界第一。GDP 大并不代表强，这就是中国近代史的现实。没有现代意识，没有现代化体制，没有尖端科技，没有强大军力，大清以茶叶、瓷器、丝绸堆积起来的 GDP 不堪一击，与西方列强船坚炮利一碰撞，自然粉身碎骨。

中国是时候向 GDP 说"不"了！经济发展的根本目标不是 GDP，而是让人民过上好日子。中国国家主席习近平强调"要把民生改善、社会进步、生态效益等指标和实绩作为重要考核内容，再也不能简单以国内生产总值增长率来论英雄了"。衡量经济发展的标准要改变，干部选拔的标准也要改变。发展意味着全面的进步。

大国崛起，在普遍的、一般意义上的理解就是在国际事务中一个国家取代另一个国家的权力交接。大国崛起的过程在美国学者保罗·肯尼迪《大国的兴衰》一书中，就被描绘为弱肉强食的竞争过程。肯尼迪认为，一个国家的经济和工业实力，很大程度上决定了它的军事实力和在世界上的地位。在人类文明史上，一个大国的崛起往往以另一个大国的沉沦为代价。英国取代西班牙，美国取代英国，1956年苏伊士运河危机表明英国已无法在国际事务上与美国抗衡，大英帝国的时代从此落幕，美国正式取代英国成为世界第一强国，美国的时代来临了。第二次世界大战摧毁了法西斯，也摧毁了大英帝国的经济基础，炸烂了欧洲。囊中羞涩的欧洲国家不得不仰仗美金重建家园，战后美国的"马歇尔计划"将以英国为首主宰全球事务近两个多世纪的欧洲列强的鼻子拴住了。

鸦片战争让中国认识到已被世界潮流抛弃，振兴中华成为百年来中国人矢志不渝的目标。从洋务运动到变法维新，从三民主义到社会主义，中国一直在追求融入世界潮流、追赶现代化。十一届三中全会以来，以经济建设为中心，改革开放为主线，中国谋求和平崛起赢得了世界的认同。2012年11月29日中国国家主席习近平和中央政治局常委来到国家博物馆参观《复兴之路》基本陈列，回顾了近代以来中国人民为实现民族复兴走过的历史进程。中国国家主席习近平在参观展览时提出了中国梦这一重大命题，引用"雄关漫道真如铁"、"人间正道是沧桑"、"长风破浪会有时"三句诗，对中华民族的昨天、今天、明天所经历的寻梦、追梦、圆梦奋斗历程和现实状况进行了生动的叙述和描绘。中国梦就是"国家好、民族好，大家才会好"，中国梦的基本内涵就是"国家富强、民族振兴、人民幸福"。

过去中国30多年的发展，是在和平稳定的环境下发展起来的，中国要继续发展，需要的必然是和平的国际环境。同时，中国明确地传递了谋求与世界共赢发展的声音。

2012年12月12日中共中央总书记习近平在接受美国《华盛顿邮报》书面采访时指出，宽广的太平洋两岸有足够空间容纳中美两个大国。2013年6月7日，习近平在同美国总统奥巴马会晤时再次表示，中美应该深入审视两国关系，思考应该进行什么样的合作来实现共赢，应该怎样携手合作来促进世界和平与发展。这不仅是中美两国人民关注的事，也是国际社会关注的事，中美双方应该从两国人民根本利益出发，从人类发展进步着眼，创新思维，积极行动，共同推动构建新型大国关系。

2013 年 9 月，中国国家主席习近平在 20 国集团领导人峰会上指出："我们要放眼长远，努力塑造各国发展创新、增长联动、利益融合的世界经济，坚定维护和发展开放型世界经济。"

中国国务院总理李克强 2014 年 6 月 18 日在英国面向皇家国际问题研究所和国际战略研究所发表的题为《共建包容发展的美好世界》的演讲中指出，中国和英国，东方和西方，发展中国家和发达国家，面对发展变化的日新月异的世界，应该抓住机遇，共同应对挑战，携手建设一个包容发展的美好世界。

中华民族历史悠久，为人类文明做出过不可磨灭的贡献，也必将为人类文明做出新的更大贡献。改革开放以来，每当其他国家与地区遭遇金融风暴陷入经济危机，中国一贯从全局出发，慷慨解囊，伸出援手，中国经济是国际经济的稳定器。面对亚洲金融风暴、全球金融海啸、欧债危机等地区或者全球金融危机，中国都展示了负责任大国的形象。中国不是任何国家的对手，中国谋求的是与其他国家与地区携手共赢的发展。

中华文明绵延五千年而生生不息，包容性与非侵略性是中华文明特质，这就决定了中国的发展是和平的发展，是包容的发展。谋求共赢的发展是中国向世界展示的核心理念。

## 中国发展的措施与手段

2013 年十八届三中全会《中共中央关于全面深化改革若干重大问题的决定》确定了全面深化改革战略目标，明确全面深化改革的重点是经济体制改革，部署了五大体制改革协调推进的要点。

经济体制改革的核心问题是如何处理好政府和市场的关系，使市场在资源配置中起决定性作用和更好地发挥政府作用。政治体制改革要围绕坚持党的领导、人民当家做主、依法治国有机统一，完善领导体制和执政方式，保持先进性和纯洁性，为改革开放和社会主义现代化建设提供坚强政治保障。社会体制改革要围绕更好地保障和改善民生、促进社会公平正义深化社会体制改革，改革收入分配制度，促进共同富裕，推进社会领域制度创新，推进基本公共服务均等化，加快形成科学有效的社会治理体制。文化体制改革要围绕建设社会主义核心价值体系，加快完善文化管理体制和文化生产经营机制，建立健全现代公共文化服务体系、现代文化市场体系。生态文明体制改革要围绕建设美丽中国深化生态文明体制改革，加快建立生态文明制度，健全国土空间开发、资源节约利用、生态环境保护的体制机制。

中国国家主席习近平强调指出，"坚定不移走改革开放的强国之路，更加注重改革的系统性、整体性、协同性，做到改革不停顿、开放不止步，为全面建成小康社会、加快推进社会主义现代化而团结奋斗"。

中国要向改革要"红利"。改革是中国最大的政策，新常态是中国经济基本运行状态。

在精准定位中国发展的目标与任务基础上，找准推动中国经济发展的动力就是关键。

中国经济经历过向"市长"要发展、向"财长"要发展的阶段。当前正处在人口红利消失与人口老龄化加速的关键转折期，人口红利正在消失，其他红利和优势到今天为止基本用完。中国发展的动力何在？十八届三中全会明确指出向"改革"要发展。中国经济发展的最大红利不是人口，不是政府投资，中国经济发展最大的红利是改革。只有改革，中国才能实现真正的发展，实现可持续的发展。

改革需要勇气，更需要智慧。

改革的智慧既包括精准确定改革目标与任务，找准措施与手段，更包括用改革的红利凝聚改革的共识，减少改革的阻力，让改革的红利惠及最广大的群众。2014 年中国国务院总理李克强指出，"改革是最大动力，也是最大红利。要始终坚持让人民群众在改革中受益。今后改革的环境条件和重点任务会变，但这个要求不会变，也不能变"。

改革往往是由问题倒逼而产生。改革又在不断解决问题中成为不可阻挡的历史车轮。形势教育人，不改革只有死路一条。中国的行政体系过于庞大，国企效率普遍偏低，改革的主战场是政府改革和国企改革。

改革就是生产力的解放运动。改革开放是当代中国发展进步的活力之源，是决定当代中国命运的关键一招。

中国将告别井喷式增长，迎来"新常态"。告别了过去 36 年经济井喷式增长后，中国经济转入新常态运行，这是在增长速度换档期、结构调整阵痛期、前期刺激政策消化期"三期叠加"的复杂形势下，为更好解决中国经济发展结构性问题及各种矛盾创造了宽松的环境。中国经济新常态是指应该适应相对较缓的经济增速，接受经济增幅低于 7.5％的目标。

中国经济要实现"两个十年翻番"，在中国共产党成立 100 年时全面建成小康社会，实现国内生产总值和城乡居民人均收入比 2010 年翻一番的目标，关键不是发展速度，而是发展方向。决定发展方向的是结构调整，没有产业结构与经济结构的调整，"两个十年翻番"的目标是无法达到的，更遑论达到"两个一百年"的目标。

"新常态发展"一词第一次出现在中国国家主席习近平 2014 年在河南考察时的表述中。中国国家主席习近平指出，发展仍处于重要战略机遇期，要增强信心，从当前经济发展的阶段性特征出发，适应新常态，保持战略上的平常心态。在战术上要高度重视和防范各种风险，早作谋划，未雨绸缪，及时采取应对措施，尽可能减少其负面影响。2014 年 7 月 29 日中国国家主席习近平在和党外人士的座谈会上又一次提出，要正确认识中国经济发展的阶段性特征，进一步增强信心，适应新常态。

新常态发展的提法是符合经济发展规律、实事求是的判断。经济发展速度与经济总量是呈反比关系的。在经济总量不大的状况下，经济发展速度相对较快，随着经济总量的增加，经济发展速度不可能一直保持原有的高增速。2014年上半年中国经济增速7.4%，实属不易。经过36年高速发展，中国经济总量基数已经很大了，每增长一个百分点所代表的增量不可小看。按2014年经济增速目标计算，全年经济增量大约新增5万多亿元，这相当于1994年中国的经济总量。

新常态下的中国经济，不再追求高增长而是追求在经济增长速度合理下的结构优化，不再片面追求GDP的增长而是追求经济的协调性和发展的可持续性，不再追求经济数量上的增加而是追求质量和效益的提高。中国经济增速适当放缓不是坏事而是好事，各项改革的实施在新常态下将更加平稳而有效。新常态发展有助于推动政府职能转变，有助于推动国企改革，有助于深化金融体制改革，有助于推进新一轮结构调整，有助于加快构建创新驱动、人才驱动、开放驱动的新经济结构。

从接轨全球经济转型的视角看，新常态发展有助于推动中国从低端制造业大国转向中高端制造业强国，有助于将"中国制造"提高到"中国创造"，有助于跟随第三次工业革命的浪潮，随着全球经济转型，在新的国际分工中、在国际经济格局与金融格局中掌握主动权。

## 转型方向的"回归"与"前行"

当今，全球经济处于大转型期。在这个大转型期中包含着两个主要的转向。第一个转向是全球从第二次工业革命转向第三次工业革命；第二个转向是发达国家将在海外的企业与生产线迁移回本土。

当今全球经济正迎接第三次工业革命的浪潮。18 世纪第一次工业革命开启了蒸汽机的时代，19 世纪第二次工业革命开启了电力工业的时代，这场以新能源、新材料以及数字化高端制造业为核心的第三次工业革命正在走近。第三次工业革命有两大特点：第一，劳动生产率大幅度提高，劳动力成本占总生产成本的比率日渐缩小；第二，个性化定制成为消费的趋势，有特色的小规模定制生产逐步代替大规模生产。

在第三次工业革命浪潮冲击下，新一轮全球经济转型正在展开。这次新的转型是在 20 世纪 90 年代全球范围第一次大的经济转型基础上的第二次转型。第一次转型是从收入型储蓄转向资产增值型积蓄。人人都希望通过资产增值迅速积累财富。遗憾的是，2008 年全球金融危机的爆发宣告了这次转型的破产，转型不但没有带来财富，反而成为世界经济困境的原因之一。这次转型的失败提醒人们金融有效配置资源的功能是有局限性的。第二次转型是从资产增值型储蓄转向再工业化、再产业化、再制造业化。生产线与生产回流发达国家是这次转型的主要特点，这是欧美应对金融危机而做出的战略调整。

美国奥巴马政府提出"再工业化"，一方面有助于把美国从金融危机泥潭捞出来，另一方面主动顺应第三次工业革命与新一轮全球经济转型。英国《经济学人》杂志预言，第三次工业革命对中国这个制造业大国并非好消息，"中国崛起"有可能被第三次工业革命所终结。最新的调查显示，已有约四成以上美资企业准备将工厂迁回美国。

面对全球第三次工业革命浪潮与发达国家第二次转型，中国继续"卖傻力气"赚钱必将走进死胡同；与此同时，随着中国劳动力成本的不断提高，劳动力成本的传统优势将不断弱化，中美两国制造业工人的工资差距逐步缩小，中国与东南亚国家制造业工人的工资差距有所扩大，中国劳动力的优势正在丧失。在这样的形势下，国家提出要"着力增强创新驱动发展新动力，注重发挥企业家才能，加快科技创新，加强产品创新、品牌创新、产业组织创新、商业模式创新"。中国经济转型的方向只能瞄准提高劳动力素质、发展高科技与创新产业，这也是

"中国制造"升级为"中国创造"的必由之路。

## 制度创新推动"前进"

当前，全球创新具有两大特点：首先，从全球创新的格局看，全球原始创新力仍然在欧美，中国等发展中国家，主要是模仿创新与引进创新；其次，从全球创新的内容看，创新已从主要是产品与技术创新转向技术创新与商业模式创新相融合的发展趋势，商业模式创新成为新一轮创新的重要标志。

最早关注创新的经济学家是约瑟夫·熊彼特。他从经济学的角度将创新定义为把一种新的生产要素和生产条件的"新结合"引入生产体系。在熊彼特的创新概念中创新有五种形态：产品创新、技术创新、市场创新、资源配置创新、组织创新。商业模式创新就是组织创新的现代表达。商业模式创新往往伴随产品、工艺或者组织的创新，更注重从满足客户需求出发推出产品与服务。商业模式的载体是企业，企业的灵魂是企业家。企业家的职能就是实现创新，引进新组合，不断地从内部革新经济结构。

经济学家冈纳·缪尔达尔对南亚与东南亚政治经济进行了长达10年的追踪研究，在《亚洲的戏剧：对一些国家贫困问题的研究》中认为，虽然不发达国家可以引进发达国家的先进技术，但是，先进技术并不一定能够推动经济增长，经济增长还需要市场、资金、人才以及制度配套。

结构转变、机制变革、制度创新是经济发展的推动力。

中国要在新一轮全球经济转型与创新中保持竞争力，产业升级与经济结构转型不能仅停留在产品、产业层面，产业升级与经济结构转型的动力来自机制变革与制度创新。制度创新在微观经济层面的主要任务是打破行业垄断、推动国企改革，在宏观经济层面主要任务是健全知识产权制度、鼓励草根创新。

## 打破行业垄断推动国企改革

十八大再次吹响了国企改革集结号。十八大报告指出，"深化国有企业改革，完善各类国有资产管理体制，推动国有资本更多投向关系国家安全和国民经济命脉的重要行业和关键领域，不断增强国有经济活力、控制力、影响力"。

国企改革之所以作为全面深化改革的重要内容，首先缘于国企在国民经济中的重要性。国企是国民经济的支柱，推进国企的改革和发展，有助于增强国企的活力和国有经济的控制力，有助于促进经济持续快速健康发展和提高人民生活水平，有助于保持安定团结的政治局面与巩固社会主义制度。其次缘于国企存在严重的问题。国企腐败高发，高管挥霍，国有资产损失巨大。《2011 年中国企业家犯罪报告》统计，2011 年在企业家涉案的 199 例案件中，国企管理人员犯罪或者涉嫌犯罪的有 88 例。国企所有者虚化与委托代理链条过长导致内部管理实际的人治，由此产生代理成本高、道德风险大、重大项目投资失误、创新能力薄弱等一系列问题。

国企改革放在全球第三次工业革命与第二次经济转型的背景下具有特殊的意义。中国要实现"低成本创新，大规模生产"，在新一轮国际竞争中保持竞争力，必须依靠创新，依靠有强劲的内生性创新能力的企业。拥有世界最多移动用户的中国电讯三巨头诞生不了苹果。拥有全球最大生产能力的中国家电企业产生不出三星。"科学技术是第一生产力"远未融入中国企业的血液中。中国企业对扩大产能与规模的热情超过创新，对投资房地产的偏好超过科技。

深化国企改革是一项时间紧迫、任务艰巨、情况复杂、涉及面广的系统工程。国企改革的要点有三：

第一个要点是围绕产权制度进行改革。要按照"归属清晰，权责明确"的现代产权制度要求，依法推进国有产权"进、退、流、转"。

第二个要点是把握推进混合所有制经济发展。首先要拆除"玻璃门"、"弹簧门"，通过打破国企的行业垄断，引入竞争机制，从外部倒逼国企改革与创新。其次允许民企参股国企，改变国企的组织结构，从内部激活国企改革与创新。

第三个要点是建立健全企业分类监管体系。目前的主要思路是根据国有企业的功能定位和业务类别，把国有企业分成竞争类、功能类和公共服务类三类。根据各类企业不同的目标定位，分类完善法人治理结构，分类制定考核办法，分类实施激励约束。

## 保护知识产权鼓励创新

中国一直非常重视对知识产权的保护。改革开放 30 多年以来，基本建立起了适应市场经济并与国际接轨的知识产权保护体系。2008 年发布《国家知识产权战略纲要》以来，迄今为止中国知识产权保护已经覆盖专利权、商标权、著作权等知识产权领域，建立起了以法律、行政法规、司法解释、部门规章和地方性法规等不同法律位阶的知识产权法律体系。随着中国知识产权保护环境的改善，有越来越多的跨国公司在中国设立研发中心。据统计，截至 2014 年上半年已有 200 多家跨国公司在中国设立了 1 600 多个研发机构，投入的研发经费总额超过 40 亿美元。

知识产权制度的核心是知识产权保护制度，是指将发明与创造视为与财产权同等重要的对象予以保护。科斯产权理论同样适用于知识产权领域，只要做到确定知识的产权地位与保护知识产权，创新不用刻意鼓励都将融入国民的血液中，自发地形成推动生产力发展的巨大原始创新力。

推动从"中国制造"到"中国智造"的重点是健全知识产权制度，健全知识产权制度的核心是全面改革。当前中国知识产权制度建设主要停留在法规的制定与完善阶段。法制并不等于法治，知识产权制度从法制转向法治是"推进国家治理体系和治理能力现代化"的标志。改变知识产权领域多头管理及主要采取行政手段的现状是改革的切入点。中国的知识产权保护涉及国家知识产权局、国家工商行政管理局、国家版权局、农业部、国家林业局、海关、国家科学技术部等多个部门，国家知识产权局的行政级别低于国家部委，难以在知识产权管理与制度建设中发挥"龙头"作用。同时，现有主要通过行政程序打击侵权的做法存在行政执行费用高、随意性大、打击侵权与保护范围有限的局限性。另外，由政府牵头自上而下扶持创新的做法并未取得理想效果。政府主导的科技与创新投入与政府主导的其他投资一样，存在"投入高，回报低，浪费大，效益差"的情况。

改革的核心就是制度的变革与创新，制度创新在国家从低收入水平提升到中等收入水平的过程中发挥着重要作用，同样道理，在国家从中等收入水平提升到高收入水平的过程中，制度创新仍旧将是不可替代的重要因素。知识产权领域呼唤改革，健全知识产权制度的方向就是全面深化改革。健全知识产权制度特别需要重视大众创新与企业创新的制度建设。

首先，建立与健全支持大众创新的制度。中国国务院总理李克强在 2014 年夏季达沃斯论坛致辞中 10 次提到创业，他指出，"政府要给市场让出空间，激发市场活力和大众创业、万众创新热情"。推动大众创新、全民创新、草根创新，必须要从全面提高国家的自主创新能力与原始创新能力的高度去推动制度建设，用制度保护劳动者的创新成果，用制度将创新变成中国经济的基因。鼓励大众创新，就是要改变政府自上而下主导的创新，改变通过行政拨款扶持创新的传统做法。通过建立统一的国家创新基金支持创新，或者通过减免税等经济手段扶持创新，这都是值得进一步探讨的可资借鉴的有效方法之一。诺贝尔经济学奖得主埃德蒙·费尔普斯在《大繁荣：大众创新如何带来国家繁荣》中表示，国家层面的繁荣源自民众对创新过程的普遍参与。未来的创新源自民众，源自大众创新。

其次，建立与健全支持企业创新的制度。企业是现代商业社会的基本元素，企业是创新的受益者也是推动者，国家创新能力主要体现为企业创新能力。在全球化竞争中，创新是企业生存与发展的关键，企业理所当然成为推动创新的主体。华为、中兴、腾讯、比亚迪令深圳赢得了"创新之都"美誉，也展示了中国混合所有制与民企在推动国家创新经济中的巨大贡献。产业升级与经济结构转型呼唤创新企业推动，中国经济的国际竞争力需要更多创新企业打造，鼓励企业创新最有效的做法就是减少政府对市场的干预，减少对企业的约束，通过税收制度全面支持企业创新。

中国健全的知识产权制度，不仅体现在知识产权的法律条文中，更是体现在与中国经济发展密不可分、融入中国经济发展过程中的全面深化改革之中。

## 货币政策回归稳健

现代经济的核心是金融，金融的核心是货币。在 19 世纪马克思生活的年代，资本主义的危机主要是产品供求失衡的经济危机。20 世纪 70 年代石油危机之后，全球经济危机主要表现为金融危机或者货币危机。

早在 20 世纪 80 年代，撒切尔经济政策选择了市场经济方向，里根经济政策接纳了供应学派与货币主义思想。英美为了摆脱长期的"滞胀"，相继抛弃了"政府主导，增发货币，投资拉动"的凯恩斯主义。时隔 30 多年，凯恩斯主义成了"四万亿"计划的理论依据。"四万亿"计划用宽松的财政政策与货币政策刺激经济，在扭转中国经济下滑趋势的同时也错失了产业升级与结构调整的最佳时机。在宽松货币政策环境下，中国经济如同打了一剂兴奋剂，房价如一头脱缰的疯牛一路狂奔，高房价以及房地产泡沫抵消了经济增长，进一步拉大的贫富差距成了群体性事件骤然上升的主要原因。2008 年克鲁格曼在《萧条经济学的回归》一书中提醒，中国经济增长是资源投入的结果，而不是效率的提升，与所谓的亚洲经济奇迹并不是奇迹一样，中国经济增长并没有创造什么奇迹。克鲁格曼言下之意是，中国 GDP 增长是建立在 M2 增长基础上的。2014 年经济学家吴敬琏一针见血地指出，房价上涨的根本原因是货币超发。

正在进行结构调整的中国经济，必须精准选择货币政策的方向。中国新一届政府的宏观管理思路已从政府主导经济转向重视市场导向，在全面深化改革重新启动的背景下，选择了稳健的货币政策。

2014 年中国国务院总理李克强在政府工作报告中强调，坚持实施积极的财政政策和稳健的货币政策，不采取短期刺激措施，不扩大赤字，不超发货币，而是增加有效供给，释放潜在需求，沉着应对市场短期波动，保障经济运行不滑出合理区间。

2013 年中国广义货币供应量 M2 增长 13.6%，2014 年 8 月广义货币供应量 M2 同比增速只有 12.8%，中国 M2 增速连续两年保持在 13% 附近。M2 数据显示中国采纳的是稳健货币政策。严控货币投放量的稳健货币政策需要有两个支撑点。

支撑点之一：拒绝超发货币刺激经济增长。中国经济告别了 GDP 崇拜，中国货币政策必然抛弃通过增发 M2 刺激经济，保持货币投放总量与国民经济整体运行规模与速度的协调是中国货币政策运行的基本特点，要点是保持合理的社会融资规模，坚决控制 M2 增速，拒绝超发货币。

支撑点之二：采用经济手段调控货币供应。按照经济规律调控市场，统筹运用利率、汇率等货币工具调控金融市场。

适度从紧的货币政策有助于推动政府主导转向市场主导，有助于推进经济结构在常态下完成转型。中国货币政策的这种转向与中国宏观经济政策的转向一致，保持货币政策的定力，不依靠"强刺激"来推动经济发展，而依靠"强改革"来激发市场活力，这是十八届三中全会全面深化改革在货币政策方面的集中体现。

## 金融改革重中之重

金融，牵一发而动全身，抓住金融体制改革就抓住了经济体制改革的牛耳。金融体制改革需要搞好"顶层设计"，制定改革路线图，各项具体改革需要精心测算，互相配套，万无一失。金融体制改革是经济体制改革的重中之重。

2013 年 6 月份银行大闹钱荒。2013 年 6 月 20 日银行间隔夜回购利率最高达到史无前例的 30％，7 天回购利率最高达到 28％，这个疯狂的日子足以载入中国银行史册。其实，池子里的货币已经很多了，不能再依靠增发货币来刺激经济增长。针对所谓"钱荒"，国务院常务会议旋即宣布"把稳健的货币政策坚持住、发挥好，合理保持货币总量"。此语一锤定音彻底浇灭了市场对央行"放水"的盼望。同时，央行采取发行中央银行票据的做法表明了不放松银根的坚决态度。

"钱荒"也进一步说明，中国金融体制到了非全面改革不可的地步了。金融改革成为十八届三中全会部署经济改革的重要内容。金融改革的重点是解决金融体系存在的突出问题，纠正金融体系的功能失调，调整金融市场的结构失衡，规范金融机构的治理失当，推动金融监管准确定位。其中，放宽金融市场准入，打破金融行业垄断，允许民营资本进入金融行业，发展中小银行、民营银行，鼓励互联网金融创新，推动利率市场化，等等，都是应当着力解决的重点。

2014 年，金融改革在强调"总量稳定，结构优化"与"盘活存量，用好增量"的基础上，重视发挥"定向调控"的作用。所谓"定向调控"是指针对某个行业的具体调控，类似美联储的货币定向投放。"定向调控"一方面可以补充流动性，另一方面能够避免整体经济流动性泛滥造成通胀压力。中国经济情况的复杂性决定了央行的货币政策采取统一性与灵活性结合的"微调"。2014 年上半年，两次定向降准为相应的金融机构提供了资金支持，以保障对"三农"和小微企业定向发放贷款。2014 年 8 月 27 日央行宣布定向降息，继续落实"定向调控"。

"牢牢守住不发生系统性风险的底线"的核心不是单纯"防守"，最好的"防守"就是积极推进金融改革。在推进金融改革的过程中必须防范两大风险，一是房地产泡沫风险，二是地方债务风险。防范第一个风险是预防中国家庭账户收支恶化，防范第二个风险是预防中国政府账户收支恶化。只要这两个账户保持均衡，中国经济就可以保持均衡，系统性风险就可以避免，中国经济的问题就可以在改革中予以逐步解决。

如何消除房地产泡沫？对房地产的调控政策首先必须建立在两个清晰的判断之上：第一，有多少人拥有住房；第二，房地产去杠杆化是速战速决还是持久战。综合数据显示中国城市居民 88％以上拥有自主住房，如果房地产暴跌首先受损的是 88％大多数人群的利益，在"买涨不买跌"的购房心态下，12％未购房者并不一定能抓住房价下跌的机会，最有可能的结果是：在房价大跌的状态下，88％有房者不高兴，12％无房者也忐忑不安。正是基于这样的判断，中国政府并没有采取日本紧缩银根与日元升值的方式，也吸取了香港"八万五"建屋计划的教训，新的房地产调控政策视房地产去杠杆化是一个长期的过程，放弃速战速决转而采用持久战解决房地产泡沫，具体做法是一方面紧缩对房地产商的贷款，另一方面放宽对购房者的限购与限贷政策。这种以经济手段为特色"一收一放"的调控政策显示了在处理房地产泡沫中高超而有效的手法。中国偏高的房价问题会在中国经济新常态发展过程中平稳下滑并最终获得解决。预计除北京之外，全面取消用行政手段调控房地产市场的限购、限贷政策只是时间问题。

中国政府新的金融改革与金融调控政策是对邓小平"发展才是硬道理"的进一步诠释。确实，只要中国经济在发展过程中，所有看似"疑难杂症"都有望通过"时间"去治愈。用"时间"换"空间"，这就是中国金融改革的辩证法。

当前，中国金融体制改革正朝着保障中国经济新常态平稳运行的目标推进。抓住全球经济再平衡的机遇，以金融改革推动产业升级与经济转型，带动要素价格改革及多个领域的配套改革协调推进，这是中国金融改革的目标，也是中国经济改革的要求。

综上所述，中国"稳增长、调结构、促改革"的协调推进，得益于宏观管理方式的创新。中国经济运行处在合理区间，主线是转变经济发展方式，着力点是调整经济结构，关键举措仍然是推动改革创新，不断释放内需潜力、创新动力和改革红利，以激发市场活力，形成增长的内生力量，打造中国经济升级版。


## 发展问题的"可持续"与"不可持续"


可持续发展是既满足当代人需要，又不对后代人满足其需要的能力构成危害的发展。可持续发展是"功在当代，利在千秋"的一种均衡发展。发展本质上是经济和社会循序渐进的变革。发展的过程会对资源增加和环境保护造成压力，如何在发展与保护之间取得平衡，这就是可持续发展关注的问题。可持续发展不是原地踏步，也不是杀鸡取卵。

中国经济发展不平衡、不协调、不可持续这一问题已经提出了近二十年。应该承认的是，中国经济改革的大方向是清楚的，指导思想是可持续的，转换增长模式的决心也很坚定。经济发展不平衡、不协调和不可持续这一问题却又表现出了极大的"可持续性"。改革开放 30 多年来，中国所采用的经济增长模式取得了举世瞩目的伟大成就，但与此同时又为人们所诟病，认为它无法持续。这主要是因为指导思想在执行中出现了偏差。

## "两个同步"　破解恶性循环

当前世界经济中的生产成本正在随着劳动力成本、资源成本的提高而提高，化解成本提高一般只有三个办法：创新，提高劳动生产率以及做大规模以求得规模经济。李约瑟之谜、钱学森之问都提醒中国在创新上的劣势。劳动力普遍的素质欠缺，又使得劳动生产率在短期难以大幅度提高，最后化解成本提高的选择只能是扩大规模。这就会形成一种恶性循环：只有依赖于更多的投入、更多的生态环境破坏，才能提高生活水平，而又没有人敢于把这个恶性循环停下来，这就是中国旧有模式的症结之所在。

十八大提出，深化收入分配制度改革，努力实现居民收入增长和经济发展同步、劳动报酬增长和劳动生产率提高同步，这"两个同步"将给中国的转换增长模式奠定坚实的基础。中国民生的提高、收入分配制度改革与提高劳动生产率要同步推进，没有劳动生产率的提高，提高民生是无源之水。

从经济学角度看，要素及其回报是对应的。土地的回报是地租，资本的回报是利息，劳动的回报是工资，管理的回报是利润。理论上，要素只能够得到自己应有的回报，如果侵占了其他要素的回报，其他要素就会退出生产，形成生产中某种要素的短缺。在市场经济条件下，这种要素的回报就必然提高，形成新的均衡。如果不能实现"两个同步"，中国经济旧有增长模式的转换就没有坚实的基础，依然会在恶性循环的泥淖中打滚。

### 反腐败为体制改革铺路

随着经济的发展，高度集中的行政权与国企的垄断权通过寻租形成权钱结合的利益集团。利益集团阻碍了经济发展，激化了社会矛盾，恶化了党群关系，成为了改革的最大阻力。

2012 年 11 月 30 日中共中央政治局委员、中纪委书记王岐山在主持听取专家学者对反腐败工作的意见和建议的座谈会时，向与会专家推荐了法国思想家托克维尔的《旧制度与大革命》一书。托克维尔在《旧制度与大革命》中提出了"繁荣却引发革命"的所谓"托克维尔悖论"，一语道破了不改革就会爆发革命的缘由，而且强调一旦革命爆发就不会按照革命者的初衷进行，原有的封建制度由于腐败和不得人心而崩溃，但社会动荡却并未带来革命党预期的结果，无论是统治者还是民众，最后都会被革命的怒火所吞噬。对照《旧制度与大革命》观察中国经济，必然得出三个毫不动摇的结论，那就是必须毫不动摇地缩小不合理的贫富差距！必须毫不动摇地反腐打击权力寻租！必须毫不动摇地推进廉政制度建设！

2012 年 12 月 4 日，中国国家主席习近平主持召开中共中央政治局会议，审议通过了中央政治局关于改进工作作风、密切联系群众的八项规定。八项规定的其中一个主要内容就是狠刹吃喝风，反对餐桌上的腐败！部队禁酒！机关禁酒！国企禁酒！禁酒之风横扫各地。中纪委在 31 个省区市和新疆生产建设兵团、60 个中央和国家机关建立了落实中央八项规定精神情况月报制度。从中央八项规定实施到 2013 年 12 月底，各地及中央和国家机关查处违反中央八项规定精神问题共计 24 521 起，处理 30 420 人，给予党纪、政纪处分 7 692 人。

反腐败又不仅停留在餐桌上。十八大之前 5 年查处的省部级以上官员共 32 人，在十八大以来的过去两年中，中国发生了许多变化，中央推出一系列雷霆万钧的措施整肃吏治，老虎苍蝇一起打，包括 6 位中央委员和候补委员在内近 55 只大老虎落马，副国级以上 3 人，包括政治局前常委、军委前副主席、政协副主席等被查处。平均每个月查处两人以上，反腐败正在不断打破"惯例"与"禁区"。"抓贪官，反腐败"是古今中外和谐社会的普世价值。改革开放以来从未有过如此力度之大的反腐，引起全中国与全世界的关注与称赞。反腐败成为十八大以来中国改革最大的亮点。

反腐败不仅打破了政府主导经济高速增长形成的官场运行模式，为全面深化改革扫清了藩篱；而且符合最广大人民追求美好公平生活的夙愿。同时，反腐败有助于增加社会和谐因素，增强经济发展活力，构建"自由、平等、公正、法治"的社会主义价值观，推进国家治理能力现代化与治理体制现代化。因此，反腐败就是重构社会公平与正义的过程，反腐败就是社会体制改革与政治体制改革的具体化，反腐败就是扫清阻碍经济改革的藩篱，反腐败就是促进生产力的发展。

新一轮中国经济的发展承载的是中华民族伟大复兴中国梦，中国梦是全体中华儿女共同的梦。中国国家主席习近平明确强调党内不准搞团伙帮派利益集团。反腐败不是权宜之计，而是代表全中国人民最根本利益的中国共产党矢志不渝的长期战略。要站在国家治理体制现代化的持续要求这一高度看待反腐败，反腐败不是"一阵风"，而是长期、持久的一项战略任务。

2014年王岐山强调"当前党风廉政建设和反腐败斗争形势依然严峻复杂，各级党委要认真贯彻十八届三中全会《决定》第36条要求，切实担负起党风廉政建设主体责任，增强观念，坚持党要管党、从严治党，坚守责任担当，领好班子、带好队伍。纪委的主要职责就是监督执纪问责，要聚焦中心任务，深入推进党风廉政建设和反腐败斗争"。这一轮反腐败标本兼治，清除了盘踞要害部门的腐败分子，反腐败已经形成了一定的震慑力。正如王岐山所强调的，短期的治标是为今后的治本赢得时间，取得经验。可以讲，高强度、广范围、长期化的反腐败不仅赢得了民心，而且再次证明中国共产党领导人民的反腐败成效显著。

有理由展望，中国经济及体制改革将因持续的反腐而迈上新的发展平台，走上让更广大人民获利的可持续发展轨道；未来中国反腐将是一场持久战，而且更加制度化；中国制度化反腐的大幕即将拉开，依法反腐将成为依法治国的主要内容；中国式依法治国的核心必然是中国共产党领导人民的依法治国，"法治中国"必将实现。

## 财富创造的"递进"与"协同"

古今中外，朝代更迭，王朝兴衰，在纷纭复杂因素背后都有一个共同的特征，那就是收入分配不公导致各种社会矛盾激化。

罗马帝国盛极而衰，贫富分化滋生骄奢淫逸，导致经济凋敝，引发社会崩溃。蛮族入侵只是压倒罗马帝国的最后一根稻草，极端贫富悬殊才是导致罗马帝国瓦解的根本原因。

中国历史的周期规律也反复佐证极端的贫富悬殊导致了王朝更迭。在以土地为主要生产资源的农业社会，不公平主要体现在土地资源分配的不公平，农民丧失土地成为流民，地主横征暴敛将流民逼上梁山。从陈胜、吴广揭竿而起，到李闯王打进北京，农民起义的诉求无不是"均田"，新王朝重建的起点就是"均田"，而往往终结于新的土地高度集中。孙中山"三民主义"的民权也是从"均田"入手，核心思想就是主张平均地权。

不公平的经济学表述就是失衡，极端不公平就是收入分配严重失衡。一方面，几乎所有经济学家对严重的失衡都提出过警告，严重失衡的经济不可持续；另一方面，几乎所有经济学家都反对平均主义，平均主义与"大锅饭"早已被证明是落后的分配制度。

因此，财富创造需要在"递进"与"协同"两者之间保持平衡，既要避免回到"大锅饭"平均主义的老路，又要克服当前存在贫富差距过分拉大的死路。中国经济现代化的同时，让中国社会保障体系也进入现代化水平，GDP与人均

GDP 同步发展，这就是"递进"与"协同"的辩证关系。按劳分配及保障劳动者通过资本、技术和管理等要素参与社会生产所产生的财产性收入，这本身就体现了社会的公平与正义。

## 从"先富"到"共富"的轨迹

关于财富问题，中国传统儒家思想将富民提升到治国安邦的高度，重视处理民富与国强的关系。儒家首先认为富民是社会稳定的基础，即所谓"恒产决定恒心"。《孟子·梁惠王上》说："若民，则无恒产，因无恒心。"恒心就是安居乐业，就是安居之心，就是安分之心。《汉书·晁错传》说："夫腹饥不得食，肤寒不得衣，虽慈母不能保其子，君安能治其民哉！"出现这种情况，怎能治理国家？"仓廪实而知礼节"讲的也是这个道理。其次，民富才能国安，即所谓"得民心者得天下"。儒家认为民心的向背是统治合法性、合理性的最终依据。孟子认为，要获得人民的支持，统治者必须"与民同乐"而不能"独乐"，强调统治者解决好民生问题，孟子提倡"易其田畴，薄其税敛，民可使富也"。

### 中国实践三大财富创造理论

经济学有三大理论论及财富创造。第一是亚当·斯密提出的"分工创造财富"，第二是马克思提出的"劳动创造财富"，第三是科斯所主张的"产权创造财富"。

"分工创造财富"、"劳动创造财富"、"产权创造财富"从不同角度解释了财富的来源，出发点不同，理论体系迥异。这三种理论被中国改革开放所取得的成绩肯定了价值，验证了合理性。

中国坚持出口导向，积极引进外资，主动参与国际经济大循环，成功融入国际分工体系。政策的理论依据主要缘自亚当·斯密的"分工创造财富"。1978 年国家的工作重点转移到经济建设上，恢复了按劳分配制度，解放了农村劳动力，大批农民工成为制造业大国的主力军，中国经济的发展证明马克思劳动价值论的科学性。科斯"产权创造财富"则体现在围绕打破"大锅饭"的一系列改革措施上，农村联产承包制、发展多元所有制、股份制改革等政策均能找到科斯制度经济学的影子。

同时，中国改革开放与持续经济增长找到了三大财富创造理论的共同点——那就是公平。坚持劳动创造价值，就需要重视提高劳动力的薪酬与素质，强调GDP与人均GDP同步增长，因此，坚持劳动创造价值的本质就是坚持公平。坚持产权创造财富，就需要重视制度改革与激发市场活力，因此，坚持产权创造财富的本质就是坚持公平。坚持分工创造财富，就需要将发展内需与坚持融入世界经济体系相结合，而实现中国经济与世界经济的融合发展必然建立在中国与世界双赢的基础上，因此，坚持分工创造财富的本质也是坚持公平。

13亿人口的大国如何迈过"中等收入陷阱"？这本身就是人类经济史上一次前无古人的创举。在这场人类文明史上牵涉人口最多的经济实践与变迁中，必然诞生伟大的理论。牛顿曾形象地比喻他的万有引力定律是站在巨人的肩上去摘取苹果。从经济学的角度展望，中国经济的实践就是站在亚当·斯密、马克思、科斯的肩上去摘取苹果。这个苹果最重要的特点就是融合了三种理论的共同点：公平。

## 从帕累托最优到真实的公平

中国的改革走什么路？有"白猫"与"黑猫"论，有搁置姓"资"与姓"社"论，又有从"先富"转向"共富"论。1985年10月23日邓小平在会见美国时代公司组织的美国高级企业家代表团时表示，"一部分地区、一部分人可以先富起来，带动和帮助其他地区、其他的人，逐步达到共同富裕"。

关于公平与富裕，长期以来理论界存在两大谬论，第一种倾向将公平等同于平均，认为公平就是平均主义；第二倾向认为公平与效益两者不可得兼，有公平就没有效益，要追求效益就必须牺牲公平。"先富"与"共富"的辩证关系体现了经济学的基本规律，也体现了真正的公平。

公平具有坚实的经济学基础。帕累托最优是资源最优配置的经济状态。帕累托最优的实质，基于经济学的视角是均衡，基于政治学的视角就是公平。经济学含义的公平不是绝对的公平，而是相对的公平，这种相对的公平才是真实的公平。公平不是搞"平均主义"，不是回到"大锅饭"、"铁饭碗"。公平强调的是制定"规则"权利的平等，强调的是按照规则运行过程中的平等权利得到保障。

如果将市场比喻为竞技场，那么，经济学含义的公平是指提供公平的竞争机会，保障机会平等。让所有"参赛者"能够站在同一条起跑线上，但是并不保障所有"参赛者"一起冲过起跑线。这种公平没有乌托邦的味道，没有民粹主义的色彩，是真实的公平。经济学家阿瑟·奥肯在《平等与效率——重大的抉择》中认为，更大的机会平等会带来更大的收入平等，机会平等不会妨碍反而会鼓励竞争，不会牺牲反而会提高效率。

真实的公平才是社会的公平正义。

社会的公平正义是全面深化改革的核心价值。2013 年中国国家主席习近平指出"进一步实现社会公平正义，通过制度安排更好保障人民群众各方面权益。要在全体人民共同奋斗、经济社会不断发展的基础上，通过制度安排，依法保障人民权益，让全体人民依法平等享有权利和履行义务"。公平正义是凝聚人心、团结民众的旗帜。

社会的公平正义是国家治理体制现代化的标志。十八届三中全会明确提出"推进国家治理体系和治理能力现代化"，这是自十一届三中全会以来第一次将制度的现代化设定为宏大目标。2013 年中国国务院总理李克强在谈公平时强调，"要推动促进社会公正的改革，不断地清理有碍社会公正的规则，而且要使明规则战胜潜规则。同时，推动民营资本顺利有效地进入金融、能源、铁路等领域，还要对社会领域的相关改革进行推进，促进社会的纵向流动"。

公平不只是停留在道德层面与政法范畴，公平的建立与保障需要制度建设的支撑，制度建设的核心在经济制度建设。

体现公平正义的经济制度必然具有三元素，即：富民，共同富裕，保障合法富裕。建设一个公平社会，不仅需要政府有正确的、前瞻性的治国理念，而且还是一个需要全社会长期共同努力的系统工程。当前，中国政府正在通过财税等有效的经济手段调节城乡之间、地区之间、阶层之间业已存在的贫富差距，使这一差距随着经济持续发展而逐步缩小，使更广泛的人群享有并享受公平正义，这种用经济手段推动经济改革建立更完善与合理经济制度的方向是正确的。

## 推动社会结构从哑铃型转向橄榄型

"做蛋糕"与"分蛋糕"是中国社会老生常谈的话题。"做蛋糕"与"分蛋糕"的关系本质上是生产与分配的关系。经济是否发展与生产有关，也与分配有关。公平合理的分配可以推动生产；反之，不公平与不合理的分配能够阻碍生产。维护经济的公平正义，这不单是马克思经济学家的主张，而且西方经济学家在这个问题上也持同样的观点。经济学家冈纳·缪尔达尔认为，不平等是对发展的限制，不发达国家的社会和经济分层是不平等而僵硬的，不平等与所有社会和经济问题相关联，因此迫切需要扭转这一趋势，创造更大的平等，作为加速发展的一个条件。

封建社会是一个典型的金字塔型社会，帝王将相高高在上。传统资本主义社会是一个典型的哑铃型社会，这种社会结构类似"两端大、中间小"的哑铃，社会的一端是权贵资产阶级，社会的另一端是劳苦大众，居其中间的中产阶级人数少、地位低、影响小。第二次世界大战以来，欧洲盛行福利经济学，以北欧国家为代表的橄榄型社会出现了。在橄榄型社会结构中，极富与极贫阶层的人数都很少，中间中产阶层的人数众多，这种社会结构类似"两端小，中间大"的橄榄。

与金字塔型社会与哑铃型社会比较，橄榄型社会更加稳定。这种中间阶层人数众多的橄榄型社会结构的基尼系数最低，社会矛盾不尖锐，经济可持续发展。中等收入群体是消费的主力，是社会稳定的基础，中等收入群体的扩大有助于缓和因贫富差距造成的社会矛盾。

推动中国社会结构从哑铃型社会转向橄榄型社会，这是一个长期的发展过程（见图5—3）。中国经济增速，城市化进程，人口结构变化，以及菲利普斯曲线的变化都会影响转型的速度。推动这种转型的最直接手段就是收入分配制度改革。具体而言，就是"控高，提低，扩中"，就是让大多数人的收入达到中等水平，少数人的收入达到高收入水平，低收入水平也只有少数人。

图5—3　推动社会结构从哑铃型转向橄榄型（冯婷　绘）

综前所述，十八届三中全会确定了全面深化改革路线图。2013年是新一轮改革的酝酿年，是中国改革再起步的开局之年；2014年是改革的准备年，财税改革、司法改革、户籍改革、土地改革、国企改革、金融改革、科技创新体制改革、文化体制改革等领域的具体改革方案陆续出台，迄今为止，十八届三中全会公告提出的60项具体改革任务中，已启动了超过40项。中国的改革已经扬帆，中国的发展值得期待。

# 06

## 结论与展望

## 全球格局的"竞"与"合"

20 世纪 80 年代中期以来，在经济全球化和信息技术迅猛发展的背景下，竞合成为了世界经济发展的一种趋势。各经济体之间在展开竞争中的合作的同时，合作中的竞争也在不断深化。各区域、跨区域特惠贸易协定及世界贸易组织成为竞合运行的宏观平台。21 世纪头十年，全球市场体系下的竞合活动格局发生了新变化，并体现出一些重要的新特点。

全球化条件下的产业转移改变了全球生产格局。全球产业的调整，不仅是某些传统产业的转移，更多的是新兴产业的转移；不仅是产业结构的国内调整，而且是产业结构的全球调整。这次调整中发达国家把劳动和资源密集型产业向发展中国家和经济体转移，这其中包括高技术产业中的劳动密集型生产环节。这意味着高新技术条件下的产业结构调整，不仅涉及一些产业的整体跨国转移，更重要的是同一产业的部分生产环节的跨国转移，输出方在经营中侧重于关键技术，掌握核心业务，而将其他环节，哪怕是具有科技含量和较高附加值的生产和服务环节，以委托加工等方式转移出去，产生新类型的外包加工贸易。这种通过经济全球化进行的产业结构调整，形成了大量产业内贸易，形成了新的世界生产体系。

在经济全球化条件下，不同经济体参与世界经济的核心竞争力是不一样的，呈现出多元化。发达国家经济体大多以高科技的产业优势为核心竞争力。21世纪头10年，一种新的世界经济现象产生了：有些国家的高新技术水平并不居世界前列，但能够形成很好的后发优势，对产品进行大规模生产，取得成本上的优势。如新兴工业化经济体的计算机产业，以低成本或以遍及天下的营销网络为核心竞争力，将其他国家的产品行销天下。它们甚至在世界产业分工链中，抓住几个环节，形成专业化规模生产，呈现出很强的经济增长势头。总之，结合本国资源的约束条件，因地制宜，发挥比较优势，在经济全球化中便能够形成本地区具有特色的核心竞争力。

全球经济中强国的力量主要体现在控制力上。在全球化中能够真正控制全球资源的流向（石油、人才和资金等）和全球经济产出的流向（战略性产品和高科技产品的销售流向），并能够以产品标准和全新的商业游戏规则为核心，控制、整合全球资源为自己所用，才是真正的强大。谁能够以高新技术创新为基础，以控制世界资源的流向和经济产出的流向为手段，以游戏规则的制定保证自己在世界经济中的根本利益，谁就能成为全球化最大的利益获得者。

各国经济发展的不平衡性、产业与贸易结构的竞争性、区域贸易集团的冲突性、贸易利益分配的矛盾性以及经贸问题的政治化等，造成了国际贸易保护主义加剧。此番全球金融危机后，贸易保护主义更有在全球范围内愈演愈烈之势。

发展中世界已经出现了中等收入国家和低收入国家，甚至还有最贫困的国家不同群体日益分化的情况。它们之间的差异，已经使得彼此在经济发展方面的观点、政策取向、对外经济关系方面的取向，产生了极大的不同。例如，作为发展中世界成员的中国，是世界上最大的发展中国家，由于发展层次的差异，中国与发达工业化国家间的竞争，大多局限于彼方所谓的"夕阳产业"领域，尽管有时显得竞争激烈，却只是互补关系的补充；但与发展中国家其他成员间的关系，则是合作中有竞争，且竞争的态势日趋明显。因而在与其他发展中国家开展贸易时会发现，在总体上，中国与其他发展中世界成员，在经济结构、资源禀赋、要素存量、需求层次、科学技术方面的差异较小，互补、依存的不对称性较弱，这使得中国与其他发展中国家除了因利益交叉而存在的合作外，还存在着在引进外国资金、争取国际援助，尤其在争夺出口市场等方面的利害冲突和竞争。处于经济发展不同层面的国家和地区已经正视和正在着手解决这些冲突与矛盾，以克服这种新二元结构给经济发展带来的负面影响。

总而言之，竞合关系（见图6—1）将贯穿于国际经济活动参与主体的博弈过程中，贯穿于世界经济持续发展的过程中。竞争者之间的关系也将从原来单纯的对抗性竞争，走向一定程度的合作。在竞争中合作，在合作中竞争。在竞争与合作的过程中解决问题，在竞争与合作的过程中推动发展。各方博弈的结果将是参与竞合的各利益主体均从这一过程中受益。

图6—1　全球格局的竞合关系

# 中国发展的"改"与"革"

全球经济的缓慢复苏及其不确定性所带来的挑战与风险，使得金融危机以来各国普遍实施的非常规危机管理开始转向常规的宏观管理，结构性改革的全球竞争全面展开，世界经济复苏开始走向非线性之路。党的十八大提出全面提高开放型经济水平以来，中国国家主席习近平多次强调，要更好地统筹国内国际两个大局，坚持开放的发展、合作的发展、共赢的发展，以更加积极的姿态参与国际事务，共同应对全球性的挑战，努力为全球发展做出贡献。中国将如何应对全球调整的"倒逼"效应，以深化改革挖掘新一轮增长的源泉？总结前几章的分析，未来中国在策略上将重点关注以下几个方面。

要重视宏观经济下微观基础的重要性。我们在前面说过，对比中美两国的宏微观数据，可以发现一个重要的现象，那就是宏观与微观的"背反"：2013年美国的宏观经济仅增长 1.9%，甚至比上年放缓了 0.9 个百分点，但反映股市情况的道琼斯指数却从年初的 13 100 点一路爬升至年底的 16 360 点，涨幅高达 25%，成为全球金融市场的引领者，且比 2007 年上一轮周期顶点高出 16%。而中国宏观经济增长虽然达到 7.8%，但反映微观经济的股市却一直徘徊在 2 000 多点，一定程度上说明企业活力不强。美国宏观经济看似不好，但是它的微观基础较为活跃，企业微观主体去杠杆化较为成功，消费和企业投资恢复，资产价格升值带来了财富效应。而中国的宏观面虽然基本向好，但处在转型过程中间，微观企业按照传统的轨道运行遇到很多困难，如中国的宏观流动性虽然宽裕，但微观资金依然紧张，中小企业贷款难和融资难问题很突出。因此，进一步深化改革一定要重视微观和实体经济的基础牢不牢。在传统动力失效的情况下，往往需要选择全新的动力。中央经济工作会议提出消费是基础作用，投资是关键作用，外需是支撑作用，实际上这是一个质量效益可持续的问题，也标志着当前中国正在从需求管理逐步转化为供给管理，如解决地方债问题、化解产能过剩乃至粮食问题等被摆在很重要的位置上，这些都是从供给角度来考虑的。

要借鉴宏观政策选择的精准性。金融危机以后美国经济增长一度陷入了双底式衰退，增长预期较低。在这种状况下，采用传统的财政政策如增加税收、扩大政府支出等已经进入了困境。一方面，美国经济增长低迷，无法通过增加税收来增加政府收入；另一方面，美国又面临着削减财政赤字的压力和债务违约的风险，债务上限和"财政悬崖"问题便是由此产生的。税基原因导致政府税收收入不能扩大，财政赤字令政府必须削减开支，而可能的债务风险和相关立法限制了美国不能通过大规模发债来为政府筹资。这一系列的限制严重收窄了美国利用财政政策应对危机的操作空间。与此同时，传统的货币政策如降息和扩大基础货币发行量等措施也难奏其效，在通货紧缩的状况下即便名义利息降到零，实际利率仍然会为正数，这会影响人们的投资和消费预期，进而出现总产出大于总需求的状况，导致经济陷入广义的流动性陷阱。在这种两难的局面下，量化宽松作为"单腿"式的非常规货币政策在或无奈或精心的选择下应运而生，在刺激经济增长中发挥了巨大作用。前美联储主席伯南克就强调在零利率政策背景下仍然可以通过资产购买、降低中长期实际利率等手段来刺激经济增长和防止通货紧缩，并提出在零利率或超低利率背景下可以通过承诺机制、资产负债表扩张机制和资产负债表结构改变机制以刺激经济增长。当前经济与市场已经高度全球化，一个主要国家的国内货币政策往往会造成全球化的影响，美国量化宽松的推出与退出对于我们宏观政策的选择具有一定的借鉴意义。中国政府对2014年经济工作的主基调突出"底线思维"和"风险思维"，并根据中国经济的基本面，将化解过剩产能和严控债务风险列为重中之重，这在一定程度上是基于对QE退出后中国被动去杠杆化可能引发风险的高度认识。因此，建立全球化的政策决策机制以对影响全球经济的一国货币政策进行应有的国际制约，积极推进资本项目开放和人民币国际化以摆脱被动，抓紧时机整顿银行体系的呆坏账以保证金融体系的安全性，逐步调整外汇储备的资产结构以减少外部风险，等等，都是中国宏观政策选择所将要重点关注的。

　　要选准经济转型的方向性。20 世纪 90 年代在全球范围内曾出现过一次转型，其主要特点是居民储蓄从收入型储蓄转为资产增值型积蓄，人人都希望通过资产增值迅速积累财富。但遗憾的是，2008 年全球金融危机的爆发宣告了这次转型的破产，转型不但没有带来财富，反而成为世界经济困境的原因之一。于是人们再次转型，再工业化、再产业化、再制造业化成为各经济体媒体的头条，美国、欧盟和日本等发达国家都在寻求重振制造业的利器，制造业"回流"与"回归"成了最新的一面旗帜，以致许多跨国大型制造企业都跃跃欲试，将生产线迁回国内，虽然近年来全球制造业 PMI 指数有所回升，但至今没有见到非常成功的案例。第一次转型的失败提醒人们金融的基本功能是有效配置资源。以资本市场为例，其主体有三：一是投资者，其看准的是股市的财富效应，要"赚钱"；二是企业，其看准的是资本市场的集资效应，要进去"圈钱"融资；三是国家，主要是要利用资本市场使企业的运行更加规范化。三个主体的目标虽然不一样，但交叉点却都是有效配置资源。因此中国政府《中共中央关于全面深化改革若干重大问题的决定》提出要紧紧围绕使市场在资源配置中起决定性作用来深化经济体制改革。而应对发达国家第二次转型的冲击，则要依靠创新驱动，提升中国制造业水平。中国之所以在近些年超越美国成为世界第一制造业大国，凭借的主要是廉价的劳动力成本优势，"卖力气"赚钱。但随着中国劳动力成本的不断提高，这种优势将不断弱化，有研究预测 2015 年中美两国制造业工人的工资差距将被拉近。因此中国政府提出要"着力增强创新驱动发展新动力，注重发挥企业家才能，加快科技创新，加强产品创新、品牌创新、产业组织创新、商业模式创新"。中国未来的商业模式应主要是在创新驱动的指引下，低成本创新，大规模生产，以高技术获得更多的市场份额，高层次承接新一轮国际产业转移。从中短期看，世界性发明创造仍然会首先出现在欧美，日韩继而完善，中国依然可能还是靠大规模生产降低成本，但在未来中国人一定可以做到低成本创新、大规模生产，在新一轮国际竞争中占据有利地位。

　　要克服发展所产生问题的"可持续性"。中国经济发展不平衡、不协调、不可持续这一问题已经提出了近二十年。从中共十四大以来的 20 多年间，中国政府对政府和市场关系一直在根据实践拓展和深化认识寻找新的科学定位。中共十五大提出"使市场在国家宏观调控下对资源配置起基础性作用"，十六大提出"在更大程度上发挥市场在资源配置中的基础性作用"，十七大提出"从制度上更好发挥市场在资源配置中的基础性作用"，十八大提出"更大程度更广范围发挥市场在资源配置中的基础性作用"。应该承认的是，中国经济改革的大方向是清楚的，指导思想是可持续的，转换增长模式的决心也很坚定。但是，经济发展不平衡、不协调和不可持续这一问题却又表现出了极大的"可持续性"。中国改革开放 37 年来，中国所采用的经济增长模式取得了举世瞩目的伟大成就，但与此同时又为人们所诟病，认为它无法持续。这主要是因为指导思想在执行中出现了偏差。当前世界经济中的生产成本正在随着劳动力成本、资源成本的提高而提高，化解成本提高一般只有三个办法：创新、提高劳动生产率和做大规模以求得规模经济。李约瑟之谜、钱学森之问都提醒中国在创新上的劣势，而劳动力普遍的素质欠缺，又使得劳动生产率在短期难以大幅度提高，最后化解成本提高的选择只能是扩大规模。这就会形成一种恶性循环：只有依赖于更多的投入、更多的生态环境破坏，才能提高生活水平，而又没有人敢于把这个恶性循环停下来，这就是中国旧有模式的症结之所在。然而执行的偏差是可以形成自我修正的。十八大提出，深化收入分配制度改革，努力实现居民收入增长和经济发展同步、劳动报酬增长和劳动生产率提高同步，这"两个同步"将给中国的转换增长模式奠定坚实的基础。中国民生的提高，不仅仅奠基于分配，更根植于劳动生产率的提高，这才是有根之木，有源之水。从经济学角度看，要素及其回报是对应的，例如土地的回报是地租，资本的回报是利息，劳动的回报是工资，管理的回报是利润，等等。理论上，要素只能够得到自己应有的回报，如果侵占了其他要素的回报，其他要素就会退出生产，形成生产中某种要素的短缺。在市场经济条件下，这种要素的回报就必然提高，形成新的均衡。如果不能实现"两个同步"，中国经济旧有增长模式的转换就没有坚实的基础，依然会在恶性循环的泥淖中打滚。

　　要把握财富创造本质的协同性。经济学教材中关于财富的形成主要有三大理论：古典主义亚当·斯密的"分工创造财富"，马克思提出的"劳动创造财富"以及诺贝尔经济学奖得主科斯所主张的"产权创造财富"。十一届三中全会后，中国坚持对外开放政策，坚持出口导向，积极引进外资，主动参与国际经济大循环，成功重返 WTO，融入世界经济分工体系，成为仅次于美国的世界第二经济大国，中国对外贸易取得的辉煌成绩背后的理论依据主要缘自斯密的"分工创造财富"。1978 年，中国的工作重点转移到经济建设上，恢复了按劳分配制度，中国"子子孙孙无穷匮也"的劳动力资源被盘活了，在国际竞争与国际贸易中发挥了比较优势，中国经济长期高速增长反复证明马克思劳动价值论及"劳动创造财富"的科学性。"产权创造财富"则体现在围绕打破"大锅饭"的一系列改革措施上，在农村联产承包制、发展多元所有制、股份制改革等政策与措施中均能找到科斯制度经济学的影子。中国经济发展不能是割裂历史的发展，而必然是对中国改革开放经验教训的再扬弃。坚持"分工创造财富"，就需要将发展内需与坚持融入世界经济体系相结合。片面强调发展内需与过分依赖外贸均不利于中国经济长期健康发展。2013 年 9 月，中国国家主席习近平在 20 国集团领导人峰会上指出："我们要放眼长远，努力塑造各国发展创新、增长联动、利益融合的世界经济，坚定维护和发展开放型世界经济"。坚持劳动创造价值，就需要重视提高劳动力的薪酬与素质，强调 GDP 与人均 GDP 同步增长。过往的经济发展存在贪求 GDP 增长而忽视人均 GDP 增长的倾向，未来中国经济发展，除了扭转这种偏差，也须警惕货币超发增长超过人均 GDP 增长。"以人为本"不应仅是华而不实的辞藻，而是需要并且可以数据化的。坚持"产权创造财富"，就需要重视制度改革与激发市场活力。习近平指出："单纯依靠刺激政策和政府对经济大规模直接干预的增长，只治标、不治本，而建立在大量资源消耗、环境污染基础上的增长则更难以持久。要通过积极的结构改革激发市场活力，增强经济竞争力。"

　　中国经济的周期变化与世界经济周期性变化同步。当前，世界经济进入技术创新拓展期、全球化红利递减期和增长模式调整期，中国原有的依附于全球失衡的增长模式、全球化红利的分配模式以及与世界旧有格局相协调的产业模式都必须要作出相应的调整。中国全面深化改革的号角已经吹响，只有改革才能助推其成功实现经济转型，中国将对经济转型的方向、路径、速度以及目标进行科学规划和演化调整，从而在更大范围、更宽领域、更深层次上提高开放型经济水平，打造中国经济升级版，最终实现中华民族伟大复兴的"中国梦"！

**图书在版编目（CIP）数据**

魔咒与契机：中国经济新坐标/黄卫平等著. —北京：中国人民大学出版社，2016. 1
ISBN 978-7-300-20710-0

Ⅰ.①全…　Ⅱ.①黄…　Ⅲ.①中国经济-经济发展-研究　Ⅳ.①F124

中国版本图书馆 CIP 数据核字（2015）第 018171 号

**魔咒与契机：中国经济新坐标**

黄卫平　丁　凯　赖明明　等　著

Mozhou yu Qiji：Zhongguo Jingji Xin Zuobiao

| | | | |
|---|---|---|---|
| **出版发行** | 中国人民大学出版社 | | |
| **社　　址** | 北京中关村大街 31 号 | **邮政编码** | 100080 |
| **电　　话** | 010 - 62511242（总编室） | 010 - 62511770（质管部） |
| | 010 - 82501766（邮购部） | 010 - 62514148（门市部） |
| | 010 - 62515195（发行公司） | 010 - 62515275（盗版举报） |
| **网　　址** | http://www. crup. com. cn | | |
| **经　　销** | 新华书店 | | |
| **印　　刷** | 涿州市星河印刷有限公司 | | |
| **开　　本** | 720 mm×1000 mm　1/16 | **版　　次** | 2016 年 1 月第 1 版 |
| **印　　张** | 14.5　插页 1 | **印　　次** | 2024 年 6 月第 2 次印刷 |
| **字　　数** | 207 000 | **定　　价** | 76.00 元 |